網路貧民
SUBSCRIBE
百萬追蹤

網友 ≠ 朋友

RESET你的 關係

明日 編

破除大眾社群迷思，重灌慘淡人際關係

在這個社群狂熱的年代，「追蹤者」為網路紅人架起一座炫麗的舞台，
但在光鮮亮麗的幕後，卻是暗潮洶湧的社群心理戰……

目錄

第一章
互動與儀式 媒體與社會交往

　　麥克魯漢曾把一部人類發展過程視為人們透過不同媒體進行社會交往的歷史。媒體不只是我們生活和再現這個世界的表徵，它本身就是我們賴以生活和表演的舞台與社會場景。

　　二十世紀末傳播形態從所謂的大眾傳播向網路傳播的變遷[1]，是人類媒體發展史上一個重要的里程碑。如同之前從口語到文字、從印刷媒體到電子媒體的轉變一樣，人們基於互聯網的溝通，再次刷新了傳統的社會交流方式，建構出一幕幕不同以往的嶄新社會場景。本書希望通過對於人們基於電腦網路的社會交往進行微觀社會學考察，並結合媒體文化研究的理論成果，探討人們在網路建構的社會場景中如何形成分享關係的運行機制，以及理解這一新的社會交往方式對於社會形態演變所帶來的直接和間接影響。

　　二十世紀初以來，圍繞媒體技術與社會形態之間的複雜關

---

[1]　「大眾傳播」和大眾傳播學在一九四〇年代出現時帶著鮮明的時代烙印，強調的是受眾規模和數量，研究重點是受眾的效果。考慮到本書側重討論媒體技術特點對於社會交往方式的影響，故較少使用「大眾傳播」一詞。「電子傳播」的提法同樣如此，它包含了二十世紀初人們對於通訊、廣播、電視等諸多新興媒體在內的總稱，事實上，就像麥克魯漢和伊尼斯對於電子媒體的許多觀點已經無法用來解釋互聯網一樣，一種學術觀念往往很難超越時代的影響和侷限，故本書使用的「網路傳播」區別於「大眾傳播」、「電子傳播」等，並與口語傳播、書面傳播等相對應，它著重關注的是互聯網作為媒體表現形態對社會施加的影響。對「大眾傳播」一詞的批判，可參見詹姆斯‧凱瑞《作為文化的傳播》，第二十六頁；Raymond Williams：Television：Technology and Cultural Form,p.17。

係研究，學術界一直呈現出涇渭分明的兩大源流。一支源流是以麥克魯漢為代表的所謂「技術決定論」者，他們被普遍認為誇大了技術對社會的影響和作用（這是麥克魯漢作品留給讀者的第一印象，事實上，這一印象也與作者追求詩意的文體風格和故意矯枉過正的表達方式有關），但在直接影響麥克魯漢本人學術思想的幾位前輩那裡，無論是城市研究學者劉易斯·芒福德（Lewis Mumford），還是歷史學家哈羅德·伊尼斯（Harold Innis），他們對技術和社會的關係都有過非常冷靜、客觀的論述，在這一問題上，英國文化學者雷蒙·威廉斯（Reymond Williams）對麥克魯漢簡化的「技術決定論」提出了非常中肯的批評，並以當時新興的電視媒體為例，論證了媒體技術和社會制度之間複雜的互動關係，他指出，廣播技術的演進同樣受到了英國二十世紀初大規模工業化帶來的家庭小型化、流動化和隱私化的影響，正是當時新興的廣播技術和特定社會環境之間一系列複雜的相互作用，才促成了現代廣播制度的成熟。技術演進與社會變遷之間的複雜關係，絕非簡單的技術決定論所能解釋的。[2]

另一支源流來自一批嚴謹的文化研究學者和社會學家。他們大多從歷史研究出發（包括媒體史），來考察一種新的媒體技術形式的出現對於特定歷史時期社會的貿易、文化、政治等諸多方面的影響。這其中既包括詹姆斯·凱瑞（James W.Carey）這樣的媒體學者，也包括像塗爾幹這樣著名的社會學家。凱瑞在一九八〇年代以通訊為個案剖析技術與文化的關係，令人印象深刻。他在論證通訊的一系列社會影響時指出，通訊技術不

---

[2]　Raymond Williams：Television：Technology and Cultural Form,London：Fontana，1974. pp.19 ～ 22.

僅第一次將傳播（Communication）從運輸（transportation）中
分離出來（訊息從鐵路運輸這樣的物理運動中得以分離），進
而影響了世界時間的分隔和一致，「協調了工業化的國家」，
在此之前，手錶的發明則是統一了工業化工廠的時間（芒福
德，2009）。通訊這一以時間速度和受眾效果見長的新媒體，
徹底改變了過去 Communication 一詞中本來就有的宗教含
義，甚至影響到了傳播學的思考範式——媒體的「傳遞模式」
（transmission mode）得以出現（凱瑞，2005）。事實上，在以
麥克魯漢為代表的、後來被稱為「媒體生態學」學派的許多學
者那裡，他們都以史學家的嚴謹態度研究不同歷史時期媒體對
於社會的影響，像沃爾特·翁（Walter J.Ong）對口語文化的研
究、伊麗莎白·愛森斯坦（Elizabeth Eisenstein）對印刷術和近
代歐洲文藝復興運動影響的歷史分析，都是研究媒體技術和社
會形態之間相互作用和複雜關係的典範。[3]

　　相比於媒體史學者，社會學家往往有著更大的研究視野。
塗爾幹對於原始部落宗教活動的儀式研究，揭示了語言（概
念）出現之後的社會場景對於人類生活的重要意義。這些開創
性的研究為後來人們發掘媒體和蘊藏在媒體中人們的情感結構
的關係研究提供了樣本。媒體技術和社會形態之間有著極其複
雜的糾纏和相互作用關係，要洞察它們之間的互動過程，需要
非常大的時間跨度作為研究背景，這無疑加大了研究的難度，
更何況在很多時候，研究者自己也是身陷「此山中」，很難跳
出來一窺正在發生、進行中的社會真面目。

　　另外，媒體技術本身也是一種人造物，其創造過程飽含創

---

[3]　參見翁，口語文化與書面文化，何道寬譯，北京：某間大學出版社，2008 年第 1 版；愛
　　森斯坦，印刷術與近代歐洲文藝復興，何道寬譯，北京：某間大學出版社，2010。

造者的動機、情緒和社會理想，一種新的媒體技術出現，會引發發明者當初難以預料的社會變革，北宋時期活字印刷術的發明和這一時期的文藝繁榮、十六世紀古騰堡印刷術傳入歐洲後引發了當時的宗教革命和文藝復興，都是為人們所熟知的例子。媒體技術和社會變革相互促進、緊密交織，人類歷史上每一次新媒體技術的出現，給人們的社會交往方式都會帶來巨大改變，媒體構建出一種與以往社會截然不同的場景，進而引發更大範圍內的社會變革甚至是不同社會理想之間的激烈衝突。在社會裡，新的媒體技術所建構的新社會場景，社會交往方式的改變所引發的一系列社會衝突的這一動態關係正在如何發生、為何以這樣一種面目出現、未來人們的社會交往方式可能向何種方向演進——所有這些，都正是本書所要闡述的中心議題。

媒體技術和社會交往

傳播不僅僅是一種傳遞訊息的過程，同時也是人們表達共同信仰的儀式化行為。媒體既是外在世界的表述仲介，也是現實的符號化表達，符號代表的象徵世界是我們觀察外面現實社會的窗口，也是我們生存於其中的「囚籠」，社會並不存在於媒體之外。媒體研究中的「傳遞觀」和「儀式觀」的差異，不僅體現了不同的研究方法和思路，也表現出傳播過程自身的複雜性：傳播可以劃入科學範疇，同時它也是一門藝術。

把傳播視為一種傳遞訊息的過程來加以研究，這種思維方式當然和一九四〇年代以來大眾傳播科學急於要建立自己的學

科地位有關。然而，傳播在本質上更是一種社會維繫的行為，這種觀點如果放在從大眾傳播向網路傳播的變遷過程中加以考察，人們會看得更清楚：大眾傳播看重社會控制效果和受眾數量，而網路傳播強調的是一種與眾不同的「我文化」建構過程：傳播不僅僅是分享訊息，網路分享本身就是一種反對大眾傳播、倡導以自我為中心、促進平等溝通的儀式化行為。正是在這一意義上，本書中將網路傳播和網路分享視為同一個概念。網路傳播區別於大眾傳播的一個最為顯著的特點就是：所有基於互聯網的溝通都是基於無權威中心的平等網路展開，在這一媒體生態中，訊息傳播不再追求一對多式的、強調受眾數量和效果的目的，訊息發布者更缺乏垂直控制的傳送渠道。這裡的網路一詞一方面，指示了互聯網路的技術特點；另一方面，它也是一個譬喻，每個人都只是互聯網路中的一個相似的節點，人們在其中追求的是平等交流和訊息共享。你很難想像一個單位的主管會在微信群組或者 Facebook 這樣的社交群落裡對一個下屬發號施令，或者大聲喝斥。從本質上而言，人們基於互聯網進行的互動，正是排斥這種作為傳統大眾傳播典型特徵的、權威控制的社會交往方式。

　　本書對網路分享技術和人們社會交往之間的關係研究主要是在微觀社會學互動儀式和情緒社會學的理論框架下，輔以媒體文化研究的視野展開。互動儀式論把社會交往的儀式視為一種生產文化和社會意義的過程，因此傳播儀式無論就其最早的宗教起源，還是在當代社會中的最終使命，都不僅僅只是傳遞訊息或者知識，而是建構和維繫著一個生產意義和秩序、用以指導人們行為方式的社會文化體系。本書的目的就是研究網路

傳播中人們如何通過分享儀式來生產一種新的社會文化和符號意義，新的媒體技術如何建構了一種新的社會場景，進而引發人們之間關於不同社會理想願景的激烈衝突，這些變化將從根本上影響到未來社會形態的演變進程。為此，本書將需要研究的問題分為以下兩個層次：首先，需要了解網路分享技術區有別於以往大眾媒體傳播模式的不同特點，尤其是人們在虛擬世界建立的新型分享關係是依賴一種怎樣的運行機制來維持的，這其中包括對於不同行為主體的分類和行為分析，以及對於人們基於網路進行社會交往時互動方式和規律的探究；其次，本書還研究了網路傳播的分享儀式對於人們社會交往方式所施加的影響，以及這一新的媒體技術和人們社會交往方式之間的相互作用如何引發了社會中人們圍繞不同社會理想展開的激烈爭論和社會衝突。

網路分享時代的社會交往

二十世紀基於電腦網路的溝通方式流行，其意義不亞於數千年前人類的文字發明。文字出現後，詞語設置了世間萬物的秩序，使人類在心智結構方面進一步的發展和完善成為可能，人類的溝通行為第一次跨越了時間和空間的限制；電腦和互聯網相繼發明後，通過模擬人腦智慧，並將全世界所有電腦連結在一起，人們可以在虛擬世界這樣一個更大的空間範圍內瞬時實現訊息和知識的分享，這是人類有史以來從未發生過的嶄新的一幕社會交往場景。

作為當代社會中最重要的社會交往方式之一，網路分享

是指人們基於互聯網進行的社會交往（Computer Mediated Communication, CMC），是人們通過電腦和互聯網分享共同價值和利益的儀式化行為。區別與以往的社會交往方式，網路交往幫助人們建構、生產了與以往任何一種媒體場景都不同的社會情感和意義符號，以實現新的社會團結方式。

如果我們要探索網路傳播模式的規律和特點，網路交往的研究有著非常重要的研究價值。尤其在社會轉型的這一特殊背景下，互聯網既是這一重要轉型的記錄者和見證者，也是普羅大眾獲得技術賦權之後積極參與和促進社會變革的獨特工具。二十一世紀以來，網路媒體對平面媒體的完勝，不僅僅是兩種媒體形態的競爭，更是塗爾幹指出的是屬於「不同社會理想之間的衝突」，一系列表現為點點滴滴的社會衝突場景，最後匯成了社會變革的巨流。

從最初的社群出現時起，人類社會都是通過儀式來實現文化符號及其意義的生產和再生產過程。儀式賦予我們的行動以意義，人們在儀式中收穫的情感體驗凝聚為符號，符號在新的社會場景中不斷發揮著喚醒和強化集體記憶的過程。網路傳播中的分享儀式就是建立在這樣一種新的社會場景之中，在這一情境中，人們模擬著一種理想的溝通模式：一個沒有控制中心的水平式網路，行為主體之間可以實現自由、平等地對話，在一個時間和空間都可以延伸到無盡的虛擬世界中，一個個體和另一個個體之間可以進行直接的、彷彿無人監視的、無障礙的溝通。和大眾傳播模式中被動的、被控制的、均質化的受眾不同，網路分享鼓勵一種使用者平等參與的文化，這一儀式催生的新符號源於數位化的浪漫主義理想——一個建立在位元

（Bit）之上的虛擬世界與現實世界如此不同，數位化世界具有類似烏托邦色彩，它與基於版權制度的資本主義社會的經濟交換行為具本質區別，前者關注於如何維護集體共同價值，後者著眼於如何生產個體私人利益。

首先，只有理解了網路傳播中的分享儀式特徵，我們才能理解網路傳播的本質，即網路傳播中的互動儀式是一個充滿了動態的轉變性力量，通過免費分享一切這樣的情感儀式體驗，它創造出一種有別於大眾傳播體系的新符號體系，在這裡，每個個體都成為更廣大社會範圍內的群體成員，進而成為推動社會變革的能量。以往對於網路傳播的研究往往停留在大眾傳播理論分析框架的層面上，未能從互動儀式研究方面揭示網路傳播的本質特徵，這也阻礙了我們去理解和掌握網路傳播的一般規律和特點，更難以理解當代社會中為何充斥著如此多的衝突，而其中的很多社會衝突之所以能夠發生，往往都和互聯網路這一新興媒體技術相關。

其次，本書透過對網路傳播中主體之間分享關係的研究，以揭示網路交往的運行機制和文化生成機制，以及這種機制如何製造了一幕又一幕新的社會衝突場景。虛擬世界中的行為主體依然是現實生活中嵌入的每一個具體的社會個體，也必然會涉及其在溝通行為中的社會分層和身分、權力等問題。本書以網路分享中人們的溝通行為方式和由此形成的社會關係作為研究對象，希望能為網路傳播中的互動儀式研究和重新理解一種新媒體場景與社會變革之間的關係提供最基本的分析框架。

再次，網路傳播是一個還在發展中的技術體系，它植根於社會結構之中，在不同國家和地區的發展，也會因為不同的社

會形態、傳播制度和文化傳統形成自己的鮮明特色。本書對於
網路傳播中分享儀式的研究，嘗試結合社會轉型這一獨特的背
景，試圖去發現互聯網這一新媒體技術在這一文化——社會體
系中的使用特點，它所引發的一系列激烈的社會衝突何以成為
社會轉型的必要張力。這一原創性的探索，將豐富關於網路社
會和媒體化社會研究的不同視角。

情緒社會學的淵源

關於儀式的人類學和社會學研究自十九世紀末以來一直是
人文科學最重要的領域之一。[4] 來自不同學科和不同方法的傳
播儀式研究也產生了明顯不同的結果：從文化研究的角度來
看，傳播儀式如同文學藝術一樣，是生產文化的過程；從人類
學和社會學的角度來看，傳播儀式和神話一樣，為人們生存於
其中的世界提供了解釋性架構，從而安排了人們在現實社會中
的位置和秩序。不同學科和不同研究方法的傳播儀式研究之間
也會相互影響和借用，催生出新的研究思想、理論和方法。對
於新媒體技術與社會衝突之間關係的相關研究的歷史考察，可

---

[4] 十九世紀末和二十世紀初許多早期關於儀式的分析研究來自於眾多不同的學科，它們
中的代表人物和作品包括了法國歷史學家庫朗熱的《古代城邦》(1864)、德國哲學家尼
采的《悲劇的誕生》(1872)、英國宗教學者史密斯的《閃米特人的宗教》(1889)、英國
人類學家弗雷澤的《金枝》(1890)、英國古典學者康福德的《修昔底德的神話和歷史》
(1907)、奧地利精神分析學家佛洛伊德的《圖騰與禁忌》(1913)、英國古典學者哈里森
的《古代藝術與形式》(1913)、英國人類學家馬里特的《人類學》(1914)、英國古典學
家吉爾伯特·默里的《詩歌傳統》(1927)等，這些學者都試圖透過神話中的儀式分析來
再現歷史，並發現其中的普遍演變規律，其中法國社會學的奠基人塗爾幹的《宗教生活
的基本形式》(1912)是這一時期關於儀式研究的代表作。這些學者的研究成果直接影響
了後來的結構主義、後結構主義和互動儀式理論等學派。參見蘭德爾·柯林斯《互動儀式
鏈》第三十九～四十頁。

以從以下兩個方面進行整理：

（1）網路交往作為一種關於傳播的文化研究，特別是在大眾傳播理論的框架體系下，對於某一傳播形式在某一特定歷史時期內所扮演的社會角色和創造的文化成果的文字研究；（2）把傳播的分享儀式視為人們在具體社會情境中的一種互動關係和過程，是一種基於人類學和社會學的研究視角。社會學的互動儀式觀念重點關注人們在儀式中的相互關注和情感連結等一系列微觀的符號運用過程，用它來研究網路分享中的儀式化運作機制及社會衝突在新媒體中表現出的產生機制，有著非常切實的意義。

文化研究的儀式觀

在傳播的文化研究中，特別明確提出要區分傳播的「傳遞觀」和傳播的「儀式觀」的是美國著名的傳播學者詹姆斯‧凱瑞，他的傳播文化研究受到社會學家杜威「建構理論」的影響，即認為社會現實並非站在社會交往、語言和觀察者的外面。在杜威之前，理性被認為是一種獨立的精神，可以獨立於人的社會交往而存在，杜威宣告了這種理性主義的破產，社會現實並不能脫離觀察者和語言而獨立存在，杜威（Dewey, 1916）認為，社會不僅靠訊息傳輸和訊息交流而存在，而且確切地說，社會只能在訊息傳輸和訊息交流的過程中存在。凱瑞（Carey, 1988）對此進行了進一步的闡述，把傳播看成一個符號交換過程，「現實就是在這個過程中產生、維護、修補和轉化的」。

凱瑞認為，傳播的「傳遞觀」源於美國傳播學界實證主義

的研究傳統，它所強調的是訊息在一個廣大空間中傳遞所帶來的社會權力控制效果，這種研究與美國學術界輕視不實用的或者無功用取向的研究思維有關，它所要做的就是急於把科學從文化中分離出來，認為科學真理與文化無關，因為後者只是以倫理為中心。在他看來，「傳遞觀」掩蓋了傳播的本質——其實，從作為宗教的傳播儀式這一本源來看，人們也能發現傳播的目的並不看重布道、說教的作用，而是強調一種儀式的重要性，如禱告、唱聖歌和典禮等。因此，「傳播的起源及最高境界，並不是指智力訊息的傳遞，而是建構並維繫一個有秩序、有意義、能夠用來支配和容納人類行為的文化世界」（凱瑞，2005）。

凱瑞把美國學界流行的傳播的傳遞觀歸結為兩種模式：權力（power）模式和焦慮（anxiety）模式，這兩種模式都把傳播現象極其複雜的多樣性簡化成了人們追逐權力或者是逃避焦慮的場所。凱瑞指出，人們對於傳播的傳遞觀的迷戀加劇了現代傳播模式和社會文化中的混亂：由於把每一次傳播技術的進步視為政治控制和經濟發展的機遇，人們往往熱衷於「獻身於政府和商業性事務」，而忽略了這些技術進步也可以用來促進人們學習、教育和交流；由於我們習慣根據政治和經濟的潛力來看待教育，結果教育成了「一種公民權、一種職業主義或消費主義的形式，繼而越來越成為一種心理療法」；由於我們把城市視為「政治與經濟的領地，因此城市也就成了技術與官僚的犧牲之所：街道的設計為的是容納車輛，人行道是為了商業的便利，土地和房屋是為了滿足經濟與房地產投機商」。凱瑞強烈的古典人文主義情懷驅使他呼籲傳播研究應當回歸對其儀

式觀的考察，透過還原傳播的「奇妙」過程，幫助人們發現意義，以「重塑我們共同的文化」（凱瑞，2005）。遺憾的是，凱瑞自己未能現身說法，拿出一兩個關於傳播儀式觀的文化研究樣本來。

學者呂新雨（2003、2006）受到英國學者莫利（2005）關於電視構建了一個「家庭式國家」儀式經驗的研究啟發，在對知名電視節目進行細察後發現，這裡面潛藏著商業利益、娛樂文化和意識形態的奇妙縫合。沿著這一研究路徑繼續下去，李黎丹（2010）透過對過年節目一九八三至二○○八年跨越二十六年的歷時性文字分析，考察這一儀式背後從內容題材到敘事策略的變化，以及晚會儀式所折射出的近三十年來社會曲折變遷過程。

也有學者試圖用文學批評的視角去研究電視儀式（胡誌毅，1997）。作者試圖用現象學、神話學和敘事學去電視表現的儀式經驗，但這種雜糅了各種流行的批評理論由於缺乏整體一致性的分析框架，影響了傳播儀式研究的深度。

總括而言，關於傳播儀式的文化研究在方法上都重視文字分析，以搭建一套相對封閉的話語體系和理論框架。由於文字研究只圍繞著文字符號打轉，刻意追求宏大理論的傾向，使得這一研究方式顯得平面化和缺乏創新，尤其忽略了傳播儀式中符號建構現實的複雜性和動態過程，不能從微觀層面立體剖析傳播在創造現實表徵符號過程中人與人形成的互動關係時的運行特徵和發生機制。隨著技術對於傳播方式影響日深，一些學者越加關注新的媒體條件下傳播對於人們行為方式和社會交往方式的影響，人類學和社會學關於人際傳播中的互動儀式理

論為之提供了一種新的觀察視野。目前，西方學界已經在這
方面積累了非常豐富的文獻和經驗，尤其在對一些新的傳播
媒體（如電視）的研究中，互動儀式理論有著很強的解釋力，
這為研究網路傳播這樣的新媒體現象提供了一種強有力的解
釋架構。

社會學研究的儀式觀

從十九世紀末開始，儀式研究就是人類學和社會學關注的
焦點，也就從那時開始，這兩個學科對於儀式的分析理論開始
分道揚鑣，基於人們分享關係研究中的互動儀式理論，正是從
儀式的發生、形成和運作機制的解釋和發現中逐步發展並形成
了一整套理論體系和方法。正如傳播（Communication）一詞
在西文中最初的含義所揭示的那樣，傳播最早被視為人們和
上帝溝通的一種宗教儀式行為，而神諭就是這一符號過程中
的訊息系統，這一觀點在塗爾幹（2006）關於宗教儀式的研究
的經典作品《宗教生活的基本形式》得到了非常深入的研究，
在這部代表早期社會學和田野人類學最高成就的作品中，塗爾
幹把儀式視為社會結構的連結紐帶，正是在儀式中，社會群體
創造出了屬於它們自身的符號。塗爾幹研究儀式的三個重要成
果——儀式的構成要素、集體情感或者集體意識的形成機制、
儀式的結果——這些都為後來互動儀式理論的演變提供了最基
本的分析框架。

在社會學家開始對儀式行為進行微觀人類學研究的同時，
一大批歐洲學者開始從社會結構轉入符號結構，研究儀式和
神話文字中最基本的符號結構。這一學術脈絡始自弗雷澤等

人對於神話原型的形式研究，代表人物有列維·斯特勞斯、巴赫金、雅各布森、巴爾特和鮑德里亞等，形成了一九五〇至一九六〇年代盛行的法國結構主義運動。結構主義學派喜歡在各類文字中尋找二元對立的文化原型這樣的基本準則，完全忽略了儀式建構意義時的具體社會情境，後來又受到了以德希達和福柯為代表的解構主義學派的批判。結構主義人類學家在進行儀式研究時常常陷入一種同義循環之中：他們在尋找決定儀式行為的準則時，先假定一種準則的存在，然後用它來解釋儀式行為，而儀式行為往往又被視為這一準則的證據（柯林斯，2009）。要真正解開儀式如何產生一種共享信念這一微觀過程，還要留待微觀社會學來完成。

歐文·高夫曼（2010）作為互動儀式理論的代表人物，他在《日常生活中的自我呈現》中把個體在社會關係中的表現譬喻為類似演員們在一個劇場環境中的表演行為。高夫曼認為，儀式代表了一種個體必須守衛和設計的其行動的符號意義的方式，同時用來直接呈現對其有特別價值的對象。他指出，人們在日常生活中傾向於服從大部分的常規儀式，在他區分的「表現儀式」和「迴避儀式」中，高夫曼劃分了人們在日常生活中的「櫃檯/後台」模型，前者表現了個體對他們價值的尊重和關心，後者則是尊重他人隱私，容許他人擁有類似後台的、更加私密的活動空間。

高夫曼對個體情境的研究為我們提供了一個非常精緻細微的人際互動模式，他提出，儀式必須發生在身體共同在場的社會場景下；只有當身體的共同在場轉變為相互關注時，互動儀式才真正開始；人們參與儀式是為了維繫社會團結，因而伴隨

著一種整體觀的壓力；儀式中必須有代表社會價值的神聖物；當儀式禮節被破壞時，會引發人們道德上的不安和義憤。高夫曼的關於互動儀式的「擬劇」理論為我們理解新興電子媒體帶來的人們行為變化提供了以小見大的新視角。後來的美國傳播學者約書亞・梅羅維茲運用高夫曼的社會場景理論和分析方法來研究電視如何採取和日常生活對接的敘事策略時發現，各種不同觀眾在觀看電視時，事實上都是在共享一種共同的、而不再是像印刷媒體那樣進行區隔的訊息系統，這些共享畫面不僅促進了社會場景的融合，還使得各種身分的人的行為模式發生了變化（如英雄／平民的劃分），進而改變了人們對於這些傳統「身分」或者角色的看法（如在電子媒體中，英雄也開始平民化）（梅羅維茲，2002）。

　　沿著高夫曼關於互動儀式的微觀社會學考察路線，社會學家蘭德爾・柯林斯發展出了他的情緒社會學理論，柯林斯稱之為「互動儀式鏈」（interaction ritual chains）。他試圖結合微觀社會學和宏觀社會學各自的傳統，以兩個人組成的相遇作為最基本社會場景，從中揭示出大規模社會變遷的祕密。在《互動儀式鏈》一書中，柯林斯提出了其理論的核心要點：人們身體的共同在場，會形成高度的相互關注，由此引發人們彼此間的互為主體性和情感連結，這些因素相疊加，最終產生各成員之間統一的認知符號和共有身分，並為每一個個體增進了情感能量和道德感（柯林斯，2009）。「互動儀式鏈」理論關注個體在一種社會情境中的動態變化過程，希望能解釋社會場景如何塑造個體和生產出情感符號的隱祕過程。學者張玉萍（2009）曾經運用互動儀式理論來分析一九六〇年代「文革」政治儀式

的失敗原因，她的研究試圖證明，「文革」強烈的帶有強迫性的政治儀式一旦侵入到個人背景這一後台空間，人們活躍於前台情緒能量就會因為缺乏來自後台的補給和支持，最終不可避免走向情感耗竭，從而引發政治儀式的坍塌。這些研究都是將微觀社會學理論和媒體文化研究的宏大圖景結合起來的嘗試，作為一種理論創新，它們對於本書的研究方法有著非常重要的借鑑意義，從而促進了本項研究對於其核心概念的關注——網路傳播中分享儀式的運行機制基於何種新的社會場景發生，並如何實現其效果的。

以社會情緒學觀照網路交往

以往傳播儀式研究中表現出的一個總體特徵是，學者大多喜歡運用文字研究來考察傳播中的儀式，故而忽略了不同媒體的技術和物質形式等特徵對於傳播模式和人們行為方式的影響，較少運用人類學和社會學的理論方法去分析傳播行為。本書的研究目標是分析網路傳播中分享儀式的運行機制和社會交往，主要採用了互動儀式理論／情緒社會學和媒體文化研究／技術文化史的研究方法。

從互動儀式理論到情緒社會學

社會學對於儀式的研究始自古典社會學家塗爾幹，他在研究宗教儀式在日常生活中的作用時發現，宗教儀式具有整合社會各階層成員的作用。以此為起點，高夫曼從微觀社會學的角度研究了人們在日常生活中的儀式運用，並首創了「互動儀

式」理論，這一理論突出了社會場景對於限制人們角色和行為的重要影響。柯林斯則在塗爾幹和高夫曼關於互動儀式概念及其社會功能的基礎上，系統闡釋了互動儀式的微觀機制。本書的研究方法即是在微觀的互動儀式機制而非宏大的媒體文化歷史考察的角度上進行，在具體的方法運用上主要借鑑了高夫曼的互動儀式模型和柯林斯的情緒社會學的概念。

高夫曼把人們日常生活中的行為舉止視為一種在社會規範約束下的自我表演，他借鑑了劇場表演理論，將人們活動的社會場景分為「櫃檯／後台」，前者是指社會化的、比較正式的場合，後者是指非正式的、私密性的場合。一旦某個個體了解到具體某一社會場景的界限標準是什麼（例如在家裡，還是在單位；在一群陌生人那裡，還是在老同學聚會中），他就會自覺按照場景要求去維護櫃檯的這些規範，而目睹這一自我建構過程的觀眾和參與者也會受到制約，在感知到規範的壓力之下保持和行動發起人一致的行為標準，並且原諒和忽視人們在此場景之外的後台進行的自我表演前的準備或者表演結束後的放鬆等行為和做法。高夫曼指出，人們允許在櫃檯／後台執行不同的行為標準，正是體現一種相互合作的社會建構性目標，就像在日常生活中的自我印象管理一樣，一個人衣著得體，不僅僅是為了在他人眼裡獲得高雅的印象，也是出於對對方的尊重和對情境的尊重。

塗爾幹的宗教生活模型則解決了微觀社會學的最基本的問題：社會各階層成員被有機結合在一起，是因為儀式得到有效運用的結果。從來不存在什麼抽象的社會系統，而是具體的人群聚集在具體的地點，透過儀式參與和儀式中的符號運用，才

感受到了彼此的團結和合作。柯林斯的情緒社會學理論從儀式的作用機制方面對儀式過程提供了更細緻的分析。他認為，儀式中的相互關注和情感連結作為一種互動機制，形成了一種瞬間的共同體，進而促成了群體的團結和代表全體成員身分的符號之產生。情緒社會學把社會儀式看作是社會分層和社會衝突等運作機制中的關鍵因素，它操縱著群體內部團結關係的形成和維繫。柯林斯指出，社會儀式需要並一定會生產出情感能量和道德感，「互動儀式最富激情的瞬間不僅是群體的高峰，也是個人生活的高峰」，儀式的作用是「刷新人們的頭腦和煥發他們的感情」（柯林斯，2009）。

對於網路傳播分享儀式中人們社會交往的研究必須在網路建構的虛擬世界這一新社會場景中來觀察和研究人們如何分享關係這一運行機制，高夫曼的互動儀式模型和柯林斯的情緒社會學為之提供了一種有效的解釋框架，但隨之而來的一個問題就是，考察媒體構建的新型社會場景離不開研究媒體技術和物質形式帶來的變化，為了將微觀的互動儀式研究與宏觀的社會場景變化結合在一起以進行更深入的考察，本書還採用了第二種研究方法：媒體的文化研究和技術文化史的考察。

媒體的文化研究和技術文化史考察

媒體的文化研究源自二十世紀初法蘭克福學派對於大眾文化的批判，到一九七〇年代，英國伯明翰大學當代文化研究中心成為了這一學派的大本營。這一學派擅長從文字研究入手，探索媒體如何生產意義的過程，圍繞著權力和意識形態進行的文字研究成為文化研究的中心議題。值得注意的是，當時媒體

文化研究是作為美國傳播學界盛行的實證主義和功能主義的研究方法的對立面而出現的，這一學派的代表人物如凱瑞和威廉斯都堅持，文化研究必須深深扎根於經驗世界中，而非去尋找一種作為客觀規律的實驗科學。凱瑞曾指出，傳播是一種現實得以生產、維繫、修正和轉變的符號過程。傳播不僅用符號建構了我們的現實，而且它在引導人們的交往和互動過程中，創造並改變了我們生存於其中的新的現實，因此文化研究不是一種行為預測，而是「診斷」意義。凱瑞曾經援引社會學家杜威的一段話精闢地闡述了這個原理：

「在共同（common）、社區（community）和傳播（Communication）這三個詞之間，有一種比字面更重要的聯繫。人們由於擁有共同的事物生活在一個社區裡；傳播即是他們藉此擁有共同事物的方法。他們必須共有的事物包括……目標、信仰、渴望、知識——一種共同的理解——就像社會學家說的想法一致（likemindedness）。這種東西不可能像磚塊靠身體做相互傳遞，也不可能像人們分吃一塊餡餅，把它切成小塊來分享……共識需要傳播」（凱瑞，2005）。

威廉斯（1974）認為，任何一種媒體技術都不是憑空出現的，正如他在對於電視的研究中所指出的那樣，一種新媒體的出現，都集成了技術發明者、社會統治者和普通使用者的種種複雜「意圖」，而且都綜合了之前許多媒體的傳統樣式和技術優勢。威廉斯和凱瑞熱衷於從媒體技術變遷／延續的歷史形態中發掘傳播對於社會現實的建構過程、意義和特點，他們認為，正是媒體生產了符號、意義和文化。

在許多學者關注媒體訊息研究的同時，像凱瑞和威廉斯這

樣的一些文化研究學者已經用歷史視野開始關注文化與技術的關係，跳出了傳統文化研究封閉的文字世界，將傳播研究置於宏大而複雜的社會情境之中，另外少數來自傳播學、社會學和心理學之外的學者試圖用歷史和其他學科的方法去研究媒體技術對文化的影響。媒體生態學派的代表人物芒福德、伊尼斯和麥克魯漢等紛紛關注媒體所創造的新的社會環境，他們在研究方法上採用了從技術發展史、經濟學到歷史學等諸多跨學科種種不同的寬廣視野。

在芒福德之前，技術對人類文化的廣泛影響並沒有被人們深刻認識到，人們更多時候只是視技術為一種「有用的」物質實踐而已，和「真、善、美」並不相干。芒福德將技術發展歷史分為始生代技術時期（遠古到十七世紀）、古生代技術時期（十八世紀）、新生代技術時期（十九世紀至今），考察每個階段技術對於文化的影響。例如：從十九世紀末攝影技術的出現到二十世紀初電影的發明，都體現了一個典型的兩難命題，即「機械工藝的發展和把它運用到有審美價值的物體上所產生的矛盾」，為此，攝影技術和後來的電影都根據其特點技術創造出了一種「與歷史上曾經有過的任何一種文化都有所不同的」文化和世界觀：它們都既是一種「追求記錄性的忠實再現」的手段，同時又是一種採用了「戲劇性的藝術誇張」手法的象徵（芒福德，2009）。

正如梅羅維茲所指出的那樣，媒體生態學描繪的技術文化史由於都是採用了過於龐大而宏觀的歷史視野，而且喜愛警句式的表達，因而無論是伊尼斯關於不同傳播媒體中偏向的研究，還是麥克魯漢熱衷於「感官平衡」理論的追求，都人為地

割斷了理論和方法的關聯性，許多類似神諭一樣的結論雖然閃耀著思想火花和灼灼洞見，但方法上的缺陷勢必損害了這些學術理論在更大範圍之內的傳播和傳承（梅羅維茲，2002）。

與史詩般的技術文化史研究不同，日常生活中媒體對於人們行為的影響研究需要仔細辨察某種媒體條件下的人們交往的方式、過程和特點，這需要將不同媒體的特徵分析和人們日常社會交流的結構和動態性分析結合在一起，技術文化史研究者的洞察可能預見到了某些社會結果，但觀察新媒體技術和社會結構以及人們社會行為變化之間的關係需要搭建一座橋梁，在這一點上，筆者非常認同梅羅維茲的研究方法和觀點，並且借鑑了他在研究電視對於人們社會行為影響時的做法，即考察傳播儀式中的互動過程時以微觀社會學作為基本框架，同時輔以技術、媒體和文化的分析進行整合研究。

「網路土著」的眼光

運用互動儀式理論和情緒社會學的方法對網路交往中的運行機制進行貼合社會現實情境的研究，要避免生硬的拿來主義。本書將首先在媒體技術發展歷史的框架下探討不同時代的媒體技術形式對於傳播儀式的影響，從而勾勒出互動儀式研究的歷史場景和分析框架。這一部分的主要文獻來自於人類學家、社會學家和媒體學者對於不同時期媒體技術和文化的研究史料，尤其是國外一些知名媒體學者如埃里克・哈弗洛克、瓦爾特・翁和梅羅維茲等對於口語、印刷媒體和電子媒體的研究，以揭示不同歷史時期媒體對於社會場景的構建及對傳播儀式和人們社會交往方式的影響。

　　觀察和深描是闡釋人類學和社會學研究的經典方法。互聯網行業從一九九○年代末以網路門戶為代表開始其商業化進程，到二○○三年開始的 Web 2.0 風潮，這一行業在緊緊跟隨美國互聯網產業發展潮流的同時，與社會特有的結構、媒體制度以及人們的行為方式等諸多方面都產生了深度的整合，留下了許多非常重要的第一手歷史記錄和資料。互聯網不同於口語、書報和電視等平面媒體，它方便人們實現即時溝通和參與者進行自我記錄的自媒體功能為我們研究網路上的互動行為保存了最好的田野記錄。本書研究中援引的許多文字和基本資料都來源於互聯網近年來爆發的眾多「媒體事件」，在對於這些案例的描述和跟蹤研究中，本書使用了民族誌法，進行了參與式觀察和親身訪談。格爾茲強調人類學的文化闡釋需要土著的眼光，以地方性知識作為認知視野，把深描作為一種符號手段，把共時研究和歷史解讀、社區情境及理論範式結合起來。本書正是試圖以網路傳播分享儀式為觀察窗口，從內部揭示互聯網在其早期發展時對社會結構和人們社會交往方式的影響。

　　除此之外，本書另外一個重要的學術思想來源是筆者十幾年來在媒體機構的親身工作實踐，尤其是從一九九○年代末以來一直對於互聯網的研究。多年的業界實踐經歷使筆者能夠更好地理解將職業經驗上升到理論研究的重要性，並重新審視學術理論和媒體實踐兩者之間的相互關係。從一九九八年年底開始，筆者開始在平面及網路等媒體相繼開設關於互聯網發展研究的個人專欄，並且從二○○三年先後在電腦世界網、搜狐網等從事互聯網相關的經營和管理工作，十餘年來的親身觀察和職業經歷不僅促使我對網路分享儀式中人們的社會交往方式

有了更貼近的直觀認識，而且能夠幫助我進一步將這種零星的、不成系統的感性經驗、認識和判斷轉化為更加系統化的學術理論。

傳播是一個儀式化過程：傳播如何生產意義

對於本書而言，還需要進一步探討與互動儀式相關的以下兩個重要問題：運用互動儀式模型和情緒社會學研究網路傳播中的分享儀式時需要關注哪些核心要素？這些核心要素是否構成了「互動儀式」這一重要概念？

在對網路傳播中的分享儀式進行具體的微觀研究時，首先要區分儀式在不同學科體系中和不同情境下的不同含義。一般來說，儀式是個常用詞彙，而且在日常生活中有著極其廣泛的應用。事實上，儀式有廣義和狹義這兩種不同的理解，狹義的理解是指重大的社會典禮或禮節，廣義的儀式則是指人們在日常生活中無處不在、人人遵循的行為規則。柯林斯指出，這兩種儀式觀有著不同的學術淵源和學科視野。

人類學家的儀式被視為是社會結構中的一個重要部分，它被非常正式地嵌入在社會結構中，目的在於維護秩序，或者彰顯文化和社會價值，儀式往往是永恆主題的表現，它與社會結構是局部和整體的關係，因此符號學、結構主義的使命就是透過儀式研究去發現其中最基本的規則和意義的宏觀結構。巴爾特曾經研究流行的高級女裝來尋找其中的對立和組合關係，並探究這種對立和組合系統如何表現了社會的結構關係，以及時裝符號如何含蓄地把人們置入不同的社會等級之中。結構主義人類學對於儀式神話中基本元素和原型的發掘過程與微觀社會

學的儀式研究路徑恰恰相反，後者是把儀式作為人們在微觀化的社會場景中如何採取行動的主要形式，把情境（社會場景）做為儀式闡釋的出發點（柯林斯，2009）。

張玉萍在運用微觀社會學的方法研究「文革」政治儀式為什麼會失敗時發現，當充滿暴力色彩的階級鬥爭這一政治儀式延伸到人們日常生活中的後台區域時，這種儀式很快就伴隨著參與者熱情的衰減而失靈，最後不可避免走向了崩潰。「文革」時期，在批鬥大會這樣公開的政治儀式和日常生活中夫妻或其他家庭成員之間開始相互檢舉揭發、劃清界限這種後台化的行為方式之間，已經很難區分哪個更像是一種「儀式」。日常生活中兩個人面對面相互影響而形成的儀式行為，正是儀式互動模型建構的原點，從這裡出發，我們才能看到社會觀念和集體信仰如何內化為個人的思想來指導每個人的行動；透過微觀層次的直接互動，去觀察一種社會場景是如何被構建出來的——個體別無選擇，只有其行為角色符合社會要求時，「社會」才被構建出來。從另一個角度來看，人們之間一切互動都發生在一種社會場景中。這其中，兩個人組成的最小範圍的、面對面的即時即地的相遇，是互動儀式研究的基點，從這個基點出發，才能解釋和揭示個人之間的不斷接觸，如何在自然空間或者虛擬空間中因為越來越多人們的加入，最終醞釀形成了恢宏壯觀的社會結構和大規模的社會變遷。

其次，在運用互動儀式模型對網路傳播中的分享儀式進行研究時，還需要考慮到傳播和儀式之間的特殊關係，並進一步區分傳播媒體裡的儀式和做為儀式的傳播媒體等不同的含義。傳播和儀式一樣都是一個生產意義的符號過程，儀式的結果如

果不能形成帶有某種感情和道德色彩的符號，這種感情就無法長久維繫，將來也很難被喚醒和刷新，進而只能成為一種失敗的儀式，這與傳播過程中的意義構建機制是一樣的。正如凱瑞在分析報紙的儀式化功能指出的那樣，如果把傳播看成是一種儀式化的行為，就會發現，讀者從閱讀一張報紙中並沒有讀到太多與自己相關的訊息和內容，這一接受行為更像是「某種戲劇性的行為」，「在這種戲劇性的行為中，讀者作為戲劇演出的旁觀者加入了這一權力紛爭的世界」。人們閱讀報紙中產生的滿足感，也類似於一種宗教儀式中實現的功能。凱瑞從格爾茲關於文化的人種誌研究中得到了啟示，他指出，報紙所呈現的文字，「就像峇里島的鬥雞、狄更斯的小說、伊麗莎白的戲劇、學生們的聚會，是一種對現實的呈現，它為生活提供了整體的形式、秩序和調子」（凱瑞，2005）。本研究重在關注做為儀式的傳播，即網路傳播的分享儀式在人們日常生活中施加的影響，而傳播媒體裡的儀式，更像是關於儀式的特殊套層結構，是儀式中的儀式，並非本研究的重點。

當然，傳播和儀式的複雜關係還不僅僅止於此。傳播和儀式的關係還可以透過傳播媒體在儀式中扮演的越來越重要的角色來加以考察。從口語文化到印刷媒體；從電子傳播到網路傳播，媒體一直是社會儀式中不斷擴展和更新的社會場景組成部分，並且促進了新的儀式、符號和意義的產生，而且總的一個趨勢就是，人們的社會關係從傳統社會中的高度儀式性漸漸向現代社會的低度儀式性遷移，傳統社會儀式中強烈的情感體驗漸漸為網路社會儀式中的弱情感體驗所代替，在這一進程中，媒體扮演了一個重要的「解魅」工具，使得宗教和政治儀式越

來越讓位於日常生活中的儀式。口語時代的媒體和儀式中的社會場景是即時在場、有機整合、高度一體的，印刷媒體和電子媒體的出現，使得儀式本身的結構更加複雜，更促進了一種多重社會場景的出現，從咫尺到天涯，從個人表演的櫃檯到不為人知的後台，傳播媒體裡的儀式與在場儀式相比，人們的情感強度顯得會減弱，但儀式傳播的空間距離被大大地拓展，人們透過身體之間的虛擬連結，實現了更大範圍的社會共同體的構建。像奧運會的電視轉播，賦予這個象徵全世界人們友好團結儀式更重要的地位，透過在全球範圍內的瞬時傳播，促進了全世界不同國家地區和民族之間人們的相互理解、尊重和交流。

與傳播媒體裡的儀式相比，做為儀式的傳播在人們日常生活中的角色顯得隱而不彰。正如梅羅維茲所指出的，微觀社會學只關注社會場景中人們面對面的交往，對於人們透過媒體進行的交往視而不見。與大眾傳播時代的溝通方式不同的是，網路傳播從技術上實現了人們隨時隨地直接面對面交往的可能性，這種「面對面交往」是基於電腦和互聯網這樣的技術仲介進行的，與物理世界中的個人交往有著諸多不同之處，這一媒體和場景的變化如何影響了人們交往方式的變化，正是本書關注的核心問題。梅羅維茲曾經揭示了電子媒體帶來的社會場景融合如何影響了人們的社會角色變化，本書將循著這個研究視角，考察網路傳播中分享儀式的改變如何影響和改變著人們的社會交往方式。

在對於儀式的不同含義，以及傳播與儀式的關係進行討論之後，接下來可以確定對網路傳播中的互動儀式模型的研究路徑。在互動儀式理論中，人們之間的互動發生在一定的社會場

景之中，社會場景正是研究分析的起點。在操作上，本書首先分析了做為儀式的傳播之特點，研究了從口語傳播、書面傳播到電子傳播各自的儀式化特徵，傳播儀式中的互動過程將從這些歷史分析中浮現出來。其次，在關於互動儀式的動態分析中，對於網路交往中的互動過程主要考察互動的運行機制和效果。對互動關係運行機制的考察主要討論媒體和社會場景改變對人們交往方式的影響，核心是相互關注和情感連帶的方式，這兩者不僅是網路交往中的最重要組成元素，而且解釋了傳播儀式創新的轉變性力量——新的儀式體驗會創造除出新的符號對象，並有助於產生出一種促進社會變革的能量；對網路交往中互動關係效果的考察主要討論網路交往對傳播模式的影響，這種影響不僅體現在社會精英、權力統治階層和大型媒體機構等不同社會主體面對新的媒體和社會場景如何進行調適以提高自身的社會適應性，而且驗證了技術、媒體和文化的複雜而隱蔽的作用方式，其結果是媒體和社會場景的變化必然會影響到人們的社會交往方式。以上就是對網路分享儀式中人們的社會交往進行互動儀式模型研究的基本路徑。

本書論述綱要

本書的核心任務是對網路分享儀式基於互動儀式理論和情緒社會學的分析框架進行考察研究，揭示其中的互動關係運行機制，並討論其對於傳播模式和人們社會交往方式的影響。為達到此目的，本書各章節將圍繞以下結構展開：

正文第二章是對從口語、書面到電子媒體不同時期的傳播

做為儀式的一個歷史整理。基於微觀社會學和情緒社會學的研究方法，這一整理並不追求龐大的媒體技術歷史分期，而是希望界定若干角度以討論傳播做為儀式的基本特徵，為探究網路傳播中的分享儀式提供適當的分析基礎和研究背景。從微觀社會學的角度看，儀式是一種當人們身體聚集在一起時產生的一種互為主體性的行為過程，從中人們產生了共同的行動、意識和情感，情緒社會學則提供了人們追求儀式體驗的深層次動力：人們為了獲得生活中的情感能量，不斷地從一個情境遷移到另一個情境，一個情境對個體來說是否有吸引力，取決於這一互動儀式能夠成功地為他提供情感能量。媒體的文化研究理論和技術文化史則描述了媒體技術如何塑造了大的文化環境和社會組織結構。這樣，可以將不同時期的傳播儀式視為身體、情感和社會場景三個重要元素共同組成的情境。這也是社會學研究思路在本書中的具體運用。對不同時期傳播做為儀式的整理將首先從「傳播與儀式的關係」與「傳播儀式的不同類型」兩個層次上展開。前者主要探討傳播儀式的主要組成要素和互動過程，包括了做為儀式的傳播和媒體傳播中的儀式這兩種不同的情況等；後者則區分了不同傳播儀式的基本特徵，包括了不同含義的儀式、身體是否在場對於傳播儀式的影響以及儀式效果的不同類型等。由於不同時期的傳播儀式中包含的具體社會情境、參與者狀況都不一樣，因此分別形成了不同媒體傳播儀式的特徵，這為後面分析網路分享儀式提供了基本的分析框架和背景。

　　第三章為本書提供了基本的研究假設和研究框架。透過對網路交往中技術環境的分析，認為對等網路、多媒體和超連結

構建了網路交往的虛擬社會場景。緊接著，本書描述了網路傳播中分享儀式的若干基本特徵，這些特徵包括了網路交往中的情境、人們的聚集方式、參與方式和符號系統等。隨後，本書在具體分析網路交往基本特徵的基礎上，根據網路傳播的幾種基本情境，提出了網路交往三種不同的基本類型：兩個人的相遇、圈子和社群媒體。以上為本書的基礎研究框架。

從第四章到第七章分別從社會場景、互動儀式中的關注流、情感流和符號流四個方面對網路傳播中分享儀式進行了微觀社會學和情緒社會學的研究與考察，分析相互關注和情感連帶如何在網路交往中實現的，以及這種新的儀式體驗對於人們社會交往方式的影響。

第八章將對全書進行總結，並試圖達成若干有理論意義的討論。這些討論包括了網路分享儀式的互動模式及特點；虛擬社會場景、不在場的身體與弱感情連結作為人們新的社會交往方式的影響，以回應及傳播微觀社會學研究中最經典的主題：網路傳播這一新媒體將會如何塑造特定的社會場景，以及人們活躍在這一場景中的日常社會交往方式如何與以往大不相同。

第二章
原子社會的社會交往

　　媒體研究的路徑如果追隨伊尼斯和芒福德的足跡，就必須進行如下追問：如果要全面考察互聯網的重要性，就得細緻入微地了解這種新媒體是「如何改變了人類互動在空間上、時間上的限制，如何產生了新的語言形式與新的概念系統，如何帶來新的社會關係結構」。就像凱瑞在研究通訊和資本主義貿易方式改變時所發現的那樣，在類似通訊這樣的電子媒體出現之前，貿易關係都發生在熟人之間，是個人的，也是透過面對面、個人信函、人和人之間的聯繫為仲介進行的，屬於一種「原子的關係」（atomic relation）（凱瑞，2005）。在研究網路交往對人們社會交往特點施加了何種影響之前，首先要深入理解傳播和儀式之間的密切關係，尤其對不同社會歷史時期做為儀式的各種傳播媒體與人們社會交往方式的關係進行一個粗略的考察。關於傳播和儀式之間的關係，一個簡單的陳述曾經在第一章中有所涉及，更詳細的歷史考察則是在對網路傳播中的分享儀式展開具體的互動模式研究之前，基於不同媒體出現的歷史分期之下進行的整理，考慮到本書的研究重點，在把互聯網出現之前人們的社會交往方式和互聯網出現之後人們社會交往方式上發生的顯著變化分別稱之為「原子社會」的社會交往和「電子部落」的社會交往，當然，在沒有找到更合適的命名之前，「原子社會」和「電子部落」這兩個並不新鮮的稱呼在本書

中只是權宜之計的譬喻用法，關於這兩個概念的借用，後文將有進一步的相關說明。本章的目的是立足傳播儀式之本質特徵和不同類型，來討論原子社會裡傳播和儀式的關係以及這種關係對人們社會交往方式施加的影響。

需要說明的是，本書提出的傳播儀式概念，並不僅僅只是指重大社會儀式傳播中媒體所扮演的角色。本書研究的是基於媒體發生的非正式性的儀式和日常生活人們之間如何在媒體交往中形成互動的實現機制。在傳統的社會人們日復一日、年復一年的活動中都充滿了非常正式性的儀式，如每天清晨子女要向父母恭恭敬敬地請安，人們經常參與各種各樣的集體節慶活動等，但是在現代社會，這些高度儀式性的活動已經逐步被低度儀式性的活動所取代，人們喜歡更加隨意性的社會交往風格，從越來越明顯的個體自我崇拜意識到家庭的日趨小型化，以及人們下班後都喜歡隨意舒適地坐在沙發上觀賞肥皂劇或者瀏覽手機上的微信等，這種從正式、繁複的儀式到非正式、簡便的儀式轉變，在社會結構的變化過程中，只用不到一百年的時間。正是從這種非正式的、世俗化的儀式研究入手，在對日常生活細節的直接觀察中，微觀社會學建構了互動儀式模型，這一分析框架為網路交往的研究奠定了基礎。因此，對於傳播儀式的考察而言，可以將人們日常生活中透過媒體交往形成的互動儀式模型視為一種最基本的社會場景窗口，透過這個窗口來觀察個人和個人之間的社會連結如何形成了互動結構，最後經過媒體的作用而擴展成就了宏大的社會結構。

社會交往方式的變遷

在研究人們社會交往方式的歷史變遷過程中，原子社會和電子部落都是「社會學家」和「媒體學者」經常用到的兩個譬喻性概念，用以指稱不同社會中群體團結方式的差別。在接下來的第二章和第三章將用觀念史整理的方法簡述這兩個概念的起源及其含義，特別是闡釋為什麼是這兩個譬喻，而非其他概念能夠比較準確傳達網路交往中人們社會交往方式的變遷。

原子社會的交往場景

「原子」和「原子化」用以譬喻某種類型的社會特徵，是社會學家援引了物理學中的概念，用來形容一些特別的社會形態中人們之間缺乏有機社會團結的交往方式。美國學者科恩豪澤（1959）在其代表作《大眾社會的政治》中對於「原子化」的社會有過非常詳細的闡釋，這些分析都指向了二十世紀初出現的一些極權主義國家中社團缺失引發的社會原子化現象，這種社會的一個主要特點就是人們之間的聯繫必須經過一個共同的權威才能建立，個人之間則很少發生聯繫，而社團的缺少使得國家和個人之間沒有了連結紐帶，整個社會沒有獨立性的組織來減少極少數精英對於普通大眾的控制。阿倫特（2008）則以納粹時期的德國和史達林時期的蘇聯為例描述了極權主義社會中個人原子化的可怕景象：「極權主義運動是原子化的、孤立的個人的群眾組織。個體成員必須完全地、無限制地、無條件地、一如既往地忠誠。這類忠誠只能產生完全孤立的人，他們沒有其他社會聯繫，例如家庭、朋友、同志，或者只

是熟人。忠誠使他們感覺到，只有當他屬於一個運動，他在政黨中是一個成員，他在世界上才能有一個位置。」「文革」時期的社會體現出這樣的典型特徵，隨著整個社會結構受到政治運動衝擊而解體，個人成為無所依傍的「原子」，只能追隨個別權威的旨意發生群體團結，整個社會呈現出一盤散沙的離散狀態。

極權主義社會只是原子社會的一種極端形態，事實上，原子社會最典型的社會特徵就是個人與社會之間表現出的強烈疏離感，它是伴隨著工業化、城市化和消費主義社會興起而出現的一種與個人主義相關的社會現象。塗爾幹曾經預言了社會分工所帶來的社會規模激增之後必然面臨的社會危機，即社會分工雖然帶來了更多的個人自由和個性發展，但這種社會轉型並沒有促進新的社會團結方式的出現，反而帶來了強弱對抗的更加嚴重的社會失範，他在《社會分工論》中曾經發出過這樣的大聲疾呼：「我們所要揭示的失範狀態，造成了經濟世界中極端悲慘的景象，各種各樣的衝突和混亂頻繁產生出來。既然我們無法約束當前彼此爭鬥的各種勢力，無法提供能夠使人們俯首帖耳的限制，它們就會突破所有界限，繼續相互對抗、相互防範、相互削弱。當然，那些最強的勢力就會在與弱者的對抗中獨占上風，使後者屈從於它的意志。但是，這種被征服者雖然暫時屈從了強力統治，卻沒有認同統治，因此，這種狀態肯定不會帶來一種安寧祥和的氣氛。由暴力達成的休戰協議總歸是暫時性的，它不能安撫任何一方。人的熱情只能靠他們所遵從的道德來遏止。如果所有的權威都喪失殆盡，那麼剩下的只會是強者統治的法律，而戰爭，不管它是潛在的還是凸顯的，

都將是人類永遠無法避免的病症。」（塗爾幹，2009）為此，他開出的藥方是用職業團體來充當國家和個人的連結紐帶，在他看來，如果個人主義無法建立新的社會整合，那麼社會必須重新獲得建立在共同意識之上的道德基礎。塗爾幹的擔憂並非沒有道理，伴隨工業化、城市化和消費主義帶來的舊的社會團結方式的解體，個人屈從於消費社會的邏輯之下，雖然在大都市中獲得了更多的自由和個性發展空間，但社會分工帶來的標準化、專業化和部門化毫無疑問大大加深了個人與社會整體的疏離感。

在上述關於極權主義社會和消費社會的兩種視角下，原子化的社會形態揭示了激烈的社會變遷所帶來的人們交往方式的急遽變化。一方面，是社會組織規模的激增；另一方面，是新的社會集中和精英控制模式帶來的大眾和精英關係的對立、個人與個人之間關係的冷漠和個人與社會整體關係之間的更加疏離。根據田毅鵬（2010）等學者的研究，原子社會表現出人們在進行社會交往時一系列的典型特徵：（1）個人和群體之間的關係正在減弱。工業化和城市化帶來的社會變遷，使得過去充滿溫情的農業社會締結的共同群體身分開始消散，在陌生的大都市中，人們的信任關係急遽下降，極端的個人主義和人們之間因為經濟水平和權力差異而隔離開來的城市社區是其典型的表現形式。（2）個人和公共社會的交往極為缺乏。一個充滿有機團結的社會最重要的紐帶，就是連結了抽象的國家和具體的個人之間的初級社會群體和各種各樣的組織團體，原子社會意味著每個個體將直接面對國家和政府，缺乏社會紐帶連結的個體如一盤散沙，每一個個體都倍感孤獨而無力，國家、政府

和個人之間失去了連結關係。（3）整個社會因為缺乏共同的集體意識而引發嚴重的社會失範，人們感受不到共同團結，社會道德迅速空心化。

綜上所述，原子社會的人們交往方式往往表現為兩種極端的形式，要麼是極大多數大眾被極少數社會精英操縱和控制而失去獨立的社會交往能力，失去了獨立的個人人格和個性特徵，毫無保留地依附於中心化的社會權威；要麼表現為像「原子」一樣四處遊蕩而無法感受到群體性的社會團結，像一個沒有靈魂的軀殼追逐個人利益，無法得到集體情感帶來的道德滿足感。

原子社會的傳播儀式

做為儀式的傳播，其本質特徵是傳播、是創造、是修改和轉變一個共享文化的過程（凱瑞，2005）。從下文展開的從原子社會到電子部落的社會變遷中傳播與儀式的關係考察可以發現，一方面，媒體創造了人們共享文化的不同方式；另一方面，共享文化的不同方式反過來又大大影響了人們的行為方式。在原子社會到電子部落的歷史變遷中，無論是媒體傳播裡的儀式還是做為儀式的傳播，都揭示了一個根本的趨勢，即傳播在拓展了儀式化行為中人與人之間連結的廣度的同時，社會儀式卻因為傳播媒體的演變而日益呈現出其非正式化、世俗化的面貌。這樣一來，人們在社會交往中的一個顯著的發展趨勢是，隨著新的傳播媒體的演進，尤其是像互聯網這樣的媒體工具的出現，使傳播和儀式之間的內在連結關係顯得越加隱蔽和不易顯現。一方面，從原子社會到電子部落，傳播使社會儀式

漸趨「解魅化」；另一方面，社會儀式借助傳播之力越來越內化為我們日常生活中的意識和行為準則，人們越來越難以區分外在現實和媒體鏡像之間的差別。

　　把傳播看成是一種運用符號來解釋世界和生產意義的過程，是我們觀察傳播和儀式相同之處的起點。傳播到底是一種傳遞訊息和知識的行為，還是促進人們共享文化和相互維繫的行為，學界有過不同的看法。二十世紀被稱為是大眾傳播的世紀，將大規模工業化生產邏輯用於文化創造領域，不僅促進了大眾傳播媒體的繁榮，也直接催生了大眾傳播學科。威廉斯曾經提出要抵制「大眾傳播學」這樣的提法，因為，以大眾傳播的眼光去看待「大眾」，注意力全部聚焦在「大量的受眾」那裡，而且由於把受眾設想為大眾，影響研究得以大行其道，研究經費上也更容易得到來自大眾媒體工業界的經費支持（凱瑞，2005）。大眾傳播研究中盛行的因果關係模式和功能主義都和這一現象有關。

　　互動儀式理論認為，一個成功的互動儀式必須包含四個主要的組成要素：（1）兩個或者兩個以上的人身體共同在場，即便他們當時沒有特別留意對方，身體自身的節律還是容易吸引雙方的相互關注；（2）對局外人的身分設定了限制，當事人知道誰被接納、誰又被排斥在儀式之外；（3）人們在活動中形成共同的關注對象和焦點；（4）共同的關注焦點會激發出人們共享某種共同情緒或者情感體驗。在一個互動儀式中，這四個要素之間會相互之間發生作用，其中的第三個要素「共同關注焦點」和第四個要素「共同的情感狀態」之間會相互強化，形成持續往返的循環反饋。當這四個要素相互作用達到相當

強度的相互關注和情感共享時，互動儀式就會產生四種最主要的結果：（1）群體團結，給予每個參與者某種群體成員的身分感；（2）情感能量，一種自信、積極、熱情和向上的情緒體驗；（3）群體符號，代表群體身分的標誌，塗爾幹所說的「神聖物」，群體成員對這種符號充滿了遵從和尊重；（4）道德感，一種維護群體及群體符號的正義感，違背者會帶來道德罪惡和羞恥感（柯林斯，2009）。

　　從傳播的本質來看，傳播活動和互動儀式表現出相似的目的、組成元素、過程和結果。首先，以目的論來看待傳播和儀式，會發現更多的相同點。微觀社會學中的互動儀式理論和媒體理論中的文化研究都堅持社會建構理論，相信任何人都不可能獨立於符號和媒體之外來觀察社會現實。每個人的生命一旦降臨人世間，他就被我們的社會所深深建構。儀式的目的同樣在於生產秩序、意義和文化，而作為文化表徵的符號就是其珍貴的結晶。塗爾幹指出，如果儀式中不能產生出符號，人們之間相互連結而產生的社會情感就無法長久、穩定地保持下去，因為一旦儀式結束，情感就只能存在於回憶之中，慢慢衰微而黯淡無光。因此，儀式形成的符號或者標記有著非常重要的作用，它不光是情感連結的見證和標誌，還會保留在人們的日常生活中，等待下一次被喚醒和再刷新（塗爾幹，2011）。如果我們同樣把社會當成一種傳播形式加以考察，就會發現，傳播本質上就是一個從中創造、分享、修正、保存現實的符號化過程（凱瑞，2005）。傳播和儀式都同樣用符號構成了我們的意識結構和現實表徵，符號也由此成為我們觀察世界的一面透鏡。總括來說，傳播中的互動過程產生和儀式相同的社會效

果，這些效果包括了群體團結、個人的情感能量、代表群體的符號和道德感。

其次，從儀式和傳播的組成要素來看，兩者有著相似的互動結構。當然，與面對面的人際互動不同的是，基於傳播媒體的互動在跨越人們之間的距離阻隔的同時，往往排除了身體的在場，有些媒體傳播如書籍需要閱讀者充分調動自己的想像能力，才能和作者或者書中的主角對話，有些媒體如電視則在運用攝影鏡頭時有模擬人格化的傾向，電視如同身體的反饋，會把儀式中感情表達最強烈和最投入的瞬間（常常是人物臉部的大特寫）以某種特別的方式呈現，使觀眾感到他所看見的其他人就像自己一樣。這種有距離感的儀式有時不免會帶來感情體驗強度上的弱化，但在構建某種共同的身分方面，電視建構的儀式感有著非常重要的意義，它不僅能夠使儀式超越地理上的阻隔，事實上，在促進共同的情感分享方面，傳播做為儀式有時同樣也能帶來強烈的感情體驗。一九九三年申奧失敗時，一位女學生在食堂收看電視直播畫面時，從驚喜到驚詫再到失望，這位參與者臉部表情的瞬間變化被一位現場的攝影師拍攝而記錄下來，引發了廣泛的社會共鳴，說明了媒體傳播中的儀式效果同樣可以帶來非常強烈的情感表現力。

再次，從傳播的起源來看，西文中的傳播一詞（Communication）與宗教儀式有著千絲萬縷的聯繫。傳播的最初含義是指人和上帝之間的交流，透過這樣一種儀式，人們以社會團結的方式或者某種共同身分共同參與到某種神聖典禮中去。塗爾幹把媒體運用人工符號創造的世界認為是另外一種存在，是社會共同體所創造的理想的投影。因此，這一符號體系

的作用「不是提供訊息，而是一種確認；不是為了改變態度或者思想，而是為了代表事物的基本秩序；不是為了履行功能，而是為了表明一個正在進行的、易逝的社會過程」（凱瑞，2005）。

最後，不同時期的傳播媒體深刻影響了儀式的變遷，在從原子社會向電子部落的社會變遷過程中，一個顯著趨勢就是在日常生活中，傳播已經成了一種典型的、非正式的儀式化社會行為。每天無論是早上準時打開信箱讀報，還是晚上七點準時收看《新聞聯播》這樣的電視新聞節目，儀式化的觀看已經成為人們日常生活中必不可少的日程安排和秩序，雖然，這些新聞大多日復一日的主題（美國和臺灣的大選、某處發生的重大災難和來自中東地區的最新壞消息）幾乎和我們的日常生活沒有什麼關聯，但觀看新聞的行為還是給我們帶來了安慰、意義或者談資。凱瑞稱之為是一種旁觀者的儀式化行為，提供了一種類似戲劇化的觀賞方式（與我們無關，但提供了某種消遣和記憶）；莫利在他研究電視的一本書中援引另外一位學者努登斯特倫的調查結論說：「對大部分芬蘭人來說，關注新聞只是一種儀式、一種劃分日常生活節奏的方法和一種疏離的表現……很多人接觸新聞是因為他們把新聞看作是與外面世界聯繫的方式或者生活中的一種固定方式——然而新聞的內容對他們來說無關緊要……（因此）新聞節目並沒有傳送訊息的功能：它們為完全不同的目的服務，觀眾關注新聞節目已經成為一種儀式和習慣。從而維持一種安全感。」（莫利，2005）

做為儀式的傳播與傳播媒體中的儀式

由於儀式和傳播都是用符號構建意義的過程，而且媒體在當代生活的儀式中扮演著越來越重要的角色，一般來說，重大的社會儀式都有社會主流媒體的介入。做為儀式的傳播一般都指向了日常生活中非正式的、自然的行為，而媒體傳播裡的儀式一般都是指正式的、充滿程式化安排的行為，區分做為儀式的傳播和媒體傳播裡的儀式能讓我們更清楚地窺見傳播和儀式之間存在著或隱蔽或明顯的連結關係。

首先，與面對面的儀式化交往一樣，做為儀式的傳播在人們日常生活中扮演了相當重要的角色。微觀社會學家故意忽略了媒體作為人們日常生活中的一種社會場景的存在，他們很少關注媒體與儀式之間的勾連，忽略了人們透過媒體進行的社會交往。事實上，無論是口語還是書籍，到今天流行的電子媒體和電腦網路，媒體傳播中早就嵌入了某種社會場景。口語當然和儀式過程是完全整合的，口語的在場性決定了身體的在場，但書籍中作者身體的不在場就無法形成充分的互動了嗎？《紅樓夢》中第二十三回寫賈寶玉、林黛玉共讀《西廂記》，兩個人讀得如痴如醉，「不到一頓飯功夫，將十六出俱已看完，自覺詞藻驚人，餘香滿口。雖看完了書，卻只管出神，心內還默默記誦。」兩人讀罷，還相互討論，以身自比。後面又寫到黛玉又隔牆聽到戲子們練習《牡丹亭》的唱詞（類似廣播的效果），「只聽唱道：『則為你如花美眷，似水流年……』林黛玉聽了這兩句，不覺心動神搖。又聽道：『你在幽閨自憐』等句，亦發如痴如醉，站立不住，便一蹲身坐在一塊山子石上，細嚼『如花美眷，似水流年』八個字的滋味……又兼方才

所見《西廂記》中『花落水流紅，閒愁萬種』之句，都一時想起來，湊聚在一處，仔細忖度，不覺心痛神痴，眼中落淚」。事實上，作為讀者的林黛玉與書中人物的情感連結都是因為有《西廂記》、《牡丹亭》等作者的預先設置，雖然是隔離了時空的對話，人物之間的相互關注是透過閱讀者的移情來實現的（林黛玉想像自己就是崔鶯鶯和杜麗娘），因而產生了很強的情感共鳴，這種對話和身體連結是透過想像實現的，但和儀式一樣實現了人們之間基於某些共同生存經驗的理解和闡釋。正因為如此，我們經常把閱讀書籍稱為一種與不在場的作者的「對話」，這種對話的效果因為作者預先設置了身體的虛擬存在（如小說中的主角）而得以進行，對於作者來說，寫作行為本身就是為了期待一種對話場景的產生，即所謂的藏之名山，傳之後人。

相比於電視的溝通行為，閱讀一本書要達成讀者和作者的對話，顯然有著更高的參與條件。就上面這一情景而言，林黛玉的閱讀能力和對自我身分的認知在促進這種對話發生時發揮著關鍵的作用。一個文盲或者缺乏像林黛玉那樣的敏感和理解力的讀者很難進入到那種情境中去，自然也無法和書中的人物形成共同的關注焦點。日常的電視內容雖然提供了聲音、圖像等更容易理解的情境，可以透過鏡頭捕捉人的行動和臉部特寫等情緒符號，但如果無法提供與觀看者引起共鳴的符號訊息，同樣很難形成儀式化的效果。可見，日常生活中做為儀式的傳播在關注人們非正式、自然的行為時，傳播和儀式之間的連結相對比較隱蔽，只有傳播行為本身與觀看者恰巧形成共同的關注焦點時，互動才得以產生。

其次，媒體的介入深刻影響了正式的、程式化儀式的運行方式和作用效果。柯林斯曾經深刻懷疑，一旦身體不在場，透過媒體進行的溝通能否產生正式儀式中的相互關注和情感連帶（柯林斯，2009）。一個相反的例證是當代社會中的體育運動，從奧運會到足球世界盃，因為電視的介入，不僅儀式影響力大增，也使得這樣的儀式更加複雜、場面更加壯觀和更富觀賞性（對於表演者而言，觀眾的數量和熱烈參與程度同樣會帶來更多的戲劇化場景）。和閱讀體驗一樣，透過電視去觀看比賽都只能屬於一種旁觀的儀式，但同樣能夠促成人們之間身體的虛擬連結和感情共鳴。雖然與身體在場參與的正式儀式相比，情感強度自然會相對減弱，但觀看者同樣獲得了相當的滿足感。當然，電視直播的另外一個好處是使重要儀式得到了空前的傳播，促進了人們在更大範圍內的社會維繫。不管是美國「九一一事件」這樣的重大社會事件還是「黛安娜王妃葬禮」這樣的重要典禮，一個重要的儀式可以吸引整個地球上的數十億觀眾同時觀看，這反過來又強化了現場儀式本身的「儀式感」。

綜上所述，無論是做為儀式的傳播，還是媒體傳播裡的儀式，在原子社會裡，透過傳播和儀式之間或明或暗的連結，傳播都改變了儀式本身，創造出了新的儀式和符號。

傳播儀式的類型

在闡明了原子社會中傳播與儀式之間的關係之後，需要進一步區分這一社會形態中傳播儀式的不同類型。了解原子社會中不同類型的傳播儀式，可以幫助我們理解在不同的社會歷史

時期，為什麼有些傳播儀式用於現在某種特別的場合，而且這些不同的傳播方式緣何產生了不同的儀式化效果。

儀式是在人們長期的生活實踐中發明和設計出來的，傳播儀式基於不同的技術條件和實現途徑而呈現出不同的面貌和類型。按照傳播行為中社會場景的規模大小，可以把傳播儀式分成日常生活儀式和重大群體儀式；按照人們參與媒體過程的方式，可以把傳播儀式分成參與的儀式和旁觀的儀式；按照傳播形成的社會效果，可以把它區分為成功的儀式和失敗的儀式。需要說明的是，儀式可以有很多種不同的分類方式，而本書所做的分類則是為了更好地說明原子社會與電子部落裡不同傳播儀式的社會特徵，而且這三類不同的傳播儀式雖然在不同的社會時期發展形態各有側重，但在同一時期裡也可以相互交叉和彼此關聯，如原子社會時期重大群體儀式可能是成功的儀式，有時也會演變成失敗的儀式，而電子部落中盛行的參與儀式更容易獲得成功，旁觀的儀式則容易走向失敗。像電視台過年節目這樣一年一度的重大群體儀式在一九八〇年代非常成功，但發展到今天，很多年輕人已經不再關注它，許多家庭在除夕之夜打開電視看節目，也只是作為一種傳統儀式中的背景，很難再說它是一種成功的儀式了。媒體傳播中的日常生活儀式更充滿了變數，就像你用通訊軟體剛剛在網路上認識了一個陌生人，很可能你們之間會找不到任何交集而很快失去關注對方的興趣，見面「儀式」很快以失敗而終結。

日常生活儀式與重大群體儀式

按照儀式一詞的習慣用法，儀式總是被用來指人們生活中

的一種非常重要的正式典禮，它至少包含了兩個要素：（1）正式性。這種正式性無論是從著裝、儀態、表情還是行為方式都體現出傳統的特徵，並且嚴格區別於日常生活，就像春節中人們要穿新衣、祭祖和向老人及身分更高的人拜年等等。（2）程式化。程式化要求儀式春節中表演的戲劇更是一種儀式中的儀式，從節目的類型（多為傳統劇目）到儀式的參與方式（固定的地點，固定的演出方式和程式等），都按照預先約定的、比較固定的程式來進行。這是一種人們現實生活的重大群體儀式，傳播中的重大的正式儀式同樣如此，如電視台的過年節目，無論是主持人還是現場觀眾都衣著節日盛裝，從暖場、歌曲、相聲、小品、零點報時到結束等都遵循了程式化的節目安排（例如：第一個節目常常以歌舞開始，而不可能是一個小品）。

　　與重大群體儀式對應的是日常生活儀式，這些儀式都是屬於人們在日常生活中最基本的小型、非正式和自發形成的儀式。霍夫曼分析了人們在日常生活中會遵從社會規範的壓力下的主要儀式類型，從見面寒暄、談論天氣到隨意的會話和告別方式等，人們的社交行為都屈從於具體情境的要求，見到某人說「你好」有時並不表示任何意思，但比較人們問候方式的細微差別，這些問候語該用在何處或者不會用在何處，或者說如果沒有得到恰當的應用，又會帶來什麼結果，人們彼此之間都是心照不宣的。這些日常交往中的細節都透露出人們之間各種各樣的私人關係，也表明了人們之間的相互態度和團結親密的程度。霍夫曼用「場景」來比喻一個人在日常生活中自我表現時的情境，它既包括了公共的舞台，也包括了舞台周邊的一些

與外人隔絕的私人空間。

口語化的日常生活場景當然是觀察小型互動儀式的最佳舞台。在書籍和電視畫面中也記錄了人們日常生活中大量的場景、行動和故事，這些場景當然跟隨時代發生變化，反映了人們交往方式的歷史更替。從過去書籍中記錄的抱拳叩禮到電視中兩個人見面最常見的握手，再到今天上購物網站上用「親」來招呼對方，媒體中的場景變化，見證並影響了人們日常儀式的變遷。

柯林斯指出，與日常生活場景中人們因為自然形成的關注焦點和共享情感而產生的儀式相比，重大的按照正式程序進行的儀式能夠極大地影響到群體的身分感受，而前者往往提供了更加靈活的成員身分感，除非這種身分能以符號形式被固定下來，否則也難以生產出新的意義和身分概念（柯林斯，2009）。二〇〇一年美國爆發「九一一事件」之後許多重大的電視儀式都團結了美國民眾，很難想像，如果沒有電視畫面的那種震撼力建立起來的虛擬在場感，有限時空中進行的傳統儀式就很難在短時間內團結如此大範圍的人群，這種被加強的身分認同甚至使得生活在美國的伊斯蘭族群感受到了歧視壓力，進而全世界的族群被美國政治精英們簡單地劃分成了兩個陣容：恐怖主義者和反恐陣容。與此相對應，透過媒體交往的日常生活儀式常常因為場景的變化而不得不更換身分和角色顯得靈活多變，就像我們經常把每個人分類（同事、領導、客戶和家人等），並且在日常交往時也被別人分類一樣，如果我剛剛離開購物網站，轉而在 MSN 上向主管匯報工作時，我就不可能用「親」（親愛的）去稱呼對方，而且整個語調情勢都會發

生相應的變化。

在原子社會中，日常生活儀式和重大群體儀式有著各自的用處，也會發揮相互彌補的功能，但隨著媒體的演進變化，重大群體儀式越來越讓步於日常生活儀式，社會儀式本身越來越變得世俗化和非正式化。在原子社會時期，人們生活中缺少了重大群體儀式，身分感和情感能量就會因為缺乏補給和強化而慢慢枯竭，甚至失去生活的目的和意義，而相比於重大群體儀式，日常生活儀式有點類似高夫曼所說的後台功能，人們可以在其中得到調整、休息和重新思考，使生活體現出傳承和繼續性的一面。媒體中的互動交往增加了我們參與各式各樣社會場景的機會（雖然它可能會導致面對面交往機遇的減少和人們之間疏離感的加強），從電視和網路同步直播的英國王室威廉王子的世紀婚禮到透過網路聊天工具和一位遠在非洲大陸從未晤面的朋友聊天，透過媒體進行的交往無疑拓展了我們生活場景的邊界和空間。當然，人們生活中如果每天都會在電視中目睹「九一一」這樣的重大群體儀式，這種每天充斥強烈感情體驗的生活同樣無法繼續，而如果天天都是日復一日、平淡無奇地重複，人們也會因為生活中會缺少興奮點而無法忍受，人們需要波瀾不驚的日常生活儀式，也需要像狂歡節畫面所展示的集體激情體驗，大多數時候人們依靠習慣維持固定的生活場景，偶爾又借助重大儀式來生產一個個體在群體中的意義及其社會身分。「互動儀式最富激情的瞬間不僅是群體的高峰，也是個人生活的高峰。對這些事件我們刻骨銘心，它們賦予了我們個人生命的意義」（柯林斯，2009），只有在這一時刻，我們的身分和情感符號才能被重新喚醒，迎接它們再一次被刷新的巔

峰體驗。

旁觀的儀式與參與的儀式

人們基於媒體的儀式化交往與面對面的社會交往存在的一個顯著差別就是，媒體在縮短了場景中的空間和時間距離感的同時，有時也會改變人們之間的接觸方式，在很多透過媒體進行的交往中，另一方的身體可能是不在場的，尤其是在閱讀書籍、收聽廣播或者觀看電視時，使用媒體的這一方總是像一個旁觀者，聽不到對方的聲音、表情和反饋，這更像是一種旁觀的儀式；而在口語和網路的環境裡，人們總是能在現實世界或者虛擬的網路中感受到雙方的互動和身體同在，從而更容易形成同步的節奏和情緒反應，這是一種能夠積極參與的儀式。相對來說，後者建立起來的關注焦點和情感連結會更加明顯和強烈。

高夫曼發現，人的社會化首先反映在人們總是希望促進相互之間合作的意識和行動，即便是沒有重大的事情發生，兩個人之間只要能夠覺察到彼此存在，同樣會喜歡相互追隨並表現出一副追隨他人的樣子，就像我們日常生活中對陌生人也會微笑一樣，人們總是善於從各種不同的社會場景中尋求獲得積極的社會情感能量。社會學家很少探討媒體中的儀式化交往，很可能就是因為他們認為媒體交往中很多時候身體是不在場或者只是虛擬在場，這時互動儀式會發生嗎？

另外一種極端的情況是社會學家米德研究的人如何形成自我意識的內省過程。米德認為，自我可以分解成兩個方面：作為意願和行動主體的「主我」與作為他人評價和社會期待的

「客我」，就像人們平時喜歡寫日記或者沉思一樣，人的自我就是在「主我」和「客我」的互動關係中形成的一種意識，透過假想和模擬某種社會場景中我與他人的關係，我們重新發現了自己的身分（郭慶光，2009）。我們讀一本書、聽廣播或者看電視時，一樣會透過想像去虛擬一種類似身體的連結或者替代，雖然無法直接參與到場景中去，但是我們還是會以其他方式作出自己的反應，無論是會心一笑，還是像林黛玉那樣完全沉浸其中。旁觀者的角色決定了人們有時很難和場景中的虛擬人物形成同步化的節奏，因此旁觀的儀式也會成為消極的儀式或者柯林斯所說的強迫性的、空洞的儀式，只有在少數時刻，讀者、聽眾或者觀眾會遇到一種情感共振的狀態，帶來強烈的情感體驗，這個時候我們常常會稱之為「心有靈犀」、「身臨其境」、「栩栩如生」或者「活靈活現」等，在感情的激發和模擬的想像狀態，我們彷彿看到了對方，而且似乎產生了一種現場儀式感的相互反饋機制。

從一本書的作者意圖來看，沒有一個作者不是期待一場真的對話才投入到寫作中去的。《詩經·王風·黍離》篇的作者稱「知我者謂我心憂，不知我者謂我何求」；屈原在《離騷》中感慨「國無人莫我知兮」，司馬遷在《報任安書》中解釋寫《史記》的目的就是「藏之名山，傳之其人，通邑大都」；福樓拜寫作《包法利夫人》時為主角痛哭，都是為了苦覓知音而作。唐代詩人陳子昂的《登幽州台歌》最能表現對這種跨越時空、寄寓與未來者對話的殷殷期盼：「前不見古人，後不見來者，念天地之悠悠，獨愴然而涕下。」這種對話沒有表情和聲音及動作，只有通曉文字並且能夠和作者形成共同關注的焦

點和情感連結時，後來的讀者才能在想像中實現對話和互動，這無形中加大了建立互動關係的難度，而金聖歎和脂硯齋的批註，觀眾對某一段戲劇場景的由衷讚歎，包括和家人一起觀看電視節目時的評價與討論，都是試圖超越旁觀者角色、創造想像中的對話場景的一種方式。

麥克魯漢正是懷著對印刷文化排斥了在場對話的深刻懷疑，表達了他對遠古在場對話場景的浪漫嚮往。他對於人類交往場景「部落化」（口語時代）、非部落化（文字印刷時代）和重新部落化（電子媒體時代）的劃分，強調的正是一種人的感官平衡的失而復得過程，書面文化透過線性的時間排列，偏好空間的延伸和展示，這與口語場景和電子媒體模仿口語化的場景形成了鮮明對比。當然，麥克魯漢也有他的時代侷限，他沒能看到各種不同電子媒體之間的差異，只有等到互聯網出現之後，參與者才能真正告別旁觀的儀式，像電視這樣的電子媒體雖然提供了斥諸感官的聲音和圖像畫面，但依然無法擺脫線性時間的、機械的內容呈現方式，直接阻礙了互動結構的形成。

互聯網上的交往雖然也是基於電腦媒體進行，但它真正實現了對話者身體的共同在場，一種典型的情境是影片對話。在影片對話中，我們不僅能看到彼此的表情、聲音和肢體語言，也能直觀看到對話發生的現實場景（在臥室、客廳還是辦公室，白天或是黃昏等），它與現實生活中人們面對面交往的唯一區別，就是對話雙方不能觸摸到對方的身體，一旦雙方能建立較高水平的關注焦點和情感連結，強烈的互動體驗一樣可以產生。這種建立在虛擬與真實之間的身體連結，會因為身體接近的方便性（不受時間、空間的束縛，沒有車馬之勞和場景隔

離，也較少受到監視）大大增加了互動的頻次和機會，給予參與者非常積極的現場儀式感受。因此，相較於電子部落裡人們的主動、積極社會參與式交往，原子社會中的傳播儀式更像是一種權威引導、大眾追隨的旁觀儀式。

消極的儀式與積極的儀式

　　無論是重大群體儀式還是日常生活儀式、參與的儀式還是旁觀的儀式，有時會成功，有時會以失敗而結束。雖然重大群體儀式和參與的儀式會帶來更多的儀式化感受，但人們之間的交往如果無法形成共同的焦點關注和情感共鳴，同樣會導致儀式走向失敗。我們把那些因為有缺陷的場景設置導致互動易導向失敗可能性一邊的儀式稱為消極的儀式，與之相反，另外一些場景鼓勵並促進人們之間進行積極的交往，以便盡快建立起共同關注和共享情感，這一類儀式就是積極的儀式。在某些情境下，消極的儀式和積極的儀式之間可以相互轉化，一些消極的儀式因為場景的變化可以演變為積極的儀式，同樣地，積極的儀式由於某些關鍵場景構成要素的變化也可能演變為消極的儀式。

　　如前所述，成功互動儀式帶來如下四種結果：（1）群體團結的身分感；（2）個體的情感能量；（3）群體代表符號（神聖物）；（4）道德感。按照塗爾幹對於儀式的經典分類，那些空洞的、充滿權力和禁忌的、帶有強迫性的儀式是最常見的消極儀式，而透過媒體進行的儀式化交往更會因為媒體對身體的隔離或者某種特別的符號環境（如一部小說對於一個識字不多者）也難達到儀式效果。像簡訊拜年就是一個例子，一般來

說，春節是表達情感連結最重要的社會場景，因此身體在場就是一種親密感的體現，相比於簡訊拜年這種方式，後者有時故意採取了迴避身體在場的情形，這種親疏感的不同表達，顯示了人們之間的彼此身分關係和親密程度。因此，對於一些非常重要的親人、朋友、同事和領導來說，簡訊拜年近似於一種消極的儀式（僅具象徵性的禮儀形式而已）。

電視新聞欄目《新聞聯播》則是另一個例子。一本書的作者、一部廣播劇或者電視節目的製作人都以「我親愛的讀者」、「親愛的聽眾朋友們」或者「觀眾朋友」這樣的熱情稱呼來給媒體使用者某種身分感，構建一種類似平等對話的情境，但這種對話的場景需要信號的發送者和接受者雙方建立起某種共同的關注點和情感連結，這時包括語言風格、播音員的感情狀態和臉部表情等細節都要非常合乎情境的需要，一旦接受者覺得某種表情「很假」或者與場景極不協調，這種互動關係就無法形成或者難以繼續。《新聞聯播》節目就類似於一種強迫性的儀式，過多的形式化的節目素材顯得內容空洞，而主持人緊繃的表情和刻意的嚴肅端莊很難讓聽眾朋友建立起親近的身體距離感。近年來，這一重要的電視新聞欄目一直試圖在進行某些調整，如二〇一一年任用新的年輕主持人，減少報導領導人出席各種儀式和會議的畫面和時間，圍繞「走基層、轉作風、改文風」的宣傳精神指示給予底層民眾生活更多的關注和展示等，但這些變化和調整還遠遠不夠，其依舊延續的過於形式化的話語風格對於年輕的網友一代來說，他們可能會放棄這種交流方式，這樣的節目形態未來將面臨更大的危機。影視資深電視人孫玉勝（2004）把一九九〇年代以來電視台一系列重

要的新聞改革總結為一句話:「從改變電視的語態開始」,應該說非常中肯。電視中說話的方式,從主持人臉部表情(扳著臉還是輕鬆隨意)到空間場景的展示(空的背景還是一張沙發或者轉椅)、間接轉述還是原聲傳達、千篇一律的字正腔圓還是個性化的主持風格,都會極大地影響到傳與受之間的互動結構能否很快、有效地建立起來。

　　原子社會中消極的儀式帶來的是自我隔離、感情上的麻木和興味索然,希望盡快從儀式現場中逃避出來。與此相反,電子部落中盛行的積極的儀式化交往從一開始都是自發形成的,先是某個人發現了一個有趣的焦點(比如在部落格中常見的社會事件熱點討論),繼而以近乎惡搞的方式加以誇張地表現出來,緊接著新的網友開始介入傳播過程,他們會在轉發中加入各種新的素材和有趣的評論,甚至包括 PS 過的圖片集錦、人物語錄或者影片短片,這時網上的興論開始鼓噪起來,有人歡呼,有人做出怪異的表情,人們開始轉發大量與此相關的一切內容。當越來越多的新聞訊息(焦點)被發掘和轉遞之後,人們會表現出各種相互欣賞和表示團結友好的姿態,包括相互問好、虛擬的身體接觸和示好,原先的陌生人很快成了擁有很多共同興趣點、幾乎無話不談的朋友。二○一一年網上流行開始的許多媒體事件,從郭美美引發的紅十字會醜聞到人們對日益走高的房價不滿而惡搞 PS 修圖現象,都顯示了積極的媒體交往的某些共同特徵:人們擁有共同而有趣的焦點關注而走到了一起,在積極的互動交流中建構一種相互的主體性,並且在更大規模的互動結構中實現強烈的情感共鳴而形成鮮明的情感體驗和儀式符號(如郭美美的圖片和對紅十字會的不信任投票

等）。[5]

　　總之，從原子社會到電子部落，不同時期的媒體有著自身獨特的構建對話場景的方式，這些不同的構建場景方式也會影響到儀式化交往的效果，按照從難到易的程度排列，從文字前的口語傳播、印刷文字、廣播電視電影等電子媒體再到互聯網，使用的媒體符號特徵越接近口語文化，參與方式越簡單直接；雙方彼此身體的距離感越近，就越容易實現儀式化交往的互動結構。

不同歷史時期的媒體場景

物質場景與媒體場景

　　場景是互動儀式理論的研究起點。高夫曼定義的日常生活場景是指任何在某種程度上感覺受到屏障隔離的地方，梅羅維茲則引進媒體對場景的構建因素，將場景定義為一套訊息系統，它包含了訊息流動的模式，將場景的關注焦點從物質場地

---

[5]　二〇一一年六月，一位名叫郭美美的女子因在新浪微博上多次發布自己的名牌服飾和汽車等而受到網友關注，這位年僅二十歲的女子自稱是「中國紅十字會商業總經理」，網友在對其進行人肉搜索之後發現這一身分並不屬實，但郭美美私人生活中和中國紅十字會下屬機構的關聯引發網友熱議，使中國紅十字會這家最大的官方公益機構陷入空前危機，最終中國紅十字會常務副會長易人，已經成立十年的下屬機構商業系統紅十字會被撤銷，「郭美美事件」爆發一個月後，社會捐款為五億元，還不到六月分的一半，慈善機構六至八月接受的捐贈為八點四億元，比此前的三至五月分大幅減少了百分之八十六。詳見鳳凰網專題：郭美美事件持續發酵，紅十字會陷信任危機。[2012-01-19]，http://news.ifeng.com/society/special/guomeimei/。「潘幣」事件則是因為知名房地產開發商潘石屹在部落格上發表的一則關於賈伯斯的評論引發網友熱議，最後潘石屹與網友形成互動，惡搞成幣值「壹潘」的紙幣圖片。詳見：李燁池，尹安學，潘石屹發行「潘幣」，四大貨幣火爆網路，羊城晚報，2011-10-27（A11）[2012-01-19]，http://www.ycwb.com/ePaper/ycwb/html/2011-10/27/content_1241577.html

轉向了訊息渠道。他引用了高夫曼關於餐廳的例子來描述訊息流動方式對場景的影響，高夫曼顯然考察的是一種靜態的場景區隔，在一家餐飲場所裡，廚房屬於「後勤」，那是餐廳工作人員做準備、放鬆和演練的地方，餐廳顯然屬於「櫃檯」，提供的是職業化的服務、交往和表演，但如果兩位餐廳服務員在用眼色取笑他們的顧客，或者低聲討論「餐廳守則」，那麼，即使他們身處「櫃檯」，進行的卻是「後勤」情境下的交往方式，梅羅維茲的重新定義拓展了場景的概念，認為地點和媒體共同構建了人們交往和進行訊息傳遞的具體情境（梅羅維茲，2002）。

梅羅維茲注意到了媒體場景與物質場景的差異，但他並沒有對這一差異性進行更深入的研究，而是理所當然地把這兩者都視為同一系列場景的組成部分。他在《消失的地域：電子媒體對社會行為的影響》一書中集中討論電子傳播的場景融合，但事實上這種場景融合只是與電子傳播媒體符號的特點相關。從口語傳播到書面傳播，新的媒體場景克服了長距離交往的難題，但帶來了人們讀寫水平這一新問題，電子傳播似乎最大限度模仿了口語交往的現實場景，物理距離和觀眾的讀寫水平都不是問題，畫面和聲音作為直觀的媒體符號特點，重新使書面傳播分隔的人們交往的社會場景又好像回到了原先的口語場景：身體和口語結合在一起，每個人的櫃檯和後台密不可分，人們的身體和物理場景共在，只不過場景的範圍超越了地域，觀眾看到的視野更大了，借助於攝影師的鏡頭和電子化訊息傳輸技術，一幅幅「世界圖景」得以呈現。

梅羅維茲急於將物質場景和媒體場景畫上等號，事實上是

希望用高夫曼的微觀互動儀式理論為類似媒體生態學所關心的媒體對人類行為影響的宏大研究提供新的工具和方法，但是他顯然曲解了高夫曼關於場景的定義。高夫曼強調的場景是指人們每一次社會交往中的一個單一的情境，他在《日常生活中的自我呈現》中指出，他的研究所關心的是「人們日常接觸的社會結構——社會生活中那些只要人們彼此直接接觸就會產生的實體結構。在這一結構中，關鍵的因素是維持一個單一的情境定義」（高夫曼，2010）。梅羅維茲雖然也注意到了媒體交往和現場交往的顯著差異，他舉例人們在看電視和聽收音機時模擬了現場交往，事實上這些媒體場景與物質場景的差別在於：媒體場景中媒體中的表演者並不知道具體的觀眾（潛在對話者）是誰，而現場交往中人們判定情境時首先是根據「誰在場」來定義的，包括了對方的性別、年齡、社會身分甚至愛好趣味等等。在媒體場景和物質場景的定義與區分上，梅羅維茲經常是模稜兩可，或者有意混淆，最後他對媒體交往的研究依舊只能關注在性別角色融合、角色的社會化變遷和權威衰減等這些宏大的理論上，而沒有去關注媒體環境下人們交往中的微觀變化。

微觀互動儀式理論的前提是：首先要求儀式是發生在情境上人們共同在場的條件下，身體的共同在場，才能使人們因相互關注的焦點而產生互動，進而產生了社會交往行為。事實上，許多社會學家之所以迴避了對媒體交往的研究，恰恰是因為媒體交往不符合這一情境的限制性要求，媒體交往中的一方與另一方的行為經常發生在兩個完全不同、相互隔絕的時空裡，身體也不是共同在場，這一更加複雜的情境顯然加大了互

動的難度和研究這種互動關係的複雜性。

　　媒體場景和物質場景的區別，可以從以下兩個方面去觀察：首先，是人們參與媒體交往的條件。不同的媒體符號建構場景的方式不同，造成了人們參與某種媒體交往時需要不同的條件。口語不需要特別的學習，人們經過長時間模仿，就能參與到一般性的社會交往中去，而書面傳播需要參與者有相當的讀寫文字的水平。使用者不同的讀寫水平，區隔了不同的對話場景，也造就了社會等級和身分的差異。電子媒體重新讓人們回到「部落化」時代，恢復了口語傳播時代的場景特徵。

　　其次，是人們參與媒體交往的方式。電子傳播和書面傳播一樣都抽離了具體的物理場景，對話的另一方身體並不在場，這使書面傳播和電子傳播中的社會交往成了一種旁觀的儀式，讀者和觀眾無法看到對方的反應，電視比書籍提供了更多關於身體的符號（包括看得見表情、姿勢和動作），但這種表演是虛擬的對話場景，因為對方也不知道觀眾是誰。這種單向的交流顯然是社會學家不太願意關注的情境，在柯林斯看來，一旦身體不在場，儀式能否開展起來本身就是個大問號（柯林斯，2009）。

　　電子傳播克服了長距離傳播中的時間滯後，使得這種媒體交往和書面交流相比，具有即時互動的交流。想像一下寫信和電話交流的不同，寫信的交流方式遠遠滯後，往返之間有時甚至要經年累月，這與口語場景中的同步互動幾乎沒有什麼可比性，唯一的好處就是能夠克服空間的阻隔，電話中的人們能聽到對方的聲音，但場景和身體依然只能透過想像來完成。電視非常逼真地模擬了口語時代的對話場景，人們能看到對方的身

體、表情和聲音等，但那隻是一個幻影，一個透過攝影師的鏡頭表現出的身體，只存在於螢幕裡，我們摸不到他，他也無法知道我是誰，我只是所有觀眾中的一個，而且和其他任何一個觀眾來說沒有任何不同。

就本質上來說，這顯然是一種失敗的互動儀式。電視想方設法模擬對話場景，主持人和我們平起平坐，看上去非常和藹親切，為了讓我們看清他（她）的表情，攝影師時不時會給一個臉部特寫，為了模擬對話場景，我們看到電視新聞中充斥了相當多的對話情境，比如盡可能的嘉賓或者普通觀眾一起討論、爭辯等。電視的製作團隊絞盡腦汁想讓我們明白這是一場對話，而不是獨白，盡可能吸引我們也參與到對話中去，但我們始終知道，我們可以發表評論，可以痛斥或者驚呼，甚至直接關掉這一對話場景，但就是無法和他（她）直接建立起互動關係。

總之，觀察媒體場景與物理場景的差異，就可以清楚地發現場景變化對人們形成互動關係的影響。首先，是不同媒體符號組織訊息和構建場景的方式限定了人們參與互動儀式的不同條件，如書面文化的抽象性對使用者識讀和想像能力的要求，對於一個不認字的農村婦女而言，給丈夫寫信就必須請人代筆，這種與場景的遠距隔離顯然加大了互動的難度；其次，是人們參與互動儀式的方式。鼓勵參與的開放式的場景與被動旁觀式的場景顯然不同，這也是像印刷媒體、廣播電視這樣的大眾媒體生產了「受眾」這樣的對象；訊息接收者和訊息發送者的對話被認為是一種純粹的可以按照預期效果加以控制的接受過程。讀者、聽眾和觀眾一旦只能旁觀參與，儀式化的互動關

係相對更加難以建立起來，而開放的、口語化場景顯然更加鼓勵人們之間的互動交往。在情緒社會學看來，身體的在場是儀式最重要的先決條件之一，與此相反，一種虛擬的身體連結或者這種連結只能透過想像來實現，對話一方看不到對方的反應（依舊只能透過想像來進行），這與身體在場的互動相比，前者往往只能帶來相對較弱的情感連帶和互動體驗。

口語傳播：有機的社區團結

　　追溯口語時期人們的社會交往方式，可以幫助我們理解儀式作為社會結構中的連結樞紐這一源頭。口語時期的媒體和儀式過程是完全合一的，同樣，儀式過程離開口語也無法繼續進行下去。口語傳播中的儀式場景有著如下的特徵：首先，從媒體符號的組織和表現方式來看，口語都是在場的，前文字時代的原生口語和特定儀式的時間及空間是無法分開的，口語媒體本身也是社會場景的一部分；其次，從人們參與的方式來看，口語中的儀式是即時參與式的，就像柯林斯分析人們在性互動中的表現一樣，口語儀式同樣鼓勵人們身體相互之間形成有節奏的強化、有節奏的連帶和有節奏的同步關係；最後，從人們的接觸方式來看，由於口語都是場景式的，稍縱即逝，這就決定了人們的身體必須在場，否則，口語一出口，只會馬上消散，不會留下任何痕跡。

　　依此來觀察口語傳播中的場景就會發現，口語的在場性深刻影響了儀式的特徵，具體表現在口語的在場意味著一種有機整合的場景，人們無法和認識對象分隔開來。口語不像文字那樣必須把人從認識對象那裡分離出來，口語時代的傳播過程都

是盡可能地貼近認識對象，達到與其共鳴和產生認同的境界，是一種與之共處的狀態。像原生口語時期的遊吟詩人都喜歡用第一人稱，而且在這種傳播情境中，詩人、聽眾和史詩中的人物都是高度互為主體性的三位一體。沃爾特·翁指出，口語時代的人們更傾向於社群化交往和培養外向的人格結構，而不像書面文化時代的人們那樣偏好於內省活動，口語交流容易使人們實現群體的團結，而閱讀和書寫行為都更像是孤零零的個人活動，使人的關注焦點轉向自身。他舉了個例子，在教室裡當一位老師面對全班學生講課時，老師和同學們都會覺得師生之間是一個緊密聯繫的群體（此時老師和他的聲音成為全場關注的共同焦點），而當老師讓學生們默讀課文時，每個學生都會退居到他個人的隱祕的生命世界，這時班級作為一個整體的感覺就消失了（翁，2008）。

口語場景顯然是人們之間達成群體團結的第一個社會化場景。口語不僅記錄了人類最早的集體意識，使人成為人，使單個的個體組織成了社會，而且口語傳播的半徑設置了柏拉圖理想國社會的最大規模上的限制——按照一位學者羅伯特·達爾的記載，柏拉圖曾經統計得出理想的民主國家的公民人數應該為五千零四十人，雖然我們無從得知柏拉圖基於何種算法得出這一數字，但顯然的事實是，在文字沒有出現的史前時代，人數過多，民主辯論和協商就無法進行（凱瑞，2005）。

認識到口語傳播的侷限性，如果把它和書面文字做對比，就更能發現口語傳播中的儀式特徵。首先，口語是即時的、從身體內部發出的具有物質屬性的聲音，它是具體的；而文字是抽象的觀念新技術，它是抽象的，帶有思辨的特徵。日常生活

中的口語交流通常都是從身邊最近的場景開始的，如當時的天氣、關於是否吃過飯的客套、對人衣服或者面貌的誇獎等，但一個人寫信很少從這些非常具體的場景開始，即便描寫天氣式的寒暄，也是基於一段時間來氣候特徵的總括性表述。口語的這一特點也影響到了場景中人們的互動方式，這種互動也是即時的，帶有自發性的，不需要深思熟慮和長時間停頓，很多反應都是脫口而出。其次，口語是開放性的對話場景，是碎片化的，它不刻意追求意義的明確或者唯一性，一般來說，日常生活中的儀式性對話都不追求結論，更注重對方的反應，主動促使彼此間一種共識的產生；而書面語往往構成了一種權威在場的封閉式的場景，它是完整的，講求用詞的準確、明晰和不容置疑的效果。口語中的交往充滿了動態、鮮活多變的特徵，在口語儀式中，表達行為本身往往比表達的內容更重要。再次，口語在場景中只是一個有機的組成部分，而且比起表情、姿勢、語調和身體行為來，口語在儀式化交往中發揮的作用更小；書面文字與場景是隔離的，書甚至可以成為人擁有的財產、權威和身分的象徵，我們常常說「字如其人」，也暗示了文字運用對於區分人物性格特徵的影響。日常生活中一個人向另外一個人講話時，雙方都會意識到彼此連結成了一個整體的情境，只要對話不停止，這個情境就可以永遠持續下去，但如果講話者開始停止發言，轉而去閱讀，對方也同樣去讀文字，這時雙方就各自進入每個人的個人化的閱讀世界，思維的內容和方式都會出現差異，原先的整體化的口語情境很快分隔成了兩個獨立的閱讀場景，互動行為也中止，除非下一次討論重新出現。人類學家的研究發現，當人們面對面交流時，各種訊息

的比例構成是：臉部表情占百分之五十五，語調占到百分之三十八，語言只有百分之七（凱瑞，2005）。可見，儀式中促進人們互動的最重要的方式不是來自語言，而更多是表情、語調和身體動作這樣的關鍵性符號。

相比較於口語符號組織訊息和表現場景的方式，口語傳播中人們的參與方式對儀式化行為的影響更為重要。梅羅維茲研究了電子傳播與印刷傳播在構建場景方式上的差異，電子傳播促進了場景的融合，而印刷文字造成了場景的隔離，這一發現非常重要，但不足之處是他在研究場景變化對人們行為方式影響時忽略了人們參與場景構建方式的差別這一重要因素。口語是活的，為對話而生；文字卻是死的，在對話中才能復活。口語場景鼓勵參與式的人際交往，使口語成為形成大規模統一群體最重要的傳播方式。沃爾特·翁指出，文字和印刷促使人們分離為個體，塑造出作為受眾的沉默的大多數，一個活生生的人類學例子就是英文中沒有和「聽眾」（audience）對應的「讀眾」之類對應的集合名詞，讀者（readership）雖然有點像集合名詞，但抽象又模糊（又能指向個體）大多數情形下都是指作為個體的單個讀者（翁，2008）。另外一個例子是口語從古到今在宗教儀式中的重要作用，雖然中世紀後印刷術促成了《聖經》書籍的普及，但我們可以看到，一直到今天，宗教儀式還是以口語為主，人們聚集在一起舉行宗教儀式，並非是以集體閱讀的方式進行。有些佛教也特別講究辯論，甚至連一座寺廟的最高住持也是透過辯論而非寫作遴選出來的。參與式交往注重即時的針對變化著的場景的靈活反應，而旁觀式交往關注儀式嚴格的程式化了的固定慣例（想像我們寫一封信和別人交流

時的情形）。

　　口語時代人們參與儀式的方式除了聲音的相互刺激和作用外，更多依賴雙方身體的姿勢和動作、目光和臉部表情，甚至包括了隱蔽的荷爾蒙水平的變化，在口語場景中，這些符號都是直觀可見的，它們都有效地實現了身體節奏之間的同步，為強烈的情感體驗提供了驅動能量。

　　最後，口語時代人們在儀式上的身體接觸方式是親密無間的，身體團結與人們基於共同身分的社會團結高度一致。口語場景中的舞台雖然有中心和邊緣的區別，但在神聖物的關注下，人們感覺彼此之間非常親密，沒有距離感，這一幕在宗教儀式中最為熟悉，作為某一位神靈的子民，人們因為近距離的身體接觸感受到了兄弟般的情感。一個極端的例子是「狂歡節」。狂歡節上的人們關注「肉體的低下部位」和「肉體的物質性原則」，透過解放身體，甚至將人們的行動與汙穢、粗口、性、原始感官慾望、「開放的洞穴」、排泄和笑話混雜在一起，狂歡節上，「身體與身體、身體與世界的障礙被打開了，產生了相互交換和相互引導。怪誕身體的主要事件、生命的血與肉的戲劇，均在這些地方上演。吃、喝、拉撒……和交媾、懷孕、肢解、被另一身體吞食——這一切活動都在身體與世界的交接處，在新與舊的身體交接處進行。在所有這一切活動中，生命的開端與終結都極其緊密地相互連結著」（劉康，1985）。與口語場景中人們透過身體聚集建立平等的身分感不同，印刷文字帶來了更多的場景隔離，甚至閱讀不同的書籍也代表了不同階層的品味，透過文字媒體的社會交往刻意強調了人們不同的身分屬性，畢竟人們的互動行為得以發生，是在清

醒地意識到身分差異的前提下，建立在對於某種共同的生命（身體）意識的基礎之上的一致行動。

口語時代的社會交往展現了一幅有機整合的社會場景。口語和身體的同一，強調參與和身體的在場，「使人得以為人，使人組成關係密切的群體」。正如沃爾特·翁所強調的，當一個人向聽眾說話時，聽講的人就成為了一個整體，而且和說話者也彷彿結為了一個整體（翁，2008）。口語時代的時間感受也是如此，那是一種無法分隔的持續之流，沒有過去，也沒有未來，文字的出現分隔了時間，並分割了不同的社會場景，使得人們跨越時間和空間的交流得以發生。「江畔何人初見月，江月何年初照人？人生代代無窮已，江月年年望相似。」基於文字媒體的交流超越了時間和空間的侷限，不斷重複的生命意識和經驗的共享可以超越肉身，即便身體不在場，旁觀者依舊可以透過詞語激發的想像性場景，視通萬里，思接千載，心騖八極，神遊太虛，獲得一種同樣非常強烈的情感體驗。

書面傳播：單向度的專業人

從口語向文字的變遷，是人類社會發展歷史中的一個飛躍。伴隨著文字的出現，一種新的溝通場景也誕生了：如果說口語傳播構建了一個最初的小型部落化社會，使人成為了熱衷於群體生活的人，那麼，文字無疑實現了更大範圍的社會團結，文字基於集體經驗和集體意識的表達，促進了塗爾幹所說的一種具有高度社會多樣性的「有機團結」（柯林斯，2009），借助於文字，人們才能在更大的族群基礎上進行社會交往，聚集成更大物理空間範圍內的社會群落，從而建立起共同的身分

感，達成廣泛而一致的情感和理解。

書面傳播中的儀式特徵，體現在以下三個方面：首先，書面語言導致了一種新的場景分隔。口語時代的社會場景是基於物理空間來分隔的，牆分隔了一個家庭與另外一個家庭，公共廣場和私人空間則屬於不同的物質場所。隨著文字的出現，訊息流動的方式隔離出新的社會場景，識字者與文盲、兒童和成人、男人和女人、專家和普通人等，基於文字媒體的交往都是在不同的情境下進行的。在有些地方甚至還有一種專門供女人讀寫用的女性文字——「女書」，傳女不傳男，男性就無法用這種文字進行交流；醫生在病情診斷時則故意用專業詞彙進行同行間的交流，以防止病人能讀懂這些語言；學者們的學術交流使用許多專業術語，這些術語會讓行業外的人望而生畏。文字不僅分隔了不同群體的生活場景，而且將人們日常生活的空間分隔成了更個人化的情境，很難想像一個人能在亂哄哄的一群人中間進行寫作或者閱讀，文字更具抽象化的符號特點，擅長思想和邏輯表達，這使得人們閱讀和寫作時都必須在非常專注的情況下才能進行，這也要求必須是一種相對封閉的環境。其次，在參與方式上，書面傳播是一種典型的旁觀式參與，基於文字的交往超越了時間和空間的阻隔，雙方的反應都是時間滯後的，也不能看到除文字之外的對方的表情、動作、姿勢等其他交流訊息，人們只能透過想像一種虛擬的對話情境，這使得互動都是虛擬化的，一些作者因此經常用對話體來模擬現實場景中的互動，以增強儀式化交往的場景效果。最後，在身體的接觸方式上，書面傳播一般都發生在對方身體不在場的情況下，寫信時說「見字如晤」，人們希望透過文字建立一種虛擬

的身體在場，這種交往方式會因為缺乏身體的即時互動帶來情感強度的減弱，但人們的交流可以超越時間和空間，相比於口語，文字給人們帶來了更加靈活方便的交往方式，促進了更大時空範圍內的情感交流和社會維繫。

從組織訊息和構建場景的方式來看，書面傳播有以下幾個特徵：第一，語言是社會的、穩定的，用以表達普遍抽象的概念。塗爾幹指出，語言所表達的，實際上是社會作為一個整體藉以表現經驗事實的方式，它和它表達的概念體系一樣，都是集體努力的成果（塗爾幹，2011）。因此，書面表達都是標準化的，語言體系獨立於個人經驗而存在。一個人說話可以用自己的獨特方式，首尾顛倒，甚至有時語無倫次，對方也大致能聽懂是什麼意思，他可以結合當時場景中的其他訊息符號加以解讀，但一個人寫文章如果也這樣，對方就根本無法明白作者到底在表達什麼。書面語言抽離了類似說話者的具體場景，只能從上下文中進行解讀；另外，人們只有借助於這一標準化的符號體系，才能達成相互理解，智慧交流才能夠相互領會。第二，書面語言意在構建一個相對封閉的場景結構，追求語義明晰的表達效果。與口語的隨機性不同的是，書面語言都是「白紙黑字」，類似一種不容置辯的獨白，這有助於傳統延續和權威的建立。一般說來，專家的寫作風格與普通人的差別遠遠大於說話方式上的差別。塗爾幹認為，社會同樣形成於一種對構成社會的個體和事物的清晰劃分之上，從社會時間、社會空間、社會類別到因果關係，只有對這些群體之間的相互關係、每個特定群體的空間、每次儀式召集的時間和社會合作中實現目的及手段之間的關係等進行明晰的界定之後，社會才有可能

形成，這些複雜的關係才能為人們的智力準確把握，而所有這些分類，都是借助於文字才得以實現的。按照福柯的解釋，語言就是基於對事物的分類而出現。第三，與口語有著明顯的「後台」趨向不同，文字有「櫃檯」趨向的典型特徵。書面語言都是人們深思熟慮之後的產物，而且可以反覆地修正、再解釋，而口語往往都是很難掩飾的（因為伴隨了表情、姿態等其他的身體符號表徵）、自發的、真實的，當然也無法塗改、收回或者修訂。因此，書面語言一般被認為是正式的表達，在許多重大儀式中被反覆使用，而口語往往被視為非正式的，個人化的表達，多用於人們的日常生活當中。

基於書面文字的溝通不僅構建了新的社會場景，它也是儀式化過程得以完成中的重要介質和符號結晶。塗爾幹曾經強調，社會中每個個體的獨特情感表現要融合成一種共同的情感，必須透過統一的符號體系，成為一種真正的溝通行為。社會交往以心靈的相互作用和反作用為前提，這時文字這樣的符號媒體不僅顯現了群體之間相互連結的精神狀態，也能幫助人們重新喚醒和創造這種精神狀態。在儀式化的社會交往中，文字和其他圖騰符號（如圖案、旗幟等標記）一起成為了集體情感的象徵，如果沒有這些標記符號，集體情感就會隨著儀式結束而消散和衰減，難以繼續維持下去。一般來說，口語與感覺和慾望有關，而文字是一個理性和道德的世界，人們習慣用文字將神聖事物從普通事物中標記出來，而文字符號和人及其他神聖物一起被賦予了神性。在法國大革命期間，狂熱的社會革命將「自由」、「理性」這樣的世俗事物變成了神聖符號，而「五四」期間，愛國學生運動則將「科學」和「民主」從普通事

物中區隔開來，使之變成了神聖事物。文字在儀式中扮演了雙重角色，它既是前提，也是結果。一個人手按《聖經》發誓或者在大會上引用聖人的經典語錄，這是儀式中非常重要的一部分，而在許多情形下，文字和人、人名及其他神聖物一起，變成了新的象徵符號，寄寓了新的集體意識、情感和表現，可見文字符號對於社會造神的重要性。在網路傳播中，每年的流行詞彙都是匯聚了人們見證和參與一些年度重要事件的情感象徵符號，借助於它們，人們和曾經經歷的溝通場景發生關聯，建立起新的集體記憶、經驗和意識。

微觀社會學忽視書面傳播研究的一個重要原因，就是因為基於文字的溝通和人們日常生活中兩個人相遇的靜態溝通場景不同，文字抽離了具體的對話場景，第一次導致了溝通發生的社會地點與物質地點的分離、訊息與身體的分離。和集體儀式不同，寫作和閱讀都更像是個人化的活動，人們可以在不同的場景中進行這種溝通活動，而不必一定要在某種固定的社會空間中完成。這種「有距離感」、非即時性的社會交往雖然不像口語場景中那樣充滿了個性特徵和靈活的變化，情感體驗的強度也未必像在場那樣強烈。伊尼斯認為，人們之間的彼此熟悉是形成互動發生的基本前提，因此，「一個腦袋透過自由聯想和另一個腦袋接觸並追蹤其思路時，未必能實現彼此的熟悉」（伊尼斯，2003）。當然，這種新型互動方式也改變了溝通儀式本身，人們不必像口語交流時那樣立刻作出反應，這更像是一種內省的、關心人們精神世界的交流，它培養出一種鮮明的批判和自我批判意識，這種所謂的理性精神最後也改變了人自身；另外，文字交流雖然因為身體的不在場而帶來時間上

的滯後，但文字的標準統一，對於個人經驗而言，它都意味著集體概念，就像非個人的和穩定的真理一樣，後者都先於並獨立於個人而存在。我們記憶一個人的口語表現時常常會記得他（她）說話時的特別語調、聲音表現和神態，但關於他（她）的書面表達卻很少會喚起這種鮮明而具體的特徵。文字為人們生活的世界帶來了同一性的觀念、行動和思考方式，這一點幫助形成了一個制度性社會的溝通基礎。

總之，文字作為一種表現集體概念的符號，它使每個個體意識到在私人觀念之外，還有一個代表著社會群體的絕對理念的世界存在，文字發展了人們的理性，這種非個人化特質的理性就是集體思想、經驗和意識，群體必須以個體為前提，同樣，個體也無法離開群體而存在。由於書面傳播擺脫了口語傳播必須在場的限制，溝通第一次超越時間和空間阻隔而得以進行。首先，訊息可以完好無損從一地運送到另外一地，這使得社會管理可以超越希臘城邦數千人的規模限制，實現大範圍的社會整合，而文字充當了複製這些大大小小的不同社會規範儀式的工具，從一個國家的法律到具體到個人的行為禮儀等，關於儀式本身的知識得以被傳遞和複製，這在口語時代是無法想像的（複雜細緻的儀式程序無法依賴口語去傳遞）；其次，書面溝通是一種典型的旁觀式參與，沒有直接對話的場景，這一溝通方式更適合人們去表現知識和思想的深度，這一分析思維特徵反過來也強化了更細緻的社會分層和社會分工，在這個意義上，語言文字作為集體經驗的表達性符號黏合了社會，同時它又作為塑造抽象邏輯思維的一種觀念性技術分隔了不同的社會階層，透過傳輸不同的知識實現了細緻的社會分工；再次，

以文字為媒體的溝通不需要身體的同時在場，人們掌握了精確、統一的溝通工具之後，通文字交流可以發展自身心智，培養自己的想像力和邏輯思維能力。透過語言學習，一個個體很快就能成為社會人，所有前人積累的群體經驗和智慧得以被分享，容易習得更加豐富細緻的情感體驗。

書面傳播向外大大拓展人們社會交往範圍的同時，向內則從縱深處發展了每一個個體的獨立，而且與他人分隔開來的個人人格，不可避免地引發了新的社會交往症候：塗爾幹指責是過於精細的社會分工帶來的社會功能紊亂所致；佛洛伊德則形容之為文字文明所象徵的社會超我對於個體慾望的壓制；在伊尼斯筆下，文字媒體在時間或空間上的「偏向」則締造了病態的文明，使一個個帝國社會走向崩潰，馬爾庫塞則稱之為病態社會所造就的「單向度的人」——一種與機械文明相適應的、被極度物化了的只是在單一向度上發展的專業人。

電子傳播：工業人的民俗

書面傳播透過壓縮空間距離帶來了物理場景和媒體場景的分離，一封信可以由馬車或者鐵路運送實現長距離通信，而電子傳播進一步壓縮了時間，使人們的社會交往更加同步。就像凱瑞研究通訊歷史所指出的那樣，通訊依賴於電子化的訊息傳送方式，使傳播第一次脫離了「運輸」而獨立地進行，而且比鐵路這樣的運輸系統還要快很多。從通訊、電話到廣播電視的發明，電子媒體不僅獲得了非常快捷的傳播速度，從傳送文字、聲音到聲畫同步，從有線傳輸到無線傳輸，電視成為二十世紀最流行的傳播媒體，每天從世界各地帶來許多熟悉或者陌

生的面孔，都在試圖和我們開展「真誠的」對話，關於這一媒體圖景對人們社會交往方式產生的影響，梅羅維茲稱之為「場景的融合」：電子媒體使所有的人都能共享同一個場景，打破了書面傳播造成的媒體場景分離（以前是不同的人看不同的書），私人場景和公共場景開始融合（更多的私人生活場景從此被暴露），社會場景中的地點也變得不再重要（電子訊息能穿透牆壁這樣的物理障礙物）（梅羅維茲，2002）。

　　電子傳播帶來的場景變化與其說是融合，還不如說是刻意營造了一種虛擬的對話場景。翁曾經將電視誕生前的演講術和電視辯論做過有趣的比較，他比較了西元一八五八年兩位候選人的精選辯論和今天電視上總統精選辯論的差異。當年的總統競選人辯論在夏天的戶外舉行，兩場辯論分別位於兩座城市（伊利諾伊州的渥太華和弗利波特）。烈日當空，現場上萬名觀眾同樣地狂熱，而兩位講演者都一直處在針鋒相對的對抗和密切互動中，最後兩人都筋疲力盡，聲嘶力竭；與之形成鮮明對比的是，今天電視上的總統辯論雙方都顯得風度翩翩，雍容優雅，沒有了觀眾在場，雙方都盡量避免直接的激烈對抗，盡可能營造出一種友好對話的氛圍。人們在電視交往中強烈的表演性質像現場交往中的前區行為，每個參與者都會小心翼翼地維持場景的一致性，無論是現場觀眾，還是對話者之間，都會彬彬有禮地建立某種帶有默契的共識，避免對話場景的崩潰或者破壞（翁，2008）。電子傳播在還原口語場景的同時，是以犧牲交往雙方的身體在場為代價的，與書面傳播相比，電子傳播中的口語場景可以容納更大數量觀眾的進入，形象化的虛擬身體連結也維繫了更大範圍的人群，而且這種虛擬的身體連結方

式比書面傳播時代更同步、更穩固。

電子傳播帶來的另外一個改變是真實場景和虛擬場景的混淆。書面傳播帶給讀者新的媒體空間，並且會記錄下故事發生的準確時間，而電子傳播改變的不只是空間，還有人們的時間觀。在錄影機等儲存設備沒有發明之前，所有的電視節目只能是現場直播，記錄的是正在發生的真實場景，一旦錄影機被發明出來，除非特別標註是「直播」字樣，否則對於觀眾來說，他無法辨別這是正在發生的場景，還是一個歷史場景。時空的混同增加了觀眾對於電視螢幕中模擬對話場景的疏離感，人們更願意以旁觀角色參與到這一儀式中去。

可以透過解讀一部受歡迎的電視娛樂節目《非誠勿擾》來考察電子傳播中的儀式特徵。該節目於二○一○年一月十五日開播的號稱「新派交友」的電視真人秀節目借鑑了英國 Fremantle Media 公司出品的電視欄目《Take Me Out》的風格，從第一期開始，主持人孟非自然、老到的主持風格和場上二十四位女嘉賓犀利、大膽的言談討論很快吸引了大批年輕觀眾。該欄目開播以來，最高峰時曾創下五億人收看的收視率記錄，其收視率一度僅次於《新聞聯播》，在二○一二年電視台的廣告招標中，該欄目贏得了該台總投放量三點四五億美元中百分之八十二左右的份額。[6] 下面就是隨機找到的二○一二年一月十五日播出的第一百九十九期《非誠勿擾》的主要節目內容描述 [7]：

[6] China TV Grows Racyand Gets a Chaperon.Wong Edward.The New York Times2012-01-01（A1）[2012-01-29]，http://www.nytimes.com/2012/01/01/world/asia/censors-pull-reins-as-china-tv-chasing-profit-gets-racy.html?_r=1&scp=1&sq=China%20TV%20Grows%20Racy，%20and%20Gets%20a%20Chaperon%20&st=cse

[7] 《非誠勿擾》20120115 新浪網 2012-01-16[2012-01-30]，http://tv.video.sina.com.cn/

（1）主持人孟非出場（兩分四十秒）

節目片頭。主持人孟非出場，介紹下一期第兩百期欄目將有一位神祕嘉賓出現，與另外兩名副主持人樂嘉、黃菡討論神祕嘉賓會是誰，孟非最後未透露。

（以中景為主，不時插入現場全景交代活動場景和布置）

（2）二十四位女嘉賓入場（三十五秒）

二十四位女嘉賓牽手魚貫入場。

（以中景為主，並穿插全景）

（3）主持人介紹獎勵規則等（十秒）

（中景）

（4）一號男嘉賓出場（一分鐘）

男嘉賓出場，自我介紹，男嘉賓應主持人要求選出自己的「心動女生」（第十六號女嘉賓）。

（全景，男嘉賓從下至上放大特寫；以中景為主，不時穿插若干女嘉賓中景。男嘉賓手持顯示器選出「心動女生」代號時給予放大特寫鏡頭）

（5）第一個環節「愛之初體驗」（三十秒）

女生以亮燈（支持男嘉賓）和滅燈（不支持）做出選擇，二十四盞燈留下十九盞。

（中景和全景）

（6）女嘉賓點評（二十秒）

主持人讓十五號、十九號女嘉賓分別點評男嘉賓。

（中景）

（7）第二個環節「女生特權——愛之再判斷」（四十五秒）

大螢幕播放男嘉賓介紹短片，主要介紹自己的職業和愛好。

（全景）

（8）男女嘉賓第一輪互動環節（四分三十五秒）

男嘉賓表演「換客」行為（一種以物換物的做法）。三名主持人和男嘉賓就交換的物品（一變形金剛）進行討論，男嘉賓和台下觀眾互動，在主持人引導下，台上第六號、十二號、二十四號、二十三號女嘉賓和男嘉賓互動。字幕提示還留下十盞燈。

（中景）

（9）觀看第二段關於男嘉賓的短片（一分）

播放介紹男嘉賓的戀愛經歷和愛情觀的短片。字幕提示還留下五盞燈。

（全景）

（10）男女嘉賓第二輪互動環節（五十秒）

在主持人引導下，第十八號、二十四號女嘉賓分別與男嘉賓互動。

（中景）

（11）第三個環節「女生特權——愛之終決選」（五十五秒）

播放男嘉賓朋友對他的評價。字幕顯示只留下零盞燈。

（全景）

（12）男嘉賓退場（五十五秒）

兩位主持人與男嘉賓討論可能什麼地方表現不好，十二號女嘉賓的簡短評論。男嘉賓與評委黃菡老師擁抱後退場。

（全景、中景）

（13）男嘉賓「失敗感言」和主持人評論（三十五秒）

男嘉賓總結失敗原因，介紹自己。主持人就男嘉賓的簡短調侃。

（中景）

（14）第二位男嘉賓入場（三十秒）

二號男嘉賓入場，自我介紹，應主持人要求選出「心動女生」（六號）。

（全景，男嘉賓入場的局部放大特寫；中景，顯示器上顯示男嘉賓選擇「心動女生」號碼的特寫鏡頭）

（15）「女生特權——愛之初體驗」環節（二十秒）

女嘉賓以亮燈或者滅燈表示對男嘉賓支持與否。最後字幕顯示二十四盞燈全亮。

（中景，全景）

（16）女嘉賓點評（一分八秒）

在男主持人引導下，十四號、十六號、十九號女嘉賓分別與男嘉賓互動，評委樂嘉發表簡單評論。

（中景）

（17）第二個環節「女生特權——愛之再判斷」（五十二秒）

播放男嘉賓自我介紹（職業）的短片，短片中男嘉賓同事也發表了對他的評價。字幕顯示現場依舊亮著二十四盞燈。

（全景，大螢幕播放短片）

（18）男女嘉賓第一輪互動環節（四分二十五秒）

三位主持人之間就男嘉賓愛好（理財）進行討論和調侃，

在主持人引導下，十號、九號、二十四號和二十一號女嘉賓就這一話題和男嘉賓互動，三位主持人之間調侃。

（中景）

（19）播放介紹男嘉賓第二段短片（一分三十秒）

播放介紹男嘉賓愛好和感情經歷的短片，短片中同事做點評。字幕顯示還留著最後一盞燈。

（全景，大螢幕播放短片）

（20）第二輪互動，男嘉賓牽手成功，退場（十五秒）

在主持人引導下，十六號女嘉賓與男嘉賓互動。男嘉賓上前牽手十六號女嘉賓，和三位主持人道別後離場。

（中景）

（21）男女嘉賓發表「幸福感言」和主持人評點（四十秒）

男女嘉賓發表感想，主持人簡短的調侃。

（中景）

（22）三號男嘉賓入場（一分五秒）

男嘉賓入場，自我介紹。應主持人要求選出自己的「心動女生」（八號）。

（全景，男嘉賓的局部放大特寫；中景，顯示器顯示「心動女生」號碼時的放大特寫鏡頭）

（23）進入「女生特權——愛之初體驗」環節（二十秒）

女嘉賓以亮燈或者滅燈表示對男嘉賓支持與否。最後字幕顯示留下二十二盞燈。

（24）介紹新上場的十六號女嘉賓（一分鐘）

主持人介紹新上場的女嘉賓，女嘉賓自我介紹，兩位主持人點評，主持人邀請十六號女嘉賓點評男嘉賓。

（中景，全景，大螢幕顯示女嘉賓照片）

（25）第二個環節「女生特權——愛之再判斷」（一分十五秒）

播放男嘉賓第一段自我介紹短片（職業），女嘉賓以亮燈或者滅燈表示支持與否，字幕顯示留下二十二盞燈。

（全景，大螢幕播放短片）

（26）男女嘉賓第一輪互動（四分二十秒）

主持人點評十一號、十四號女嘉賓，並邀請十四號女嘉賓與男嘉賓互動（表演舞蹈），主持人表演舞蹈，三位主持人之間就男嘉賓職業愛好（舞蹈）討論和調侃。

（中景）

（27）播放第二段男嘉賓自我介紹短片（一分二十秒）

播放男嘉賓自我介紹短片（愛好、戀愛經歷和愛情觀）。

（全景，大螢幕播放短片）

（28）第二段互動（一分三十秒）

在主持人引導下，二十四號、十一號、十號女嘉賓與男嘉賓互動。

（中景）

（29）第三個環節「女生特權——愛之終決選」（一分三十五秒）

播放第三段短片「朋友採訪」，螢幕顯示最後一盞燈滅掉。三位主持人點評男嘉賓，男嘉賓退場。

（中景）

（30）男嘉賓發表「失敗感言」和主持人、女嘉賓點評（兩分十五秒）

男嘉賓發表感言，三位主持人點評，並邀請八號「心動女生」點評，主持人介紹二十四位女嘉賓資料、聯繫方式和欄目報名方式。

（中景）

（31）第四位男嘉賓入場（五十秒）

男嘉賓入場，自我介紹，應主持人要求選出「心動女生」。

（全景，男嘉賓的局部放大特寫；中景，顯示器顯示「心動女生」號碼時的放大特寫鏡頭）

（32）進入「女生特權——愛之初體驗」環節（二十秒）

女生以亮燈或者滅燈表示對男嘉賓支持與否，螢幕顯示留下二十一盞燈亮著。

（中景）

（33）女嘉賓點評（兩分五十秒）

在主持人引導下，二十三號女嘉賓和三位主持人一起對男嘉賓進行點評，男嘉賓展示魔術。

（中景，展示魔術時的特寫鏡頭）

（34）第二個環節「女生特權——愛之再判斷」（一分二十秒）

播放男嘉賓自我介紹短片（職業和性格特徵等），螢幕顯示依舊留下二十一盞燈。

（全景，大螢幕播放短片）

（35）第一輪互動（三分三十秒）

在主持人引導下，五號、九號、十號女嘉賓和三位主持人一起就男嘉賓特別的兒時教育經歷進行互動討論。

（中景）

（36）第二段介紹男嘉賓短片（五十五秒）

播放介紹男嘉賓的第二段短片（性格愛好），螢幕顯示留下十八盞燈。

（全景，大螢幕播放短片）

（37）第二輪互動（五分五十五秒）

在主持人引導下，十二號、十五號女嘉賓就父母教育問題和男嘉賓一起互動，三位主持人參與並相互調侃。

（中景）

（38）第三個環節「女生特權——愛之終決選」（一分三十秒）

播放第三段男嘉賓介紹短片（男嘉賓向父母的告白），螢幕顯示留下三盞燈。

（全景，大螢幕播放短片）

（39）第三輪互動（五分五十秒）

在主持人引導下，五號、一號、八號女嘉賓分別與男嘉賓互動，字幕顯示最後留下一盞燈，男嘉賓與八號女嘉賓牽手成功。三位主持人與兩位男女嘉賓互動，退場。

（中景）

（40）男女嘉賓發表成功感言（四十秒）

（中景）

（41）主持人點評（四十秒）

（中景）

（42）最後的第五位男嘉賓入場（五十秒）

男嘉賓入場，自我介紹，應主持人要求選出「心動女生」（十一號）。

（全景，男嘉賓身體的局部特寫；中景，顯示器顯示「心動女生」號碼時的特寫鏡頭）

（43）進入「女生特權——愛之初體驗」環節（二十秒）

女生以亮燈或者滅燈表示對男嘉賓支持與否，螢幕顯示留下二十三盞燈亮著。

（中景）

（44）女嘉賓點評（兩分三十八秒）

在主持人引導下，九號女嘉賓和三位主持人一起對上一位男嘉賓進行討論，主持人介紹新上場的八號女嘉賓。三位主持人討論八號女嘉賓的博士身分，並相互打趣。

（中景）

（45）第二個環節「女生特權——愛之再判斷」（一分兩秒）

播放男嘉賓自我介紹的短片（職業和經歷等），螢幕顯示依舊留下二十三盞燈。

（全景，大螢幕播放短片）

（46）第一輪互動（一分十秒）

在主持人引導下，三號、二十二號女嘉賓和兩位主持人一起就男嘉賓進行互動。

（中景）

（47）第二段介紹男嘉賓短片（一分鐘）

播放介紹男嘉賓的第二段短片（性格愛好），螢幕顯示留下二十盞燈。

（全景，大螢幕播放短片）

（48）第二輪互動（兩分四十三秒）

在主持人引導下，六號、五號女嘉賓分別和男嘉賓一起互動，兩位主持人參與並相互調侃，螢幕顯示留下十九盞燈。

（中景）

（49）第三個環節「女生特權——愛之終決選」（一分七秒）

播放第三段男嘉賓介紹短片（「朋友採訪」），螢幕顯示留下三盞燈。

（全景，大螢幕播放短片）

（50）第三輪互動，最後一個環節「男生特權——權利反轉」（六分四十秒）

在主持人要求下，男嘉賓上台前滅掉一盞燈（五號），主持人邀請二十二號、二十四號女嘉賓從台上牽手走下來，查看「心動女生」號碼（十一號）並邀請其走下來，主持人請男嘉賓觀看大螢幕上三位女生的有關資料並向女嘉賓發問，主持人一起和三位女嘉賓互動，主持人講解牽手的遊戲規則，男嘉賓做出選擇後兩位女嘉賓回到原位，男嘉賓上前向「心動女生」表白，主持人點評，女嘉賓婉言謝絕。三位主持人與男女嘉賓進行點評和互動，退場。

（中景）

（51）男嘉賓發表感言（二十秒）

（中景）

（52）主持人點評（一分二十八秒）

主持人介紹女嘉賓聯繫方式和報名方式，介紹廣告支持單位，謝幕，字幕出現廣告及三位未牽手成功男嘉賓的聯繫方式。

（中景、觀眾特寫）

可以看出，這是一檔介於正式儀式和非正式儀式之間的娛樂交友節目，像所有真人秀欄目一樣，真實和虛擬之間的邊界游移不定，曖昧不清。《非誠勿擾》的節目創意源於人們日常生活中最常見的社會場景，遵從了固定的程式化的節目安排，在場景的裝置上也設定了許多儀式化的要素，如弧形的 T 型台，男女嘉賓、主持人和現場觀眾必須遵循的程式與規則等等，但另外，所有參與者（包括電視機前的觀眾）都知道這只是一個娛樂節目，即便是男女嘉賓牽手成功之後，他（她）們會不會成為男女朋友，或者普通朋友，將來會不會結婚等，這些都不是電視節目製作商和觀眾們關注的重點，只要男女嘉賓由此獲得了注意力，觀眾從中發現了快樂，製作人和主持人收穫了職業成就感，電視台獲得了出色的廣告收益，廣告商的品牌透過這一欄目得以傳播，這些才是不同層級參與者們最關心的焦點。

這一期節目的時間總長度為八十六分鐘左右（不含廣告時間），一般情況下由五個場景組成（五個男嘉賓依次出場，各自組成一個場景）。經統計，在一百九十九期節目中，二十六位女嘉賓（含後來新增加的兩位）中共有二十位參與了與男嘉賓的互動，互動次數最多的是二十四號，儘管主持人盡量使每位女嘉賓都有機會參與表演（按照活動規則，女嘉賓要求發言時必須舉手示意，但能否參與互動必須由主持人首肯），但依然有五位女嘉賓在六十多分鐘的節目中沒有獲得一次自我表現的機會（分別是二號、四號、七號、十七號和二十號），在現實交往中，個性活躍和善於表現的女嘉賓容易獲得更多的表演

機會，但想像一下現實交往中的男女相親，這樣的情形還是很難想像的。即便二十位獲得發言機會的女嘉賓互動時間也少得可憐，統計顯示，女嘉賓參與互動的四十一次發言所用的時間為五十二分鐘，考慮到這五十二分鐘互動中三位主持人也占用了不少的時間，平均下來女嘉賓每人次的發言時間充其量還不到一分鐘。在節目最後一個場景中，十一號女嘉賓面對五號男嘉賓的最後告白時也抱怨發言機會太少。

當然，內容製作人和觀眾都不會在乎這些時間分配之類的問題，就像三位主持人之間故意以輕鬆的插科打諢來消除儀式的緊張氣氛一樣，電視觀眾、現場觀眾、主持人和男女嘉賓及幕後的製作團隊都知道，這只是一檔娛樂節目，提供笑聲之餘，能附帶帶來一些有爭議的話題就足夠了（後者借助於網路和其他傳播渠道，能使節目獲得更多的關注和收視率），事實上，引導男女嘉賓表現犀利的觀點和有爭議的話題也是這一節目的原先設計，就像《紐約時報》引用節目製作人王培傑的話所形容的那樣，「透過這檔節目，你可以知道現在年輕人的想法和追求」。在欄目結構的設計上，這一節目故意將現實交往中男女性別角色的位置逆轉過來，表面上看女嘉賓獲得了比男嘉賓更多的權利（如咄咄逼人的提問，女嘉賓更高位置的舞台設計，二十四個女嘉賓對一個男嘉賓的挑選方式等），但透過以上的數據統計和分析可以看出，這一系列議程設置只是表面技巧，無論是女嘉賓占用的時間，還是參與互動的機會，都難以掩蓋最後一個事實，男性依舊占據了中心舞台，五個依次出場的嘉賓不僅成為關注焦點，連最後的選擇與被選擇，主動權還是在男嘉賓手中（就像主持人結束時經常對男嘉賓說的：「你

可以帶走一個」）。

　　從整個互動儀式來看，這一電視交往場景表現出如下幾個特徵：首先，這是一個刻意模擬表現出來的並不真實的社會場景。觀看男女嘉賓在電視舞台上的表演，就像我們觀察人們在現實生活中的前區表演一樣，觀眾和表演者都基於社會合作的目的保持著一種心照不宣的一致性，使這一表演以正常方式完成。現實生活中沒有人天真到僅僅憑三段錄影或者幾句話的交流就能確定對方的真實社會角色，並將馬上賦予對方男（女）朋友的身分。電視儀式有意迴避了男女嘉賓所有的後台場景（比如：沒有人知道他（她）們回到家裡會是什麼角色等），在現實的男女交往中，這些後台場景都是和台上表演一樣重要。當然，電視交往省略了這些也基於一種最基本的考慮：男女嘉賓後區的行為可能和其他人沒有兩樣，很難呈現出富有表現力的畫面感。其次，儘管攝影師竭盡所能運用鏡頭為觀眾建構出一種對話的場景，如大量使用中景，局部使用特寫等，作為電視機前的觀眾依舊無法感受到現場觀眾同樣的氛圍，而且更樂於作為旁觀者來觀看這一儀式，由於不在同一個時空中，電視觀眾的表現可能會更表現為後區的行為特徵，可以一邊嗑瓜子一邊觀看，也可以在沙發上蹺著二郎腿，旁觀者的角色讓他們感到安全和舒適，體驗到了旁觀的樂趣。最後，成千上萬的觀眾在電視機前觀看了這一節目，雖然它不是直播，觀眾也並不介意或者知曉這一點，但觀看這樣的最流行的媒體場景，依舊讓更大範圍的社會人群（如最高峰時的五億人，當然也包括了海外的華人觀眾）得到了某種社會維繫，比如觀眾們容易建立一些新的共同關注的焦點——如有趣的主持人孟非、如該節目

第三期中最受爭議的女嘉賓馬諾等，也的確讓他們了解到了「當代許多年輕人的思想和追求」。

透過對《非誠勿擾》這一電視節目的分析，可以發現，與書面傳播相比，電子傳播中的儀式突破了知識水平對於場景的隔離，口語化的表現符號使人們更平等、更容易地參與了多樣化的社會場景，這是其一；其二，電子傳播和書面傳播一樣都脫離了物質場所的侷限，實現了跨地域的社會交往，但這種媒體交往的雙方都不是發生在同一場景中，身體的不在場使它們都只能成為一種旁觀的儀式，這明顯增加了人們建立互動關係時的難度和複雜性；其三，電子傳播克服了時間，使得人們之間的社會維繫更加同步，像電視對於全球時間的呈現，促進了更大範圍內的社會整合。

考察原子社會中人們基於不同媒體交往的互動方式，可以發現，不同媒體符號建構場景的方式不同，因而影響到人們參與互動的條件，無論是書面傳播還是電子傳播，訊息系統發揮了口語時代的牆壁、門窗等隔離物同樣的作用，分隔了不同的場景；另外，媒體場景比單一的現場場景更為複雜，媒體隔離了訊息發送者和接收者之間的直接對話，從而改變了人們參與互動的方式，媒體在建立更大範圍內社會機械團結的同時，也不可避免地帶來了人們情感連結和體驗的強度的減弱。原子社會中人們透過媒體進行的社會交往正在逐步突破物質場景對於訊息溝通的限制，尤其是電子傳播試圖完全超越地域的侷限，但在另一方面，這一傳播形式不可避免受到大工業時代權威中心控制的影響，用麥克魯漢的話來說，它依舊沿襲的是「工業人的民俗」（由於時代的限制，麥克魯漢並未能將他那個時代

的電視媒體和他當時遙想中的互聯網進行明確的區分，在他看來，互聯網只是電視等電子媒體的延伸，他並未能預見到兩種媒體間有著如此大的差別，並深刻影響了人們的交往方式，有關這方面的論述可參見第八章的相關內容）。隨著告別原子社會，人們社會交往方式也發生著急遽的變化，而這一切首先是媒體演進中的範式變革所開始引領的。

第三章
電子部落的社會交往

　　傳播既是人們分享共同社會信仰和文化的儀式，也是傳輸訊息、知識和思想的技術過程。這兩種觀點並非截然對立，而是反映了兩種不同的研究路徑，前者是社會學的研究方法，後者為大眾傳播的媒體研究方法。必須注意到，大眾傳播的媒體研究幾乎與傳播學學科的建立是同時開始的，大眾傳播集中研究報紙、廣播、電視是如何影響大眾的，以及這些被命名為大眾傳播的媒體能否對人們施加影響，尤其側重關注這種影響是正面積極的，還是消極和帶有負面作用的。研究者致力於對傳播過程中人們的行為、態度、心理和社會條件進行數據分析，試圖發現產生勸服和實現社會控制的精確條件。大眾傳播的媒體研究方法能夠發現傳播過程中的人們一些行為模式特徵及傳播所實現的某些社會功能，因而樂於將自身嚴格限定為尋找某些普遍傳播規律的科學。

　　相比較而言，社會學研究方法的優點在於能夠透過觀察對人們日常生活中的行為特徵進行整體社會結構的描述和意義闡釋，這一更為開闊的社會視野對於研究電子部落社會中人們基於網路傳播這一新型媒體進行交往時的儀式化特徵是比較適合的。考慮到網路傳播的分享技術特徵和這一媒體技術構建的社會場景，本書主要將採用社會學的方法對人們在網路傳播中的交往方式進行研究，依據的是微觀社會學中的互動儀式理論和

情緒社會學理論。作為這一研究的第一步，本章將就電子部落社會中由網路傳播的分享技術構建社會場景的不同方式進而如何影響了人們的社會交往方式展開討論。

社會學家對於網路傳播的研究認為，基於電腦溝通的網路傳播技術的出現與二十世紀六七十年代反文化的烏托邦、社群主義和自由主義精神相關，少數技術精英追求全人類文化分享的渴望從根本上塑造了互聯網的技術特徵，如前所未有的開放性、溝通的非正式性、自組織運行等等。卡斯特認為，互聯網的反文化根源創建了一種人與人之間達成廣泛溝通的理想模型，是對原子時代的告別（卡斯特，2006）。穆爾則認為，互聯網技術所象徵的二十世紀反文化運動中反對等級制的理想，使其具有巨大的民主潛能，具有類似麥克魯漢所預言的「電子部落」的社會特徵（穆爾，2007）。本書認為，正如口語、書面語和電子傳播構建了不同的社會圖景一樣，研究網路傳播中的互動儀式，從原子社會向電子部落的社會變遷是研究這一媒體交往特徵時首先要關注的最基本的闡釋框架，也是人們在網路這一新媒體場景進行社會交往的基本情境。本章緊接著上文在對「原子社會」人們社會交往方式的回顧基礎上，將對「電子部落」中人們的社會交往圖景進行觀念史方面的描述，並從網路媒體的分享技術和物質特徵兩個層面上來驗證這一假設。

不同媒體的技術和符號特徵構建了不同的媒體場景。參與互動儀式需要哪些條件，以何種方式參與互動，這些都與特定的媒體場景緊密相關。本章在描述網路技術的對等網路、多媒體、超連結等幾個最基本的分享技術特徵之後，將進一步分析這些技術特徵和媒體符號特點如何影響了電子部落社會裡網路

傳播對人們互動方式的改變。之所以本章首先研究網路技術和媒體符號特點對網路傳播中人們交往方式的影響，主要基於以下兩方面的考量：首先，網路技術建構了一種全新的媒體交往場景。以往的一些媒體研究往往把基於電腦的溝通也簡單地劃入電子傳播類別中，忽略了電腦和互聯網技術與此前所有電子傳播媒體的本質區別：雖然電腦和電視都基於電子傳輸同樣克服了時間距離的難題，但互聯網上的分享技術建構了人類有史以來第一個獨立自足的心智世界，這是一個與現實世界對應的基於網路化和數位化的虛擬世界。平面媒體與現實世界之間被認為是一種直接的投射關係——例如電視場景模擬了我們的日常生活場景，然而，互聯網構建的虛擬世界並非只是人們現實世界經驗和意識的投射物，事實上，這兩個世界之間有著更隱蔽複雜的連結和相互塑造關係，在互聯網建立的烏托邦世界中，就連一名兒童也能參與其中的社會建設。其次，網路傳播的媒體符號特徵也塑造了與其他媒體場景不一樣的互動條件和參與方式，甚至連一個目不識丁的文盲也會利用實時的網路視訊通話系統聊。網路交往中的人們身體既在場，又不在場——在場是指人們能透過電腦螢幕感知甚至看到對方的身體，不在場是因為我們畢竟無法像現場交往中那樣彼此能真正觸摸到對方的身體。只有理解網路分享技術和媒體符號的特徵，才能正確解釋電子部落社會網路場景中人們互動方式的變化和趨勢。

最後，本章將在網路交往基本特徵進行分析的基礎上指出電子部落社會網路傳播分享儀式中若干種不同的類型。對這些儀式類型的分析借鑑了微觀社會學和情緒社會學中關於兩個人相遇的基本場景和群體儀式的相關理論。網路傳播中人們獨特

的互動方式研究包括了對人們在透過媒體進行社會交往時產生的關注流、情感流和符號流等一系列實現機制要素進行微觀考察，而人們社會交往方式的變化，進一步促成了社會從原子社會向電子部落的現實變遷，這正是論文研究主體的基本框架和結構。

電子部落的媒體場景

和原子社會一樣，電子部落也是一個譬喻，它的最早發明者麥克魯漢用來形容電子媒體帶來的人們社會交往方式的變化和社會成員的新團結方式，以區別於拼音文字和印刷術所象徵的近現代社會特徵。在他的成名作《理解媒體》中，麥克魯漢率先用「重新部落化」來形容電子媒體的出現對於文化環境和人們意識帶來的顯著影響。

由於時代的侷限，麥克魯漢並沒有能區分不同的電子媒體特徵以及它們對於社會團結方式帶來的明顯差異，例如：在麥克魯漢生活的時代，當時正在蓬勃興起的廣播電視其實本質上依舊採用了「中心─邊緣」的技術架構的媒體，但他本人多少有些隨意的媒體區分，導致了媒體生態學派後來因宏大而粗疏的理論體系一直受到不少學者的批評，麥克魯漢的寶貴貢獻在於，他所強調的電子部落人們的社會交往方式和工業社會相比有著完全不同的根本性特徵。首先是非集中化的社會團結方式。在麥克魯漢看來，文字連結不同群體成員的社會是一個充滿了個人主義、注重隱私保護和分隔了不同社會群體的機械團結，這種社會形式喜歡追求越來越龐大的成員數量和社會規

模，最終卻不得不和歷史上出現的任何一個龐大的帝國那樣走向了分崩離析，因為高度的集中化完全建立在個體的集體異化基礎上，由此造成了一種令人窒息的、並不友好的、剝奪人性的集體情感體驗，只有電子部落社會的出現，才讓人們再一次重新回到口語時代同樣的有機的社會團結狀態，新媒體帶來的瞬時傳播和深度捲入使人們再次回到同原始部落人相類似的不可分割的集體意識世界，人們之間既能夠同步行動，又能最大限度地保留自己的個性和自由空間。其次，機械的社會團結必然導致了個體之間的同質化以及個人和社會之間的疏離。拼音文字和印刷術產生了社會成員大量的千篇一律、標準化和非人性化，而電子部落裡的人們鼓勵人人參與和多樣化的個性發展，以多樣性、複雜性和深度結構取代了工業社會中人們的集體異化、個性貧乏和單面的服從性。

在麥克魯漢的時代，這種對於理想社會交往模式的嚮往還只是一種帶有個人烏托邦色彩的強烈社會期待，關於這一點，他在一篇訪談中談到自己如何從一個喜歡道德判斷的「衛道人士」向積極的負責任的樂觀態度的轉變時說：「首先要認識給新技術的影響對症下藥的救世良方，這樣才能採取行動控制和引導這種新技術帶來的改變。」（麥克魯漢，2006）遺憾的是，麥克魯漢沒有來得及等到互聯網這個奇蹟的誕生。

關於網路媒體這一新技術特徵給人們的社會交往帶來的影響，一位名叫凱利的學者有過一段非常精彩的描述：「原子是過去了。下個世紀的科學象徵是動態的網路……原子代表了乾淨、簡單的特質，網路則引導了複雜性的散亂力量……網路是唯一能夠沒有偏見而發展，不經引導而學習的組織。其他的形

態均限制了可能性。網路的群集四周都是邊緣，因此無論你由哪個方向接近，都是開放性的。事實上，網路是能夠稱得上具有結構的組織裡最不具結構性的組織⋯⋯各種紛雜多樣的成分，也只有在網路裡才能維持一致性。沒有任何其他安排，例如鎖鏈、金字塔、樹型、圓形、輪軸等，可以容納真正的差異，又能整體運作。」（卡斯特，2006）從網路化邏輯的技術設計開始，非中心化的、鼓勵每一個人平等參與的網路媒體的確創造了一種新的媒體場景，它吸引每一個個體參與到社會交往中來，這種在社會整體性和個人多樣性建立起來的奇妙的平衡，正體現了電子部落最重要的社會團結理念：既包容和鼓勵個人的全面和個性化的發展，又能允諾整個社會成員之間的協調一致與和諧相處，從這一點上來看，麥克魯漢心目中的電子部落註定是一種社會理想，正如塗爾幹所言，它本身就是社會意識的理想化產物。

分享技術如何告別原子時代

在互聯網出現之前，所有一種基於新媒體的溝通都是對人們現場交往方式的模擬和拓展，麥克魯漢把這種模擬稱為是「人的延伸」。本節在簡要回溯互聯網分享技術的起源和發展背景的基礎上，特別闡釋為什麼互聯網的分享技術與在此之前出現的任何一種媒體技術（如電視）有本質區別，以及它們如何影響了新媒體場景的構建，引領人們得以告別原子社會裡的交往方式。

分布式網路：從冷戰思維到大同世界

眾所周知，互聯網在一九六〇年代的概念原型源於一種軍事策略。當時的美國國防部先進研究計畫局為了應對冷戰時期的核威脅，決定研發一種新的通信系統阿帕網（互聯網的前身），它可以使整個系統不再依賴過去傳統的控制式通信網路中的某個中心，而採用完全扁平化的網路結構，使每台連結到網路上的電腦都是一個通信節點，任何一個通信節點遇到破壞，系統中的訊息都可以沿著網路自發尋找路徑，最終無論經過何種路徑，都能將所有訊息傳送到目的地。

這一叫做「包切換」（Packet Switching）的技術構想形成了互聯網作為分布式網路的核心邏輯。尼葛洛龐蒂（1997）是這樣描述這一神奇的網路邏輯的：

一個個訊息包各自獨立，其中包含了大量訊息，每個訊息都可以經由不同的傳輸路徑，從甲地傳輸到乙地。現在，假定我要從波士頓把這段文字傳到舊金山給你。每個訊息包……基本上都可以採取不同的路徑，有的經由丹佛，有的經由芝加哥，有的經由達拉斯等等。假設訊息包在舊金山以北排序時，卻發現六號訊息不見了。六號訊息包究竟出了什麼事？軍方撥款阿帕網時，正值冷戰高峰。核戰的威脅讓人憂心忡忡。因此，假設六號訊息包經過明尼阿波利斯時，敵人的飛彈正好落在這個城市。六號訊息包因此不見了。其他的訊息包一確定它不見了，就會要求波士頓重新傳輸一次（這次不會再經過明尼阿波利斯了）。也就是說，因為我總是有辦法找到可用的傳輸途徑，假如要阻止我把訊息傳輸給你，敵人必須摧毀大半個美國。沒錯，在尋找可用的傳輸路徑時（假設越來越多的城市被

敵人摧毀），系統的速度就會減慢，但系統不會滅亡。了解到這個道理非常重要，因為正是這種分布式體系結構令互聯網能像今天這樣三頭六臂。無論是透過法律還是炸彈，政客都無法控制整個網路。訊息還是傳送出去了，不是經由這條路，就是走另一條路出去。

分布式網路是一個可以實現純粹的水平式溝通網路，由於不再有中心控制，任何兩台電腦之間都可以進行無阻隔的交流。這一軍事策略的意外收穫是它完全暗合了美國社會當時的反文化傾向。訊息技術誕生之初，它所發展出來的互聯網式的數位浪漫主義理想和當時一九六〇年代產生的嚮往平等溝通的自由主義精神合併，匯成了同一股創新潮流。[8] 對傳統的集中式通信網路和溝通方式的拋棄，就是為了創造一種人們可以自由對話的理想溝通情境，這就像當時美國著名搖滾歌手巴布狄倫在一九六三年所唱的歌曲《這個時代正在改變》中所形容的那樣：

> 無論你在哪裡，請集合起周遭的人群
>
> 告訴他們潮水已經在湧動
>
> 很快就會把你們淹沒
>
> 如果你的時間還值得節省
>
> 那你最好開始游泳
>
> 否則你會石沉大海

---

[8]　對於訊息技術與 1960 年代反文化特徵之間的關係，曼紐爾·卡斯特（Manuel Castells）有非常精彩的論述，可參見《網路社會的崛起》一書總導言、第一章和第五章中的相關內容。

因為這個時代正在改變

喜歡用筆當先知的作家、評論家們

睜大你們的眼

機會只有一次

別過早下結論

因為車輪還在轉動

現在的失敗者

將是未來的贏家

因為這個時代正在改變

兩會議員們

請聽聽這呼聲

別站在門道

別堵住大廳

因為今天受到傷害的

將來會收穫榮耀

一場戰鬥

就在門口

憤怒將敲破你的窗

撞倒你的牆

因為這個時代正在改變

天下的父母們

別忙著評說你們無法理解的事情

你們的乖兒女早已聽不慣你們發號施令

你們的老路子

越來越不靈

如果你無法幫助

請不要擋路

因為這個時代正在改變

期限已到

詛咒已發

現在緩慢的

今後就是最快的

就像所謂的現在

不久就會變成過去

命令已無效

現在的第一

很快成為最後

因為這個時代正在改變

　　一九六〇年代的反文化激情，在互聯網技術的發展演變過程中表現為人們對於既有的社會價值和行為模式的突破，追求個性自由、平等互動、網路化和無止境的創新，因此，人們在網路交往中恨不能超越過往的一切限制性條件，這當然只是一種理想的溝通情景。分布式網路有點像史前時代的口語場景，但後者畢竟還是一個還沒有形成複雜社會結構前的世界，互聯網使人們的溝通建立在自由人的自由聯合之上，而且還完全超越了地理上的阻隔。事實上，所有的媒體發明，都不僅促進了人們之間的溝通，另外也幫助一部分人在社會結構中獲得更好的位置，以便能夠控制溝透過程。就像梅羅維茲談到的媒體分隔和融合了不同的社會場景一樣，無論是分隔場景還是融合場景，都是溝通的一種方式，牆在隔絕某種溝通的同時，恰恰又促進了在另外一個固定空間中進行更加有效的溝通。分布式網路技術在後期從軍事應用走向商業應用的過程中，一方面，受到許多擁戴自由主義的技術精英們的支持，他們試圖藉此來挑戰威權社會模式和大企業偏好的集中式控制溝通模式；另一方面，這種純粹水平化的網路架構的確也造成了輿論的撕裂和每一個自我個體與社會的疏離，人們發現，在自我膨脹的網路溝通場景中，在只偏愛個人化表達的眾聲喧譁中，群體之間更難達成一致性的社會輿論。

　　相比於人們基於電視的交往方式，分布式網路的開放性賦予網路交往和現場交往更多的相似性。電視中的交往場景是一

種封閉的、被隔離了的場景，訊息的流動是單向的、控制式的。想像一下兩個人在互聯網上的相遇，雖然這一場景有時像是無人監視（就像是兩個陌生人在黑暗中的偶遇），交往雙方都帶著更厚重、隱蔽的社會面具，但只要兩人之間的交往能夠持續下去，越是持久、深入，就會越來越像現實世界中的互動場景，也許兩個人由於某些原因（如相距太遠或者不願見面等）永遠不會見面，但隨著互動的頻次增多和情感程度加強，雙方的交往同樣會越來越產生顯著的互為主體性，網路場景中的身分和角色及現場場景也會相應地越加一致，雙方最後同樣也可以形成一定強度的社會聯繫。

從冷戰思維發端，到構建一個自由平等交流的大同世界，互聯網的分布式網路結構不僅還原了人們溝通這一奇妙的過程，而且還增加了現場交往中從未發生過的新溝通場景。人們在網上無法判定對方是不是一條狗，或者是一個人，互聯網顯然拓展了溝通的廣度，只要人們願意，就可以接觸到各種各樣的從未想像到過的陌生人，人們溝通的方便性和頻次一同獲得提升，從這一意義上講，它的確讓每個人生活在了一個比過去任何一個時代人際交往邊界都要大得多的社會維繫中，而按照塗爾幹的社會學歷史分析，人們因為交往帶來的社會邊界擴大，勢必會影響到更加複雜的社會結構自身。

多媒體：驅散「光韻」

基於電腦的溝通完全建立在模仿人的溝通基礎上，因此，人們習慣於稱呼電腦為對應於人腦的電腦。如果說分布式網路模擬了人們在現實世界中的溝通網路，那麼電腦在網路中就是

作為溝通主體——人的形象而存在。電腦集成了以往所有媒體的符號形式，從文字、聲音到形象，突破了單一媒體符號的侷限，這種多媒體技術賦予人們在網路溝通場景中以非常強的表現力，除了溝通身體不必然出現在同一場景之外，網路幾乎能實現人們至今為止所發明的所有溝通形式。

電腦最早起源於電子計算機，它能夠用二進制的編碼系統快速處理海量訊息。由於電腦在電路中只能表現為兩種狀態，即「開」與「關」，正好對應了二進制中的「1」和「0」兩種編碼。早期電腦主要用二進制來儲存和處理數字訊息，後來文字、圖像和聲音也可以輕鬆加以數位化，透過把訊息用「0」和「1」這樣的數位編碼分解為離散的單元，用 8 位元的二進制可以進行 256 種不同語言符號的編碼（範圍從 00000000 到 11111111），這些數字訊息不僅方便儲存，而且能以光速傳遞（穆爾，2007）。由於電腦語言能夠將所有的媒體文字都能轉化為「0」和「1」這樣的二進制數位編碼訊息，這使得互聯網從誕生之初就能夠編碼和傳輸從文字、圖片、聲音到影像等各種各樣從簡單到複雜技術形式的文字（Text），因而體現出比電視無論是廣度還是深度上更強大的綜合特徵。在電腦發明的初期，受限於當初有限的網路頻寬和不成熟的文字壓縮、儲存技術，互聯網告別「黑暗」歲月，一直等到二〇〇〇年前後 Flash 技術成熟之後，才開始逐步進入「有聲有色」的多媒體時代，至於互聯網上能夠傳輸大量的多媒體內容，要等到二〇〇五年前後互聯網寬頻速度顯著提高之際，網路影片這樣的大流量內容傳輸才得以實現。

單一媒體的溝通場景總是受到某一種媒體符號特點的制

約，具有某些天然的侷限性。像口語無法保存和長距離傳送，只能維持小範圍場景內的溝通；書面傳播提高了溝通門檻和互動的難度，更適合分散的溝通場景；電子傳播與書面傳播相對立，善用形象化符號塑造一種不真實的場景；而網路傳播可以將聲音、形象和文字結合在一起，一個黃口小兒也能借助於實時的網上影片系統和遠方的親人聊天，並且模擬大人打字的模樣，在互聯網出現之前，這一幕溝通場景是難以想像的。

數位編碼技術構成了電腦語言的多媒體特徵，並為促進人們在網路上的互動交流開啟了機會。班雅明曾經指出機械複製時代的文字複製和模擬帶來的溝通方式變化，其中包括了原創作品所具有的真實性（「光韻」）的消失。透過複製技術，人們的確有時很難分清原作和複製品之間的差異。模擬編碼注重連續性的表現形式，不管仿作如何逼真，原作和複製品之間依然存在某些可以辨察出的持續性特徵，如原作先出現，複製品在後等等。但數位編碼中的訊息都是可以分解的離散單元，人們借助於各種各樣的多媒體編輯工具，就能對這些訊息單元進行重新排序和再編碼。數位化編碼方式鼓勵了人們交流時採用的互動方式，在網路溝通場景中，所謂「原作」的傳統重要地位被大大降低，人們更關注的是一個永遠不會中斷的溝通進程，參與者對原作的干預不會被認為是一種大不敬行為，而被視為一種再創造的溝通方式，正是這種不斷的再編碼、再創造，人們在網路溝通中建立的分享互動關係遠比傳統溝通方式中單向的對知識訊息的壟斷或擁有更加重要。參與者的行動驅散了長久以來知識界籠罩的「光韻」神性，把平等的話語權從社會權威與專業行家手中讓渡給每一個普通人，這使得網路溝

通前所未有地富有活力和創新性，呈現為一種源源不斷的「進行時」，就像口語傳播時代的交流一樣，這一過程充滿了動態和變化而生生不息，充滿了長久不衰的生命力。

超連結：超級連結力

如果說電腦語言的數位編碼方式將文字、聲音和圖像加以綜合，豐富了網路溝通的表現方式，使之變得更加輕鬆方便，那麼網路中超連結的訊息組織方式則從本質上改變了媒體溝通形式。傳統上基於媒體的溝通無論是書面傳播還是電子傳播受制於媒體本身的隔離性，都只擅長一種單向的訊息流動，而網路溝通中的電腦被賦予了某種類似生命的特質，在人機對話的溝通過程中，人和電腦媒體的關係不再是「兩張皮」，每一台電腦就是人的面孔，這也是為什麼電腦的使用者介面（interface）在網路溝通過程中顯得如此重要的原因。

超連結就是一種用於促進人們在網路上進行互動時最友好的使用者介面。在一九八〇年代蘋果公司發明麥金塔（Macintosh）電腦之前，人機互動時使用者必須輸入一連串複雜的電腦代碼指令，典型的例子就是微軟早年的 DOS 系統，這一使用方式非常像書面傳播中複雜的文字系統，必須依賴一定的專業知識，人們才能進入到某種溝通情景中，而後來的蘋果麥金塔電腦利用視窗、圖形、表單和滑鼠游標等直觀的圖形表現方式，實現了一種非常簡便、友善的人機對話模式。超連結將不同空間的文字（可以是聲音、圖像或者文字）用超連結組織在一起，使用者只要輕點滑鼠游標，就能從一個文字進入到另一個文字，這與書籍或者電視這樣的空間媒體或時間媒體

有著本質區別。書本中的文字必須依賴在空間中按照一種特定的方式排列起來，才能實現溝通，因而無法表現人們交流時時間上的同步，而電視必須依賴將畫面按照發生時間的前後順序這一線性排列方式組織在一起，它稍縱即逝，使用者在交流時無法加以實時控制和干預，而超連結是一個純粹的非線性的立體文字空間網路，每一個使用者可以直接參與到互動過程中去。

超連結表現出的友好使用者介面是觀察網路溝通場景的一個重要窗口。使用者介面的友好性取決於對人的綜合感官能力的全面響應，從聽覺功能、視覺功能到觸覺功能（雖然基於嗅覺的電腦功能還有待實現），從本質上而言，電腦語言稱得上是向口語場景的致敬。尤其在觸覺系統的運用上，數千年來的書面傳播（包括電子傳播）傳統都幾乎因為溝通場景中身體的隔絕而幾乎很少會使用到使用者的觸覺，像電視這樣的從單一的視覺到視聽感官的綜合運用已經是媒體溝通的巨大進步，但只有在網路傳播中，人們才能引入更多的觸覺感受，從滑鼠游標的運用到觸控技術等，人們在網路溝通中即便很難觸摸到對方的真實身體，但觸覺的運用實在是非常逼真地模擬了人們在口語場景中的溝通體驗和感受。

塗爾幹曾經論證過圖形符號在儀式中可以造成凝聚人們感情的作用。在古老的儀式活動中，圖騰符號、聲音、旗幟和手勢都充當了人和人之間的使用者介面，某一群體中的人看到這些特別的圖形或者符號，就能知曉其特定的含義，並能喚醒以前在儀式活動中曾經產生過的同樣的情緒反應。網路傳播中的超連結使用者介面熱切期待著使用者的參與，這種參與使使用

者和媒體都發生了改變，它與讀者閱讀時產生的不同解釋或者
看電視時發表的不同看法有所不同，網路溝通中的參與會干預
到作品的內部結構和表現形式，想像一個使用者用 Photoshop
技術去修改一幅圖片，或者用影片編輯軟體去重新編輯一段影
片那樣，使用者的參與使網路上的超連結表現為一種真正的互
動，文字變成了建構性的，而使用者在這種參與中收穫了新的
情感體驗。這使得網路傳播中產生的圖形符號（超連結）與傳
統口語儀式中的圖形符號之間出現了本質性的差別，後者大多
是固定不變的、正式的和集體性的，而前者則充滿了變化、非
正式性和個人化表達。

　　分布式網路、多媒體和超連結都是網路傳播的典型技術特
徵，這些分享技術的新功能基本上影響了網路傳播中的儀式特
徵，從不受限制的平等溝通、訴諸各種感官的多媒體符號運用
到鼓勵參與互動式參與的使用者接口等，這些技術植入使網路
傳播有別於之前所有的媒體溝通方式，它不僅比電視這樣的媒
體更具有口語傳播的儀式感，更綜合了以往所有媒體傳播的優
點，從非線性的文字連結到瞬間同步等，賦予了網路交往一種
全新的互動形式。

電子部落素描

　　傳播作為人們之間共享信仰的一種方式，反映在基於互聯
網進行的這一前所未有的電子部落場景中，首先表現為社會交
往中的人們對於一種理想化溝通方式的追求。互聯網早期的發
展雖然得力於美國軍方對網路邏輯結構的特別設計（分布式網

路），但全球互聯網在一九七〇年代的快速發展和技術成熟卻是得益於駭客文化（Hacker Way）的盛行不衰。早期的駭客是指一群活躍於網路上的電腦技術狂熱愛好者，他們不為個人利益、商業或者權力去研究電腦技術，以個人或者小組協作方式私下熱衷於發明更好的技術，以服務於全人類，因而帶有強烈的個人自由主義和烏托邦色彩。在互聯網過往歷史的一系列重要發展階段，從早期電子廣告欄的出現到超連結文件格式的發明；從共享軟體 Linux 如火如荼的發展到共享文化在一些最重要的互聯網公司如 Google、YouTube、Facebook 等被視為企業的最高使命等，都可以發現，駭客文化與互聯網的技術發展如影隨形，在互聯網發展的每一個技術進階過程中，駭客文化也慢慢培育出了互聯網最本質的基因，正因為新的訊息技術使用者和發明者為同一群人，這使得新技術在發明、使用和行業應用之間構成了一系列技術得以持續改善的正向反饋循環，使得互聯網技術不斷延宕催生出一波接一波的創新浪潮，在創新知識和訊息生產以及如何將它們應用在知識生產和訊息處理及溝通設備方面，技術的擴散成為一個永無止境的持續過程，直到今天，互聯網的技術發展遠沒有終結，它依舊還是一種「發展中」的技術（卡斯特，2006）。

　　全球最大的社群網站 Facebook 的創始人祖克柏將駭客文化看作「一種持續改進和衍變創新的做事方式」。[9] 他本人則將資訊技術行業的駭客文化拿來作為公司「獨一無二的企業文化和管理方式」，在他看來，駭客並不是有些人所誤解的只是喜歡侵入別人電腦盜竊他人訊息，真正的駭客是理想主義者，

[9]　祖克柏公開信：Facebook 擁有五大核心價值，新浪網 2012-02-02[2012-03-07]，http://tech.sina.com.cn/i/2012-02-02/08476676940.shtml

他們喜歡挑戰人類智力的極限狀態，是為持續完善人們的溝通方式作出貢獻的一群個性特別的技術愛好者。只有理解了什麼是真正的駭客及駭客文化，我們才能更準確地把握電子部落裡網路分享中的儀式特徵。事實上，基於電腦的溝通正在塑造一種全新的互動方式，這一完全嶄新的社會現象到目前為止還依舊處在不斷的發展和演變過程中，它所表現出來的若干特徵不妨作為電子部落社會場景的一幅素描展示如下。

真實的虛擬：兩個自我

從文字媒體出現開始，媒體場景一直是作為現場場景的模擬物而出現的。媒體場景突破了空間限制，使得原先用牆等隔離物構成的狹小空間越來越讓位於更廣大的虛擬空間，場景空間在被擴展的同時，人們的自我心智也同樣被建構起來，可以想像，一個不能閱讀的人的生活場景只能侷限在他所經歷的相對固定和狹小的時間和空間中，與之相反，一個有著豐富閱讀體驗的讀者卻以有著多重的生活場景知識，借助於想像他既能體驗到魯賓遜原始世界的荒涼孤獨，也能在凡爾納的海底世界中神遊。閱讀是擬想中的旅行，和真實的旅行一樣，同樣構成了人們更為豐富的生活體驗。與書面傳播相比，電視提供了形象直觀的場景模擬，這種逼真的擬像效果使得電視溝通中的場景看上去都是「自然而然」地發生的，電視儀式中這種介於真實和虛構之間的特徵也引發了諸多爭議，就像上面分析的電視真人秀欄目《非誠勿擾》一樣，一方面，它模擬了部分真實的生活場景；另一方面，它與現實生活中的相親場景又相去太遠，電視這種虛擬的現實（virtual reality）功能還是暴露出了其

媒體現實的本質（模擬性），雖然它為人們呈現了不一樣的世界場景，但觀眾依舊無法去親身見證螢幕裡的場景，他們更樂於以一種旁觀者的態度去了解媒體現實中的秩序，無論是遠隔萬里的一場雪災，還是一座陌生城市中發生的一件謀殺，觀眾看到的無非是一種關於現實社會秩序的表徵儀式，以及這一秩序如何被破壞，後來又如何得到了修復等等。

　　與電視中的虛擬現實場景相反，網路傳播中的分享儀式是建構在一種真實的虛擬場景（real virtuality）中。人們常常把網路建構的社會景象稱為「虛擬世界」，與現實世界相對應，網路本質上只是由 1 和 0 這樣的數位化符號建構出來的象徵世界，虛擬性才是它的本質，然而，當連結到網路的每一台電腦彷彿就是現實社會網路中的每一個人時，電腦只是該使用者在網路溝通中的面具，這使得使用者在網路溝通中扮演的角色並非憑空而來，就像他（她）在現場溝通中建構起來的某種社會身分一樣，一個人在網路溝通中的時間越長，與對方交往得越多，這種角色扮演和社會身分之間的關係就會越趨於一致和穩定，這也印證了高夫曼關於人們日常生活中的擬劇理論，一個個體在與他人互動中總是期望扮演某種社會角色來獲得自我的身分感，人們在網路溝通中遵循著同樣的原理，即便網路是一個虛擬的世界，人們透過在線上的角色表演，也依舊是其努力建構的社會身分的一部分。學者特可爾指出，在大多數人的印象中，一個人在網路上可能會扮演與現場場景中不一樣的角色，但事實上，「真實的觀念會反擊。在螢幕上過著另一種生活的人，還是會受到他們現實自我的慾望、痛苦和必死命運的限制。虛擬社群提供了戲劇性的新脈絡，讓人可以在互聯網的

年代思索人類認同」（卡斯特，2006）。

　　如果說電視溝通中的虛擬現實場景是故意混淆虛擬和現實，以達到一種以假亂真、真假難分的效果，那麼，網路交往中的真實虛擬場景顯然超越了這種二元區分方式的侷限性。技術精英和學者們習慣於把網路溝通中的場景視為一個與現場溝通場景完全不同的虛擬世界，現場溝通場景關注的是被一堵堵牆分隔開來的不同場景，虛擬世界構建的場景恰恰要推倒所有的有形或無形的圍牆，人們相信，在這種新型溝通關係中每個人依然要進行角色表演，而且這種表演與自我身分的連結關係及現場溝通相比體現了更多的一致性，場景越虛擬，角色就越真實，這才是網路溝通中最重要的儀式化特徵之一，它超越了虛擬和真實之間的對立。互聯網雖然和電視一樣展現了世界性的場景，但人們在網路溝通中的角色表演和自我身分建構卻截然不同，在承認了以網路溝通場景的虛擬性作為前提之後，每個人都期待自我在舞台上的表演可以更加率真自然，這也是為什麼許多適合電視傳播的人會失意於網路，電視溝通場景中的所有表演都更具櫃檯特徵，人們在電視中想方設法掩飾自己行為的表演性，使它看上去像是非表演的自然呈現。而對於網路溝通來說，人們並不刻意強調表演櫃檯、後台的嚴格區分，人們相信櫃檯和後台對於一個人的表演同樣重要，因此每個人都渴望看到表演者的一部分後台場景，並期待每個個體在自我表演時其櫃檯和後台之間有著某種內在的連結關係。

　　與電視傳播相比，網路溝通的簡便性使地域徹底消失，這樣的一個令人炫目的空曠舞台往往使表演者也迷惑於真實和虛擬之間，在現實中的自我和網路中的自我之間，關於自我的兩

個鏡像盤根錯節地糾結在了一起。電視傳播對於地域有著相當強的選擇性，往往更多聚焦於某些居於社會中心位置的大都市生活場景，這些場景對於觀眾來說都是爛熟於心的熟悉景觀；而網路溝通中的世界場景表現出自發性和均質化的一面，從紐約這樣奢華都市的第五大道到一個發展的偏僻鄉村都能在網路世界中實現場景對接。以 Facebook 為例，截止到二〇一一年年底，其每月八點四五億活躍使用者幾乎遍布世界上所有的國家和地區（至今全世界只有中國、朝鮮、伊朗和敘利亞四個國家依舊對 Facebook 禁止訪問），在這一平台上，使用者之間的朋友聯繫次數超過了一千億次。網路提供了如此恢宏博大的新世界場景，它可以讓全球居民徹底擺脫傳統場景的隔離，在一個亦真亦幻的全新舞台上方便交流，進而分享彼此的文化和信仰。

不確定的身體：時移性交流的魅力

社會學家將儀式的本質界定為一個人們身體共同經歷的過程。在一些重大的正式儀式中，電視直播提供的遠距離互動雖然也能促進人們之間產生共享的感情和團結，建立起對象徵性符號的尊重，但相比於面對面的互動，觀眾的情感強度不可避免地會有所減弱。對於一些非正式的、小規模的自然儀式而言，人們之間遠程交流的效果可能會更加遜色一些。一旦將這一情形移植到網路上，又會出現何種結果？

一般說來，網路交往中人們的身體會處於一種更複雜的狀態。在日常網路交流如即時通信系統中，人們為了避免被動打擾，可以將自己身體設置為「隱身」的狀態，當然與之相反的

一種情形時，你也可以偽裝身體在場（電腦顯示在場），實際上本人已經逃之夭夭。更多的情形是，人們試圖在網路上與對方交流時，不太容易辨別對方是否真的「在場」，或者恰巧有人在場，但他並不是你所要找的人，而且對方故意偽裝成某人與你進行交流。因此，網路溝通中對方的身體常常是不確定的，難以捉摸，甚至可以說是介於「在場」與「不在場」之間的一種模糊狀態。想像一下在即時聊天時，甲對乙發起會話請求，這時乙因為太忙或者其他原因隱身而不予回應，這時的場景就像一幅被牆壁隔離的窺視場景，對於甲來說，電腦充當了那堵牆，他感覺不到乙的在場，而乙就像一個透過牆眼在窺視對方的傢伙，只有他一個人明確知道雙方都「在場」，而且可以隨時偷窺到對方的反應。

即便在自然發生的網路溝通場景中，身體的在場依然像一個謎。一種典型的觀察場景是網路影片性愛中的互動。柯林斯曾用互動儀式中的身體同步現象來觀察人們在性愛行為中產生的強烈情感體驗、團結感以及對象徵物的尊重和道德感受（柯林斯，2009）。對於網路影片性愛行為來說，借助於實時的網路影片技術，性愛中的雙方都能看到對方身體的反應和同步現象，但另一方面，在當時彼此身體是無法觸摸到的，因而這又像是人們基於身體的圖像符號產生的生理反應，對身體的這種迷亂感受並沒有阻止當事人雙方強烈感情的產生，他們依然能體驗到現場性愛行為中相似的情感、團結感、對象徵物的尊重和道德感受。少數人對這種行為方式的迷戀恰恰與網路性愛中獨特的身體感受有關，它們看上去是在場的，故能激發起現場性愛中的身體同步和感情反應，可事實上，雙方身體並非真實

在場，這正是這種性愛方式的優點：方便安全，而且可以隨時發起，並以較低成本實現。

事實上，不確定的身體是否在場也是網路交往中的一個重要優勢。在人們的日常交流中，除了應急交流的狀態，人們並不一定總是樂於見到對方身體的在場，就像網路中的虛擬性愛一樣。另外，像時移性的交流，人們並不需要見到對方的身體，或者為了節約見面的成本以及其他原因，有時人們更願意選擇身體不在場的交流方式。不管怎樣，相比於電視傳播，網路溝通提供了更多種可能的互動方式，這提升了人們在進行自我表演時的技巧複雜性和靈活程度。

網路交往中不確定的身體屬性催生了人們之間一種新的社會交往方式。即便沒有直接的身體接觸或相遇，人們依然可以透過網路溝通瞬間形成深層次的互動、凝聚社會共識和採取一致行動。在二〇一一年美國發源於網路的「占領華爾街」運動中，既沒有統一的組織領導，也缺乏一致的行動綱領，但當占領者的怒火從紐約華爾街點燃之後，迅速向全美蔓延，甚至波及香港。這一幕令人聯想到一九六〇年代美國的反文化運動，顯然兩者之間又有著截然不同的組織形式，在「占領華爾街」運動中，連活動組織者和類似巴布狄倫這樣的社會運動的精神旗手都沒有。這一活動最初的發起者是一個位於溫哥華的Adbusters雜誌，該雜誌以宣傳反消費主義為宗旨，一開始「占領華爾街」運動的初衷是受到二〇一一年埃及革命「阿拉伯之春」的啟發，號召百分之九十九的社會底層民眾去反對金融巨貪和為權貴服務的資本主義制度。雖然並非每一個網路上的抗議者都會走上街頭，但「占領華爾街」依舊展示了人們之間一

種新的社會交往方式,即他們素不相識,從未晤面,但一樣可以在網路交往中獲得同樣的社會身分認同(都是屬於百分之九十九的社會底層人群),每個個體在網路上的虛擬身分就像在現實生活中的多重角色一樣,構成其自我意識的重要組成部分,且不論一位使用者在網路上的虛擬身分與現實生活中的社會角色存在何種差異,兩者之間的相互影響,體現出其社會身分某種內在的一致性。由此可見,網路溝通中不確定的身體屬性帶來了一種新的社會交往方式,相逢何必曾相識,就像網路上認識的一位遠隔萬里的朋友可能永遠不會相見,但這無損於你和他之間的連結關係,身體不曾相遇,卻是無話不談、心有靈犀的故人,這是一種陌生的熟人關係,陌生只是因為身體未曾相遇,熟悉源自持久深入的溝通經歷,這與電視上人們看到的「熟悉的陌生人」相比(後者天天在電視上見面,卻永遠只呈現出單一、平面化的疏遠形象),兩種不同的情形之間有著戲劇性的差異。

網路交往中人們之間形成的互動關係已經超越了身體連結,時移性交流賦予了電子部落裡的人們更加繁多因而也更加複雜和靈活多變的社會交往形式。正如電子邊疆基金會的共同創始人巴婁所形容的那樣,在網路虛擬社會中,「我們的世界無處不在,又無處可尋,我們的世界不是肉體存在的世界」(陽光,2000)。

直接的個人化交往:機器即面孔

鼓勵使用者直接參與,可能是網路交往中最激動人心的特徵了。自從有媒體始,書面傳播和電子傳播在消除有形的場景

隔離的同時，媒體自身又形成了一種新的無形的場景隔離，閱讀水平和被權力操控的媒體運作制度同樣導致了訊息分隔，人們之間很難進行直接、平等的自由對話。互聯網早期的發展深受駭客文化的影響，首先表現在人們在網路溝通中追求的是一種不受控制的、沒有代理人及代理機構的直接交往。對於媒體溝通來說，要恢復這種面對面的直接交往，人們已經等待了太久。

首先，網路上的直接交往還原了口語時代個人與個人之間的真實交往場景，而且跨越了空間阻隔，提高了人們交往的頻次，拓展了人們交往的社會空間。設想一下電視傳播中人們交往的場景，儘管主持人滿臉真誠地和觀眾對話，電視展示一切場景的方式都像是在召喚一種對話的產生，但是在大多數情形下，觀眾在獲得觀看快感的同時，會以自己的方式對某一對話場景進行個人化的解讀，另外，人們會小心翼翼地和電視中的人物保持距離，維護好自己的核心價值地盤。大多數人看電視時並非為了積極尋求一種對話，而是為了打發和消磨時間，直到昏昏欲睡作罷。作為一名觀眾，他當然知道這種單向的溝通方式只是一種對話的幻象，電視機器背後依舊是冰冷的機器，電視中的對話永遠是一個封閉的場景，人們看到電視機中的熟悉面孔只是許多「熟悉的陌生人」，電視場景按照既定的程式模擬某種社會交往，這種對話既不是自發性的，也不是直接和自然的，就像書面傳播一樣，經過了精心的裝扮和流程演練。電視台過年節目就是我們觀察電視溝通場景變化的一面鏡子，在一九八〇至一九九〇年代，它只是人們在春節消遣娛樂之餘一場一年一度的歌舞晚會，觀眾慢慢會從有限的人選中猜

想哪一位年度明星會登上舞台；互聯網出現後，電視台不得不「開門辦過年節目」，希望將網路上的個人交往方式搬到電視上去，草根明星開始登台，和大腕巨星同台競技，這種節目風格的變化因為電視節目內容的線性組織方式註定無法走得更遠，網路非線性的訊息組織方式構成的立體空間能同時實現成千上萬的個人交往和難以計算的種種交往可能性，電視的中心化結構只能走封閉的明星化路線，作為一種被精確控制的社會交往方式，電視魅力的衰減趨勢在網路時代已經無法阻擋。

其次，網路不像其他電子媒體，它是一種發展中的媒體技術，其開放性的技術架構、文化和溝通方式使其一直處在持續的完善過程中，可以說，網路技術成熟的過程本身就是無數技術愛好者互動的結果。早年矽谷的技術愛好者對於網路的貢獻集中體現在對於企業集中式技術的摒棄。蘋果電腦的發明人沃茲尼亞克在研發出麥金塔電腦之後，發現蘋果公司將可能成為另一個 IBM 這樣的跨國企業時，乾脆直接退出了蘋果公司；音樂分享網站 Napster 的創始人范寧率先發明了第一個基於 P2P 的音樂交換軟體，這一做法卻從根本上瓦解了傳統唱片產業。在網路上有著無數這樣的年輕人，為了持續改善網路溝通方式，夜以繼日地忘我工作，他們的付出沒有報酬，只是希望讓各種軟體更趨完美，他們的技術發明在網路免費展示和使用，並形成了一個相當大的協作網路，發明愛好者之間熱衷於切磋技術和交流經驗，只是為了無限制的自由交流。這一前所未有的集體協作方式當然源於互聯網的開放性設計，正如學者凱利所指出的，網路是唯一能夠沒有偏見而發展，不經引導而學習的組織，它能夠積聚來自全世界網友的複雜新的散亂力

量，在一種非結構化的網路中實現技術的擴散和創新。以人機介面技術為例，為了盡最大可能模擬人們之間面對面的交流，電腦稱得上是一種最「透明」的媒體，人們透過電腦進行交流時，它越來越像是人的另外一張面孔，網路溝通與現場交流的唯一區別是，人們有時因為在網路上採用匿名方式或者看不到對方形象，像是戴著一副更深、更隱蔽的面具，使用者可能用的是同樣的電腦，但每一台使用者使用的機器就像是帶著不同面具的人臉，因此電腦溝通被賦予了更加豐富而有智慧的表現功能。想像一下你拿著一台蘋果 iPad，用觸控技術就能把螢幕中的一條小狗撓得咯吱亂叫，這個模仿人的觸覺功能的介面也能產生如此逼真的互動效果。

機器即面孔，電腦對於人類思維、表情和行為方式的模擬已經超越了芒福德所批判的巨型機器（Megatechnics）和單一技術（Monotechnics）時代，網路溝通中人們多元和充滿個性的社會交往方式正在締結一種新的社會群體。人們的交往範圍不再侷限於地理上的紐帶關係，而是基於人們之間共同分享的興趣和價值。就像祖克柏所說，人們在網路上分享得越多，就越能了解彼此，創造的身體連結和情感維繫就越牢固，這反過來又促進了更加廣泛的族群之間的交流和身分認同。

多樣化的符號體系：重回口語時代

與電視語言相比，網路傳播使用了更豐富多樣的符號體系，電腦語言能夠將各種各樣的文字進行數位編碼，這方便了不同年齡、不同知識水平和不同偏好的人們都能利用網路進行日常溝通。一般來說，電視以展示活動影像吸引觀眾，文字和

口語都不是人們使用電視溝通時所擅長的符號。事實上，人們使用電視時並不重視口語表現力，一種常見的情形是，觀眾能記住電視中的某個人物形象，但主角具體說了些什麼，很少能被觀眾記住。對於文字和圖片，電視更不擅長這兩種表現形式，文字充斥了螢幕，連同長時間靜止的畫面一樣（效果如同展示圖片），都是令人生厭的電視表達方式，這與網路溝通中人們喜歡把玩圖片和創造新的語言形成了鮮明的對比。

網路溝通中人們習慣大量使用口語，尤其是在兩個人借助即時通信系統聊天時，這一場景和現場交流中的口語場景並無大的區別，唯一的不同之處在於，雙人們基於網路交往時還可以使用其他的符號如文字、圖片和影像等進行更深入、多種形式的交流，使溝通的表現力和效果得以提升。下面分別以文字、圖片和影像這三種不同符號在網路溝通中的使用特徵加以簡單的說明。

文字在網路溝通中有偏好口語化的特徵。人們用網路溝通時使用文字的方式和書面傳播及電視都不盡相同，其中的一個重要特徵就是向口語化靠攏。首先，在以網路為媒體的日常溝通中，人們習慣視網路溝通場景都是自發性的、非正式性的、有時也常常是匿名的交流，過於嚴肅和正式的表達被認為是不自然的做作，與網路這一場景很不協調；其次，人們在網路溝通中使用文字時更追求個性化的表達方式，甚至用一種更誇張的替代方式，人們希望能夠從文字中發現對方更多的表情化符號。因此，在網路上很多人都喜歡追求一種更富個人特質的表達方式，這種個人表現力越突出，在群體溝通中就越容易受到追捧，並得到迅速傳播。文字在網路溝通中的口語化偏向突

出，顯示了這一溝通方式與人們現場交往的相似性。

圖片在網路溝通中是最受歡迎的形象符號。與影片相比，圖片訊息的儲存、處理和傳送都要簡單得多，這使得它成為網路溝通中最常見的形象符號。圖片沒有文字的抽象特徵，尤其是反映人物形象、表情和姿態的圖片本身就是對於現場溝通場景的描摹，因此圖片在網路中既是象徵符號，也是互動儀式中人們相互關注的焦點，很多時候它也是標示了群體團結的「神聖物」。在社群網站 Facebook 中，照片分享是人們最容易產生互動的部分，截至二〇一一年年底，該網站使用者日均上傳圖片的數量達到二點五億張，在網站每天發生的二十七億次的「讚」（like）和使用者評論中，許多都和圖片分享有關。圖片作為形象化的符號，拉近了人們身體與身體之間的距離，使得溝通容易在一個更低的起點上發生和達成。

除此之外，兩類特殊的圖片在網路溝通中還起著另外兩種重要的作用。一類是被重新「加工」過的圖片，即在數位照片上，普通網友用 Photoshop 這樣的技術就能輕易學習並完成，這些被重新編輯、修飾和處理過的照片體現了一種「真實的虛擬」的互動效果。在朋友之間的日常網路溝通中，誰都不介意這是一種類似塗鴉的作假行為，事實上，人們更喜歡把這一作假的過程弄得就像是真的。這種戲謔和自我解嘲風格的模仿只要是善意的，人們就會默許甚至鼓勵，這也揭示了人們在網路中進行日常溝通時的心態，就像戲劇表演舞台中的「間離」效果一樣，透過強調兩種身分或者角色之間的明顯背離和衝突，人們在嘲笑這種表演的同時，也表達了對於角色表演者的理解、允許和默認。高夫曼在分析人們在日常生活中角色扮演的

態度時指出，人們對於自我或他人表演表現出的善意理解，最終會表現出一種積極的社會合作取向，即承認每個人除了櫃檯表演之後，都有「後台」行為，有時把這種前、後台不同行為的衝突加以誇張地顯示，這也從另一個側面轉達了觀眾對於他人行為的尊重和理解。Facebook 網站中人們在分享照片時，網站會提醒圖片上傳者去標註圖片中人物的姓名（身分），有人會故意加以張冠李戴式的標註，這種有意的「誤導」有時就像一種角色扮演遊戲，同樣充滿了社會交往中的互動樂趣。

另外一類特殊的圖片就是圖形化的符號，類似於卡通，經常也會被點綴上一些動畫的效果，以增強其表現力，這類圖片在網路溝通中也很受歡迎。尤其是人們在個人交往時使用口語或者文字之餘，也喜歡發送這樣的一些圖形化符號來增加交往的樂趣和效果。圖像符號不像文字或者照片，它介於抽象和形象之間，特別擅長表達一種人們曖昧不明的情緒，有時網路上的兩個對話者根本就不需要其他媒體符號，光是來回發送這些古怪精靈的圖形符號，也同樣能達到某種溝通效果。因此網路服務提供商都會在聊天工具中提供許多豐富的圖形符號，它們大多模仿了人們在日常溝通中的表情和姿態，事實上，在網路溝通中，它們就代表著溝通者的「臉部表情」。

影像在網路溝通中表現出兩種功能，在模擬面對面的影片聊天中，它是嫁接、拼湊了雙方的對話場景，從而結構了一幅跨越時空的新場景，是一種表現溝通雙方場景的透明媒體。當作為一種分享文字時，網路上的影像常常標示了自我的身分，要麼是關於自我的表演，要麼是透露與主人角色扮演相關的一些重要訊息。二〇一一年 YouTube 公布的全球點擊率最高的十

大影片短片中，普通網友個人發布的與自我身分相關的內容占到了一半，其他四則影片來自於企業機構，另外一則是卡通動畫。隨著網路溝通成為一種越來越重要的社會交往方式，類似YouTube 網站上自我展示的影像文字會逐漸增多，自我展示的影像文字不僅是網路溝通中的輔助性語言，在互聯網上，它直接標示了主人的社會身分和自我角色設置，暗示他（她）是一個什麼樣的人，以及其潛在的交往對象。

網路傳播中由於集成了所有不同媒體的符號特徵，口語、文字、圖片和影像等，這些多樣化的符號體系為不同的溝通形式服務，網路傳播向口語時代回歸，人們再一次在媒體中回到了有機的社會團結狀態，另外，它又超越了口語時代的「詞不達意」和難以表達複雜、深刻思想的侷限性，不同形式的媒體文字之間也體現出相互解釋、補充和增強的互文性。網路媒體語言的這種融合性適合不同年齡和心智的最普遍人群，彰顯了網路溝通的高度普及性、個性化和多樣化的特徵，這與電視傳播中封閉的、正式性、標準化的溝通方式形成了鮮明的對比。

網路交往的若干類型

在網路交往中，新的媒體溝通手段幾乎再現了現場溝通中所有可能的社會交往方式，對地域限制的突破，使人們的交往範圍可以擴展到世界的任意一個角落。網路溝通和現場溝通有許多相似之處，但網路構成的媒體場景與對話中現場情景又有著顯著的差異。除不能直接接觸到對方的身體外，人們在基於網路進行的社會交往過程中往往充滿了許多驚奇之處——一個

人在日常生活中的現場相遇總是受到有限空間的影響，有限的社會交往使得人們之間日復一日的互動儀式比較穩固和陳舊，與之相比，人們的網路交往具有多向度的開放性和足夠的彈性，它支持足夠多且複雜多樣的溝通形式。按照網路交往中最常見的場景構成，我們可以把這一溝通方式分為三種最基本的類型：兩個人的相遇、圈子和社群媒體中的交往。

兩個人的相遇：可擴展的社會風暴

微觀社會學把現場溝通中兩個人的相遇視為最基本的互動行為。情境是互動儀式理論的起點，「事件塑造它們的參與者，儘管可能是瞬間的；際遇製造了其際遇者。這是製造體育明星的比賽，是使政客成為有超凡魅力的領導者的政治」（柯林斯，2009）。柯林斯認為，用互動儀式理論去研究日常生活中的人們交往方式，需要用一種逆轉的視角，從具體的社會情境去觀察它對每個參與者表演方式的影響。如果更換了最基本的交往場景，網路上兩個人的相遇與現場溝通有何差異？

兩個人的相遇也是網路交往中最基本的形式，這也是由電腦作為溝通媒體的非正式性、匿名性和自發性所決定的。與現場溝通相比，網路上的相遇充滿了不確定的情境，一方可能無法確切知道另一方的身分，也不曾見過對方的身體，看不到他的表情，交談的內容可以從天馬行空的隨意話題開始，有時會形成相互專注的情感和關注機制，更多時候，這種無明確目的的交流很難達成真正的溝通。當人們之間形成共同關注並由此發展構成一種持久、深入的互動關係時，這種交流情景也容易成為一種可隨時中斷的交往經歷。與電視交往中觀眾每天都會

遇到的「熟悉的陌生人」不同，網路開放的環境意味著螢幕兩端的交往者有時也會是一種完全陌生的關係，對於任何一個網路上的對話發起者而言，經歷一場偶爾的閒談過程，只有極少數對象能夠在交往中沉澱下來，成為你「陌生的熟人」——也許你們彼此之間可能永遠不會見面，但這並不妨礙雙方可以成為擁有諸多共同信仰和價值的夥伴。

網路上的偶遇不僅加大了兩人之間交往的頻次，擴展了每個個體的社會交往範圍，網路上的交往行為有時也會促成當事人之間的線下交流。網戀就是一種極端的情形，雖然很難獲得準確的統計數據，但人們總能耳聞自己身邊有這樣的故事發生。另外，根據網路上為數不少的網友記錄，許多網友的關係從線上發展到線下時，「見光死」（一旦見面，雙方社交行為即以中止而告終）的機率非常高。

與現場溝通中有著明確的場景定義不同，網路中兩個人相遇這種社會交往方式在許多情景中並沒有特定的目的性，這種無目的交往方式更體現出了人們在社會交往中追求樂趣的一面。這種交往方式很像人們在旅行中的溝通體驗，一個人偶然走進另一個人的世界，然後又很快分開，偶爾脫離日常生活的新奇體驗不僅可以拓寬人們對自身理解的深度和廣度，人們在網路中的交流常常被譬喻為在黑暗的虛擬世界中的晤面，或者像英雄奧德賽那樣在茫茫無邊海洋中的探險，這種偶發的、帶著更深的匿名面具的交往，因為沒有人們在日常生活中遭遇的太多禁忌，因此可以觸及到人們在日常生活中無法觸及的地方，這種瞬間的情感體驗有時會顯得特別強烈而短暫，人們在網路交往中有時也能獲得其在既有的社會結構中所無法覓得的

重要情感能量。

　　在一些見證公共事件的發生過程中，個人化的網路相遇經常對公共事件進程的走向和結果施加重大影響。即時的社會事件發生時，它所引發的網路相遇往往是自發的、偶然的，而且不可逆轉地干預了事件的發展方向和進程。一九九五年四月十日，某間大學力學系學生貝志城和蔡全清等幾位同學為破解一名叫做朱令的女大學生身上出現的罕見病症難題，嘗試透過互聯網向世界範圍內的許多專家發出求助的電子郵件，很快，這封信被傳送到了世界各地，幾個小時後，他們就收到了上百封郵件。隨著更多的在美的留學生轉發，一個月左右的時間裡，發送者從世界各地陸續收到了三千多封郵件。許多知名專家的回信，幫助朱令及早確診了病症（鉈中毒），這也成為互聯網早期發展歷史上最轟動的網路援助案例。在這一事件中，素不相識的個體雖然位於不同的時間和空間中，但在為朱令病症的診斷過程中，人們之間同樣形成了一致的關注焦點，並分享到一種基於普遍的人道主義的情感體驗。朱令的罕見病情的相關報導在新聞媒體披露之後，更激發了人們對這一事件持久、深入的關注和互動。這一事件已經過去十六年，直到今天，一些熱心網友之間依然就此事件還在進行對話和探討。[10]

　　今天，網路上這種發生在兩個人之間的互動，越來越成為促進大規模社會運動的發端。許多熱心網友發起的人肉搜索活動，就是人們因為司法不健全的社會現狀而發起的民間救濟方

---

[10] 這一案例的相關介紹可參見以下出處：維基百科「朱令鉈中毒事件」；http://zh.wikipedia.org/wiki/%E6%9C%B1%E4%BB%A4%E9%93%8A%E4%B8%AD%E6%AF%92%E4%BA%8B%E4%BB%B6；百度吧「朱令吧」；《神奇的網上救助》，http://tieba.baidu.com/f?kz=96879881；以及貝志城的個人部落格：《現實不是童話——朱令事件回顧》，http://beizhicheng.blog.caixin.com/archives/29696

式，希望借助於網路綠林好漢的私人行為來恢復社會正義。網路溝通天然地鼓勵私人化的社會交往方式，這種互動會隨著具體情境中人們之間接觸的頻次加強而擴展開來，尤其在吸引了其他平面媒體的關注報導後，更多的人會被召喚加入到這一網路相遇中來，由此激發出更大規模的互動結構。隨著這些社會相遇發生的自然空間越來越大，有時會形成非常恢宏壯觀的社會運動。這是網路時代的新部落儀式，個體之間的相遇跨越了時間和空間，而且能夠醞釀和積聚更大規模能量，發展為世界性的溝通場景，最終形成了巨大的社會風暴。

圈子：多角色扮演

圈子是指人們基於某種共同經歷、職業或者興趣愛好等在網路上形成的虛擬群體性組織。圈子標示了獨特的群體身分，具有一定的排他性，與網路上的兩個人的相遇相比，人們在圈子中的社會交往具有更正式化的交往特點，但與人們現實生活中的社交圈相比，網路上的圈子相對鬆散靈活；當人們在虛擬的網上世界進行社會交往時，圈子的規模更大（有的甚至超過上千人），每個人加入各種形形色色圈子的可能性也非常多（加入方式比現實世界的圈子更容易，比如沒有車馬之勞的實際成本，審批更容易等等）。

BBS、FB社團、部落格、論壇等網路上各種各樣的興趣小組和網友俱樂部等都是典型的網路圈子。網路圈子較少有地域限制，時間上也不固定，人們的交往方式也更加靈活多樣，有的網路圈子很活躍，有的卻很沉寂，有的很快消亡，這和現實生活中人們的圈子情形沒有什麼不同。但顯著的一個趨勢是，

人們會將網路圈子中的社會交往帶到線下。網路上的車友俱樂部就是一個典型的例子，人們基於對某種車型的喜好在網路上擁有共同的俱樂部成員身分之後，常常會組織一些線下的交流和互動。這種活動形式一般都超越了參與者的社會特徵（如專業權威或社會地位和職業特徵等），人們之間形成一種新的情感連結和社會紐帶關係，從而豐富了人們在社會結構中的不同角色表演和情感體驗。

除了豐富人們的業餘愛好外，網路上一些與職業經驗相關的專業圈子給參與者帶來的幫助更大，並賦予虛擬社群所有成員新的共同身分。現實生活的職業圈子都比較狹窄，人們交往的對象也很有限，交往方式比較單一，而網路上的職業圈子更有包容性和多樣性，來自不同地域的人們會在關注興趣、個人特長等方面形成優勢互補，展開經驗交流，從而幫助他們獲得一種具有更大視野的場景知識。圈子中的人們在原先偏重工具性和專業化的網路交流基礎上，還能提供個人職業上和感情上的實質性幫助。另外，一些網路上的圈子介於正式組織和非正式組織之間，與網路偏重個人化的交往特徵非常貼合，因而能夠借助新的網路技術發展得非常快，像由知名演員李連杰發起的公益組織「一基金」就曾經與最大的互聯網公司之一騰訊長期合作，從組織聲譽和募集資金等諸多方面，該公益機構取得了顯著的進步。

網路上的圈子與現實生活中的圈子相比，通常都高度鬆散，一些甚至是世界性的網路（如一些跨國界的 BBS 和討論小組等），因而整體團結程度和情感水平相對較低。一個論壇中經常只有一兩個管理員／版主／發起人，沒有相對正式和嚴

格的組織結構或者章程制度等，成員之間的互動缺少分層，這種架構類似無政府組織。與現實生活中基於地域的地方性圈子不同，網路圈子中的成員對群體性符號的認同感較弱，情感維持較為冷靜的基調，對於更廣大範圍內的互動持有普遍的信任態度。一些臨時性的圈子能為我們分析其內部成員之間的團結方式和情感水平，以及對群體符號的依賴特徵提供解釋框架。二〇一一年十月，某知名某電子商務網站未與其服務對象中小商家協商，大幅提高其網站服務費用的價格，引發了部分商家不滿，他們隨即在網路上發起了對於該購物網站的對抗行為。當時，這些失意的小商家聚集發洩對購物網站的不滿。該頻道原先是一個遊戲聊天頻道，在此聚集的抗議者從幾百人上升到最高峰的六萬人，這裡很快成為反對該購物網站的抗議者最大的聚集地，這些網友在網路上自發集合在一起，每天都在商討如何以實際行動抵抗和反擊購物網站的不公正做法。一週後，政府有關部門開始介入，抗議者和購物網站最終達成妥協，該頻道成員紛紛離去，抗議活動至此結束。從該臨時圈子的組織形式看，它是屬於網友自發形成的非正式圈子，成員幾乎全部都是以匿名方式登錄，交往方式也充滿了隨意性（如相互之間搶話筒等）。這種情形也是網路上大多數圈子的運行方式。在這一臨時性的圈子中，除了少數幾個核心成員之外，大多數參與者只能處在群體的邊緣，爭取到發言的機會微乎其微，因此他們很難從中獲得情感能量產生道德團結以及對群體符號的信賴。一開始是由熱情主導的無政府行為方式，最後的結果是組織不可避免地走向了分裂。塗爾幹曾經論證，在地方性的緊密圈子裡，一旦個別成員冒犯群體所維護的神聖符號，會激起其

他群體強烈的道德憤怒和嚴厲懲罰，但在網路上的這種臨時或者穩定的圈子裡，當這種干擾（如該案例中的個別成員指責其他人出賣組織群體利益）發生時，當事人產生的往往是尷尬、焦慮和不安，干擾者的地位被排斥，並被其他人疏遠，直至被圈子的管理者踢出圈子，這是最壞的結局。[11]

人們在網路圈子交往中扮演的角色彌補了現實社會交往中的缺憾。一個人在不同的虛擬社群中可以擁有多重成員身分，與現實社會中的社會交際圈相比，這是一個可以永不謝幕的、一個人可以同時扮演多重社會角色的舞台和聚會。網路交往中的圈子容易接近，參與方式簡便靈活，尤其對於一些在現實生活中交往圈子比較狹隘的人來說，網路無疑提供了更多複雜而靈活的社會聯繫的機會，對於整體社會結構來說，這種交往方式彌合了地域、經濟發展水平和社會階層對於社會整合帶來的負面影響，促進了一種更加扁平化的社會結構的形成。

社群媒體：我的虛擬客廳

社群媒體又稱社群網站或者社會性網路服務（Social Networking Services），是人們在網路上建立和維護自己的社會關係的媒體服務形式，它在互聯網發展的早期技術基礎上集成了兩個人的網路偶遇到 BBS 圈子等一系列綜合性的社會交往方式。事實上，互聯網從軍事用途開始向大眾開放時，就一直在模擬、發展和完善人們基於這一媒體之上的社會化交往方式，從早先網路上出現的個人網頁到後來的部落格服務等屬於社群媒體的早期形態。社群媒體的成熟受到 Web 2.0 技術風潮

---

[11] 《南方人物週刊》對這一案例有詳細的報導，見楊瀟，馬李靈珊，淘寶十月圍城，南方人物週刊網站 2011-10-28[2012-03-09]，http://www.nfpeople.com/News-detail-item-2058.html

的影響，即關注使用者的應用，而非訊息本身，以進一步促進人們之間基於網路的訊息交換和相互協作趨勢。一般來說，社群媒體不像第一代互聯網以訊息和訊息之間的關聯為中心，而是以每一個自然人為節點，將人和人之間的交往視為網站服務的中心點。像 Facebook、YouTube 和維基百科等網站都是社群媒體中的典型代表。

與網路上的圈子不同的是，社群媒體體現了個體在網路中的唯一身分，這種身分基本上與現實社會中的身分非常吻合。如果把網路上的圈子比喻成一幅不斷變化的、移動著的溝通場景，一個人可以穿梭於不同網站的若干個圈子之間，那麼，社群媒體更像是一個人在網路上的固定客廳，一個網路上的家，一種網路上唯一的身分標註，每天他（她）都會在這裡進行並展示其發生的社會交往，一般來說，一個人很少會在兩個或兩個以上社群媒體中來回穿梭，對於大多數人來說，他（她）經常使用的社群媒體往往具有唯一性。

社群媒體再現了人們在現實生活中的社會關係網路，同時又超越了現實社群網路中的地方性聯繫，呈現出每個個體在一個網路共同體中的虛擬身分。社群媒體中的交往場景是人們在網路中進行的日常社會性交往場景，和現實世界中每個人的身分一樣，人們在社群媒體中獲得的虛擬身分也是網路交往中各種社會關係的總和，這種基於共同經歷、職業和興趣愛好等特徵的交往方式精確描摹出了人們在網路社會中的個人肖像和群像，因此，社群媒體中的交往比圈子和兩個人的相遇有著更加確定的場景，一般來說，即便一個人不用實名註冊，人們也能從他（她）在社群媒體中的社會交往關係中了解到他（她）比

較準確的身分訊息（職業等），發現他（她）在網路上扮演的社會角色等等。因此，一個人在社群媒體中與他人進行的社會交往越是頻繁、持久和深入，其在網路上扮演的身分和角色就會越加接近和貼合他（她）在現實社會中的身分角色。當然，按照社會學家的說法，社群媒體提供了人們在社會交往中形成更多弱連結的機會，這種關係的特點是超越了地方性的聯繫，呈現出巨大的開放性。對於當事人來說，雖然弱連結標示了互動強度的減弱，但它們的確為人們開啟了與原先他不熟悉的外部世界的人們進行互動的新機會。德國總理默克爾稱自己在Facebook上擁有兩萬六千名朋友，這種交往方式顯然超越了她在現實社會中交往的狹隘性。對於一個社會交往場景與普通人大不同的政治家來說，這兩萬六千個朋友連結中大多數都只能屬於弱連結，但即便是這種低互動強度的溝通，也能為總理理解底層民意、接觸社會各個階層創造了另一種渠道和機會。

觀察全球最知名的社群媒體 Facebook，可以揭示人們在社群媒體中進行社會交往時的一些祕密。Facebook 在從二〇〇四年成立到二〇一一年年底的八年時間裡，每月活躍使用者達到了八點四五億，這一數字每年還在以近百分之五十的速度在增長。起初，這只是哈佛大學校園裡促進男女同學交友的一個網站，發展到今天，一個普通使用者在該網站擁有了一個帳號，就等於擁有了與全世界成千上萬熟悉或者陌生的朋友交往的機會。對於該網站的任何一個使用者來說，他（她）都可以擁有比現實生活中更多的社交對象，數量從幾百個到上千甚至幾萬個不等。在美國，尤其對於年輕人來說，如果擁有一台電腦或者智慧型手機，每天的生活就可以從網站上的社會交往開始。

據統計，每一名使用者在登錄該網站後停留的平均時間達到二十五分鐘，日停留時間接近一個小時，比起網路上隨意發起的兩人聊天和圈子中的交往，社群媒體的黏性更強，因此，社群媒體就像是每個人的虛擬客廳，每天我們在這裡與熟悉或者從未晤面的朋友天天打招呼和交流，在某種意義上，人們基於網路社群媒體的交往，可以視為他們在現實生活中的社會交往的另一種替代和補充。

移動社交服務「微信」是騰訊自二〇一一年年初推出的一項服務，截至二〇一四年三月一日，其全球使用者數接近四億人。某種意義上，微信就像是 Facebook 的移動版，使用者在智慧型手機上下載這一軟體後，只要雙方在無線網路環境下，就可以實現從文字、語音到影片的實時對話，當然，微信最有黏性的服務還是其「朋友圈」，它和 Facebook 的「時間線」（Timeline）非常像，只要使用者雙方加對方為朋友，他就可以實時看到對方實時發布的個人動態、圖片或者資訊等消息，一般來說，這種消息可分為三種主要類型：一是每個使用者（也就是「朋友圈」裡的每一位朋友）發布的個人動態，包括其分享的照片、行動地點和行動內容及此時此刻感想等；第二類是類似養生、修心和增廣賢文的「心靈雞湯」，以使用者轉發的超連結文字為主；第三類是一些包含新聞、知識類或者服務類訊息為主的超連結文字。微信真正實現了朋友之間「足不出戶，天涯比鄰」的交往功能，足不出戶，你就可以實時了解和分享地球上任何一個角落的朋友訊息、動態和所思所想。正因為其非常強的黏著性，微信服務一經推出，其服務人群範圍就遠遠超出騰訊早年開發的使用者，從年輕的中小學生，到退休

的爺爺奶奶，悉數成為其忠誠的使用者。當然，和其他社交軟體一樣，微信使用者除了有固定的朋友圈交往外，任何一個人也可以發起臨時性的朋友圈子進行對話。

網路上兩個人的相遇、圈子部落和社群媒體，都是人們在網路傳播中三種典型的溝通場景。網路交往中獨特的技術系統和媒體符號形成了新的溝通場景，勢必影響了人們在其中進行社會交往時身分建構方式和互動行為特徵的變化，人們在電子部落社會中透過網路交往中構建身分的方式和互動行為特徵與過往媒體傳播中表現出的情形有著如此顯著的區別，它預示了人們在虛擬社會中進行的一種新型互動儀式的出現。

因此，本書接下來的章節將圍繞互動儀式理論和情緒社會學的基本理論假設對人們在電子部落社會中透過網路交往的社會交往行為進行具體的研究和闡釋。在特定的社會場景中人們建立起相互關注或者共同關注、建構共同身分的方式和達成共享情感的實現機制，不僅是人們基於網路實現分享儀式、進行社會交往過程中的核心要素，也是網路交往中人們社會交往漸次展開的若干個過程。第四章將關注網路交往中的社會場景，探討網路傳播中的場景構建方式及其與電視溝通中場景模式的區別；第五章則探討網路交往中人們形成社會關係的方式，並分析在關注流形成過程中人們在現實世界中的社會分層對網路世界中互動分層的影響和相互關係；第六章討論人們在網路交往中身體相互吸引之後如何實現情感連結的機制；第七章則探討人們在進行網路交往過程中對於作為自我身分的社會符號所施加的影響，以及網路分享對於社會信任、個人情感體驗和社會團結的效果，這種顯著影響表現為人們會在更大的社會範圍

內獲得全新的成員符號和自我身分，以回應從原子社會向電子部落社會的轉變過程人們對於理想化社會交往方式的需求。

第四章
網路建構媒體場景：櫃檯和後台的相互侵入

本書所使用的社會場景概念是微觀社會學中對人們進行互動交流時的社會關係或者網路的描述和稱呼。柯林斯認為，微觀社會學研究的起點不是個體，而是社會場景（情境），人類社會的全部歷史都是由社會場景構成的，每一個個體在不同的社會關係或者網路中，都會有著不同的行為表現特徵。互動儀式中的場景，就是人們表現出對社會規則的遵從及在這些規則制約下構建自我身分角色時的行動背景，它就像準確理解某一詞句的意思必須聯繫上下文一樣，場景理論為觀察個體在社會中的角色扮演提供了解釋框架。人們透過媒體進行社會交往的場景一如現場溝通中的社會場景，同樣體現了社會制約對自我構建的限制和影響。不同的媒體建構場景的方式有很大差別，網路交往中的媒體技術和符號有著與電視完全不同的特徵，這導致一系列不同的場景建構方式，包括區隔場景的方式、櫃檯和後台的混合以及新場景中時空感受的變化等。

人們基於媒體溝通中的場景隔離方式不可避免受到媒體技術及其符號特徵的影響。電視形象化的符號特點推倒了原先由抽象的文字符號組成的「牆」，促進了社會場景的全面融合，但電視技術終究不是一種個人化的溝通系統，它的「中心—大

眾」傳播機制透過代理人（代理機構）的設置，同樣分隔了不同的社會場景。網路恢復了人們面對面的直接溝通方式，使原有的場景區隔方式不再有效，人們在虛擬世界的場景中可以帶著更深的面具，更加平等地分享訊息，從而收穫了一種介於真實和虛擬之間的、不一樣的身分感。

梅羅維茲認為，書面傳播有櫃檯傾向，電子傳播有後台傾向。然而在電子部落社會的網路交往中，人們認為網路這一訊息系統源於現場交往，但又不同於現場交往，它在複製現實社會中人們交往場景的同時，也構建了一種認為應當如此的理想溝通場景，即每個人在進行社會互動時應該同時擁有櫃檯行為和後台行為，網路傳播不僅允許人們有後台空間，而且認為理想溝通場景中也應該展示部分的後台訊息，以保證這種溝通是真實的，使之和人們在口語時代的溝通場景一樣有機和完整。相對於電視溝通而言，網路溝通中的櫃檯和後台幾乎難以分離，公共場景和私人場景會同時呈現在媒體交往中形成衝突，因此，網路傳播的社會場景是名利場和窺視場混雜在一起的一個相當混亂的社會場景。

時間和空間標示了人們互動儀式場景的具體特徵。電視溝通中似乎消除了地方性的空間，但它展現的依然是有著典型代表性的、有限的空間；與此同時，電視中的時間則是一種被媒體機械分隔的、虛假的統一集體時間。網路傳播中還原了人們交往中真實的時間和空間，建立了一種新的時空場景，每一個人在虛擬世界中不僅可以接觸到無盡空間中的交往對象，而且在任何一個交往場景中發生的時間都是個人真實感受到的、可以控制的「我的時間」。

以上就是本章將要涉及的幾個與社會場景有關的概念——場的區隔方式，櫃檯與後台的關係，以及場景中的時間和空間等。這些概念只是微觀社會學中分析人們互動儀式時形成的社會關係或網路的基本框架，在人們基於不同媒體的溝通過程中，媒體技術和媒體符號特徵構建社會場景時有著極大的差異性。為了具體考察網路交往中的社會場景對人們互動方式的影響，結合網路分享技術和媒體符號的特點，本章將網路傳播中的社會場景建構方式及其特徵與電子傳播（尤其是電視）中的情形一一進行對比，以圖更加清晰地揭示這一新的媒體場景對人們進行社會交往時所施加的深遠影響。

網路建構的混亂媒體場景

梅羅維茲指出，媒體作為一種特別的溝通方式，在消除了諸如牆壁類似的隔離場景的物質形式的同時，取而代之的是用新的訊息系統區分不同的社會場景，將特定的人們吸納進來或者排除在外。電視部分恢復了口語溝通的場景，人們不需要複雜的知識和讀寫水平就能接觸到一樣多的訊息，但電視溝通中訊息的發送者和接受者並不是同一類人群，從這樣的意義上講，電視只是借鑑了口語溝通的形式，其「中心—邊緣」的技術架構事實上已經將絕大多數普通觀眾排斥在了某些特定的場景之外（電視機構的實際控制者和專業化的內容製造者，以及廣告商位於這一傳播機制的中心，被捕獲的最大限度的受眾當然是其中的「邊緣」，後者永遠處在被動的、被操控的位置上），因此，電視中的場景融合事實上只是一種假象，電視攝

影機的鏡頭在溝通中模擬了電視機前觀眾的存在，觀眾卻永遠不知道電視圖像（畫框）之外究竟真正發生了什麼，這與網路溝通中的場景有著天壤之別。人們在網路上進行社會交往時，會時刻意識到媒體場景發生的變化，網路溝通中的社會場景就像是暗夜中的茫茫大海，沒有中心，沒有邊緣，也沒有分界線，一個人喜歡網路溝通，往往是因為身處其中能夠感受到這種不受任何被限制或者被隔離的溝通場景，這決定了網路中的許多相遇都是偶然而膚淺的交往，人們之間的交流要麼會帶著更深且隱蔽的面具（如匿名），要麼會以一種更加櫥檯化的表演方式出現（如網路上傳播自身形象的各行業明星），還有極少數人則以一種誇張的挑釁姿態甚至將個人的後台生活景象也放到了網路上。在網路交往中，每一個人都擁有比任何一種其他媒體對話更能享受平等參與的權利，如果他（她）感到了冒犯或者出於其他原因，任何人都可以隨時隨地做出積極反應，或者中止交流。雖然在大多數時候，人們在網路上形成的偶然關係都是基於短暫的會面或者沒有多少共同經歷的群體身分維繫，身體之間的相互關注和情感強度相對較弱，因此，網路交往中的場景區隔方式並不像電視中那麼明顯，電視因為中間機構和代理人的介入人為分割了場景，通常給觀眾呈現的是一種統一的場景，網路上人們之間的社會交往是直接的、以自我為中心的個人化交往，它所呈現的社會場景也不是一種表面上的融合狀態，各種不同的社會場景包括公共場景和私人場景之間其實是一種錯雜的相互侵入狀態，在隱藏的後台和炫耀的櫥檯之間、在平等獲得訊息的權利和不平等的社會階層地位之間、在真實和虛擬的身體之間，很多時候，人們判斷這些分隔

場景的界限會感到迷惑，這些相互衝突的、錯雜混亂的社會場景如犬牙般交錯出現，經常是一下子就直愣愣地全部撲到了觀眾眼前。

更深的面具：隱匿與炫耀

「面具是吸引人的表達方式，是極妙的感情回聲，同時又是忠誠可信的、謹慎的和至關重要的。與空氣接觸的有機物必須獲得一層表皮，表皮並非心臟，這一點並不是對表皮的否定……詞與形象均如外殼，與它們所覆蓋的實體一樣，都是自然的組成部分，不過更適於視覺、更易於觀察罷了。」這是高夫曼在《日常生活中的自我呈現》一書中援引作家桑塔耶那的一段話。事實上，面具不僅是人們在日常社會交往中的一種保護色，它也是社會角色扮演的一種自我期許，暗示了自己喜愛的角色類型，並且希望觀眾也按照這種類型特點來解讀他，將他歸入合適的社會角色類別中去。

人們在電視中的角色扮演比在日常生活中的表演會更加面具化。一旦意識到電視中的表演最終會面對無數觀眾的眼睛，當事人都會把自己最適合櫃檯表演的部分展示出來，儘管他無法知道因此也並不在意電視前的觀眾究竟是誰，只要考慮這種表演是安全的（他表演的場景與觀眾觀看的場景是完全隔離的，觀眾不可能挑戰，也無法回應），他就會按照既定的程式繼續演下去。傳播學者舉例的美國總統大選中的電視辯論就是這樣的場景，兩位總統候選人即便在電視直播中反駁對方的意見時，通常都會表現得風度翩翩、彬彬有禮，這和他們私下裡爭辯時可能表現出的暴怒或者刻薄完全不同，因為電視機前有

許多選民的眼睛在盯著他們，表演者知道選民並不樂於看到他們的表演會以後台方式進行。

相比於電視媒體，網路並不刻意區分人們在社會交往中的櫃檯或者後台行為，網路之所以為網路，重要的是它能真實地再現人們在現實社會中所有的溝通和維繫行為。判斷一個人在網路中的角色表演是否真實，人們不僅會觀察他的櫃檯行為，同樣會注意他的一些後台行為特徵，就像我們深信不疑每個人在現實生活中都有櫃檯和後台兩種行為方式一樣。因此，當看到網路上太多的主角絮絮叨叨地談論自己的日常生活場景時，或者年輕人在 Facebook 的個人相冊裡放上一些古怪表情的照片時，沒有人會覺得應該大驚小怪，人們奇怪的恰恰是一個人在網路交往中如果只有櫃檯行為時，那麼這種角色扮演往往被認為是不真實的，容易被視為是一種過度的包裝和笨拙的偽飾。德國女總理默克爾說，如果她在 Twitter 上的狀態是「去購物」時，那在線的就不是她。難以想像，電視畫面中會出現女總理去購物的情形，但在網路上，有意或者無意呈現購物和美食等諸如這些私人場景是網路使用者稀鬆平常的做法，從一位市民到女總理都不能例外。

人們意識到網路有時是真實的表演場所，但有時又不是安全的表演場所。很多時候，人們會驚訝地發現，網路是一個充滿了如此多險境的表演場所，它沒有牆壁和窗戶之類的物質隔離，軟體技術人員用「0」和「1」組成的編碼來保障每個人的網路隱私，網路上無形的數字隔離物能夠真的奏效，其實很令人生疑。像搜尋引擎能輕鬆蒐集到某個人的所有訊息、說過的話、發表的部落格和文章、圖片以及相關影片；人肉搜索也

能穿越所有的物質隔離，最後能挖掘到你的所有訊息：從家庭和工作單位地址、電話、職業、家庭成員及照片一應俱全；還有躲在莫名暗處的駭客，會伺機隨時準備著侵入你最隱蔽的網路領地——整個網路就是一個隨處布滿了監視者和偷窺者的透明玻璃屋，你稍不留神，或者留下什麼對你不利的線索，就可能惹火燒身，你所有的後台和櫃檯行為都會全部曝晒在全世界人們面前。二〇〇八年香港藝人陳冠希與一些女藝人的大量床照被上傳至網路上曝光，令香港娛樂圈震盪，就是一個最好的例證。

透過網路了解一個人的後台行為場景如此方便，這也使得網路上人們的表演有著更深的面具痕跡。這其中尤其值得觀察的是兩類人群：網路匿名者和活躍在各個行業的明星。網路匿名者透過隱藏自己角色身分的方式參與表演時，櫃檯和後台的場景區隔對他來說已經失去了意義，因此他可以用一種玩世不恭的態度來進行表演，這種表演有時會顯得很率真，有時則充滿了讓人無法捉摸的惡作劇和種種無意義行為方式。與網路匿名者一樣，明星在意識到網路交往方式中不安全的後台存在，他會更加小心翼翼地參與表演，雖然他也會時不時地故意「洩漏」一部分後台場景，但這種表演比高夫曼所形容的劇班中的表演會帶上更深而隱蔽的面具，就像幾乎所有的演藝明星都喜歡表現自己熱衷公益事業一樣，事實上，他之所以按照這一形象來進行自我表演，是因為所有的同行都在這麼做，對他來說，最安全的面具就是盡量跟別人的形象靠攏，使每個人看上去差不多。

部落格（網路日誌）是另外一個有趣的場景表現方式。從

本質上看，個人部落格雖然有時被稱為網路日誌，但事實上它和人們寫在書上的個人日記並不相同。日記是促使自我反省、幫助人們發現自我身分的一種作者面向自己的交流方式，有時和自我成長有關；而部落格顯然是有著另外的目的，即便寫作者並不在意用這種方式和別人交流，但他也知道，網路不是一個保守祕密的場所，他的一舉一動、一言一行，都是在人們的窺視目光如同聚光燈下進行的，個別讀者甚至不會放過任何一個細節，總想從有限的文字中挖出更多的訊息來（包括最有趣的後台訊息），這樣一來，部落格就成了介於個人日記和個人出版物之間的一種更複雜的中間形態，前者顯然是屬於後台場景的行為，而後者是屬於典型的櫃檯場景行為。事實上，人們經常會看到這一幕，一方面，表演者的部落格中時而充斥了大量的專業嚴肅、冷靜客觀的公共場景和個人櫃檯劇照；可另一方面，表演者時而又會將個人生活照片或者個人情緒放在上面，這個私人空間和公共空間的混搭，形成了一種新的錯雜的混亂場景。

後文將要分析到，在電子部落社會裡，人們透過網路交往進行社會交往時所建構的錯雜場景有時是為了故意模糊了公共場景和私人場景的界限。為了適應這種新的場景變化，人們在網路交往中的表演常常不得不帶上更深的面具，這種面具就像京劇中的臉部油彩一樣，為的是方便觀眾進行角色識別和分類，每個人就能輕易地發現表演中網路匿名者和行業明星之間的區別，當然，有時表演者也會摘下面具，故意展示一些屬於個人後台的場景，這樣可以使得表演顯得更加真實些。在現場交往中，人們承認人人都有後台行為，並允許別人保留這種後

台行為，在網路交往中，人們承認和相信每個人都可以享有更深的後台行為（當然還有相對應的更深的櫃檯）。人們在網路交往中喜好帶上更深的面具，是為了適應更加網路場景中更深藏的後台和更前置的櫃檯，無論是藏匿還是炫耀，它們都服務於一場更加精彩刺激的假面舞會上的離奇遊戲效果。

平等的假象：鳥兒和空氣能分開嗎

　　不同的媒體技術和符號特徵決定了人們基於這種媒體進行社會交往時的參與條件，就像書面媒體培養了權威專家一樣，電視貌似賦予了普通大眾每個人都能平等接觸到同樣訊息的機會，但電視溝通中的封閉場景只能展示少數專家、官僚和商業精英與數目龐大的「受眾」之間不對等的交往方式，在電視的整個傳播過程中，真正能夠參與到電視對話場景中去的只能是極少數人，是那些觀眾每天都必須「仰望」才能看到的「熟悉的陌生人」，在一些討好觀眾的特殊場景中，一名普通觀眾偶爾受邀作為現場觀眾參與到了電視中的對話場景，他也只是作為溝通場景的一個裝置而被嵌入其中，服務於製片人刻意要將節目的現場交流塑造得更像是一種對話的需求。電視傳播中極少數人表演、普通大眾觀看的溝通模式培養了大眾傳播概念中所謂的「消極的受眾」，他們似乎是註定要被少數人影響的、被動的，甚至被傳播專家假想為「缺乏判斷力」的一群而已。

　　網路作為一種被塑造的、理想化的溝通場景，從發明之初的原型概念中就採用了分布式網路這樣的帶有理想主義色彩的新技術，以確保每個自由的世界公民平等接入網路、進行交流的權利。電子邊疆基金會的共同創始人巴婁把網路形容為一

個「新的世界」，一個屬於「我們」的思想世界（與之相對應的是，是「你們」控制的物質世界），他聲稱，在這個新世界裡，「所有人的情感和表達，不管是值得譴責的，還是像天使一樣美好的，都屬於一個無縫的整體——基於位元（Bit）的全球交談。我們不能把窒息鳥兒的空氣和鳥的翅膀拍打的空氣分開」（陽光，2000）。巴婁把傳統社會和媒體區隔場景以建立權威的方式比喻成「窒息鳥兒的空氣」，而網路世界中人們促進所有場景的融合以平等享有網路溝通的權利比喻為「鳥的翅膀拍打的空氣」，前者所說的「空氣」可以視為是關於媒體的一種隱喻，在互聯網產生之前，所有的媒體都為少數社會精英所控制，在任何一個社會時期，利用媒體工具來壓制公民自由、「窒息鳥兒」的做法層出不窮，而只有在互聯網和電腦技術普及之後，學會使用網路的人們才能夠用「鳥的翅膀拍打空氣」。人們透過在網路溝通中既不會受制於電視那樣採用控制的傳播機制，也不用透過任何可以人為操控的仲介，而是回歸到一種個人化的直接交往，這種溝通場景看上去似乎賦予了每個人平等對話的機會，果真如此嗎？

　　情緒社會學認為，人們熱衷社會交往的動力源自他們對情感能量的追逐。積極的情感能量意味著雙方表演者成功的互動和隨之而帶來的高度社會團結和自豪感，消極的情感能量則是因為表演者失敗的表演導致自我被排斥在群體之外而產生的羞辱感和消沉、冷漠的情感體驗。柯林斯將互動儀式的分層變化分為兩個觀察維度：一個是，人們在儀式中擁有的控制力量的多寡，是權力儀式；另一個是，人們在儀式中所處的位置（中心還是邊緣），為地位儀式（柯林斯，2009）。網路中人們進

行社會交往時產生的關係表面上看起來像是一種相互平等參與的水平關係，但在微觀的互動過程中可以發現，其實人們在網路的社會交往過程中各自往往處於不同的位置，一些人總是成為眾人關注的焦點，甚至成為神聖性的符號，他們通常被稱為「能量明星」，另外一些人則是只擁有較低情感能量的被動參與者，常常處在無足輕重或者經常被排斥在某一群體之外的邊緣地位。雖然用物質資本和文化資本這樣的概念去界定儀式中的分層未免過於簡單，但一個人擁有物質財富的多少、他的個人聲望和行業地位，更容易讓他們在互動中處在控制他人的中心位置卻是不爭的事實，因他們身上所佩戴的成功光環，本身就是構成互動中神聖性符號的一部分。這從訊息和情感的流向上也能看出來，當「八〇後」知名作者韓寒在部落格上發一個「喂」字，就能帶來幾十萬人次的關注，這不難解釋為什麼一些人總是以成功人士或者行業英雄身分出現時，他們必然會造成與被影響者之間情感能量上的不平等，他們身上總是被籠罩著光環而受到追隨和關注，這一自我形象也會給他們自身帶來更高的情感能量，使自己成為互動儀式中關注的焦點。在部落格網站上，一些擁有更高情感能量的明星通常都有大量的追隨者（粉絲），但這些明星很少去關注他人，或者去主動連結一些普通的網友，這種以明星為中心的互動方式顯然會給焦點人物帶來更多的情感能量，然而對於一個普通的追隨者網友而言，互動儀式中地位的極大不平等，本質上意味著一種個人被排斥在群體外的消極感受。

梅羅維茲曾經把美國一九六〇年代自由主義者反對傳統權威的社會現象歸因為電視傳播促進了人們高低身分場景的融

合，這可能是一種誤讀。一九六〇年代的社會運動也許和電視
的普及有或多或少的聯繫，但事實上電視媒體中的溝通並沒有
從根本上削弱權威，反而以另外一種方式強化了權威，電視網
路的中心——大眾技術結構分隔了基於權力和地位形成的不同
社會場景，自由主義者只能把這種理想寄託在下一代新的媒體
技術——互聯網身上，關於這兩者之間的差異，卡斯特在《網
路社會的崛起》一書中有許多詳細的歷史描述和觀點分析。問
題是，網路雖然維持了一種水平溝通以方便人們更平等獲取訊
息的方式，但人們在財富、文化、教育和社會地位等諸多方面
的差異同樣會影響到網路互動儀式中各自所處的位置，一種類
似卡斯特所描述的從事互動者和被互動者的不同地位依舊決定
了人們在網路分享中獲得情感能量能力的差異。

　　一方面，網路構成了一個前所未有的自由平等的溝通場
所，人們身體不必共同在場，較少有現場相遇中的來自人群的
目光關注和監視，因而每個人都似乎能享有更多的後台隱私空
間；另一方面，網路是一個高度開放性的交流場所，與地方性
聯繫中緊密的社會維繫程度相比較，一個人在網路上根本就不
知道下一刻會遇到誰，這種開放性也會伴隨著對於外來者的高
度警惕和排斥感，網路上的這種複雜場景和感受使人們在進行
社會交往時對群體符號以維持一種相對較弱的遵從感，從互動
儀式中獲得情感的強度也相對冷靜而短暫。如果說人們在電視
溝通中看到的都是相同的社會場景，那麼，在網路交往中每個
個體遇到的都是各不相同的場景，每個人擁有情感能量的多寡
會影響到互動儀式的實現程度。表面上看，每個人在網路互動
儀式中似乎都有獲得同樣中心地位的機會，但個人現實身分的

懸殊又會形成情感能量之間的很大差異，這種經常性的場景衝突表現在網路溝通中，最終結果是人們之間往往只能維持一種平等交往的假象。

真實的消逝：假作真時真亦假

　　場景中的身體狀態是共同儀式產生的條件。高夫曼提出人們對共同在場時對方身體的關注和追隨，似乎是人類身體在經歷不斷進化之後累積沉澱下來的自然本能反應，在消極的警惕與積極的接觸之間，後一種本能反應促成了互動儀式的出現。在現場相遇中，身體可以成為雙方關注的對象，象徵權威或者明星地位的一方的身體還可以被奉為神聖性的符號，此外，相比較於媒體抽象化的符號，身體本身攜帶了關於一個個體的後台行為特徵的許多內容訊息，如表情、姿態和動作等，人們相信一個人在表演時這些身體符號的呈現比起其他媒體符號來，都更像是一種自然的、難以掩飾的個人風格流露，和他所說的話、寫下的文字或者正在表現的特定社會角色相比，更像是隱藏的後台訊息。二〇一二年八月二十七日，某局長楊達才在視察前一天剛剛發生的一起三十九人死傷的特大交通事故現場時，面帶微笑，這一場景被網友傳送到網上，引發了許多網友的強烈不滿，繼而對這一局長開始進行全方位的「人肉搜索」。根據熱心網友的蒐集統計，該局長在各種場合曾佩戴各類名錶共計十一支，另有價值不菲的眼鏡若干，網友們甚至連他身上的腰帶和手上的手鐲都不放過。在他們看來，一位局長在如此慘烈的事故現場的不當表情恰恰洩漏了他的「後台訊息」也可能有問題，於是，從「微笑局長」到「問題局長」只

有一鍵之遙。在一邊倒的網路輿論下，最後該局長不得不出面澄清，並正在接受當地政府有關部門的調查。[12]

電視中的身體則又是另外一種情形。一個人面對鏡頭，表情和身體都會顯得僵硬、不自然，這也是為什麼人們在被偷窺時和面對攝影機鏡頭時會有著如此截然不同的身體表現。人們誇讚一個電視中的主持人或者演員演得好時經常說「風格自然」，因為任何一個人一旦面對鏡頭，就很難表演得像平常生活中那麼自然隨意。從這樣的意義上看，電視中的身體表演有著強烈的櫃檯趨向。另外，觀眾在觀看電視節目時都明白，在這一溝通場景中觀眾與表演者的身體連結都是虛擬的，雖然表演者無時無刻不在想方設法地取悅或者說服觀眾，但其實站在他面前的也只有虛擬的觀眾，這種表演有時看上去會因為缺乏特定的互動對象而顯得更加程式化、動作僵硬且缺少個性。

網路溝通中的身體表演試圖最大限度模擬現場相遇中的狀態。靈活多變的多媒體運用和直接交往的互動方式都能讓人們感受到網路交往有著與現場溝通非常相似和逼真的場景體驗。即便兩個人之間不用影片時無法看到對方的身體，人們喜歡用口語、圖片和形象符號來模擬身體所能表現的訊息，就像社群網站中人們喜歡張貼自己在各種場合的生活照一樣，這種關於身體的展示也強化了關於個人的諸多後台訊息。

網路性話語場景中關於身體描述更能表現這一點。一般來說，性愛和性場景中的身體都是屬於人們後台生活空間的內容，但是在網路上，人們對這些場景的展示不管是文字、圖片還是影像文字，都會更加寬容。二〇〇三年，一位叫做「竹影

---

[12] 詳見鳳凰網「安監局局長陷『微笑門』、『名錶門』」的專題報導，鳳凰網 2012-08-27[2012-09-05]，http://news.ifeng.com/mainland/special/yananchehuo/

青瞳」的大學女教師在個人部落格上描寫自己的身體和張貼自己身體的照片，引發了網友的爭議。她在接受一家媒體採訪時為自己的行為辯解說：「我的文字有大量前衛、赤裸裸的性描寫（這一點受平面媒體出版限制），但是對性的反思又是沉重和嚴肅的（這一點受讀者思考水平限制），如此就導致了我的文字的尷尬和爭議：一方面，不能被平面媒體坦然接受；另一方面，被膚淺表面地接受為色情文字和下半身寫作。文字被怎麼接受和理解對我來說不重要，文字出現在眾人面前就是公器，別人怎麼評說那只體現他們的修養和水平……」她同時闡述了自己對身體展示的看法：「正是這身體對於存在的根據特徵，讓我覺得身體的原初表情（沒有因為社會規約和文明的禁忌而掩藏和抑止的真實表情）才是一個人最為真實的表情，回歸身體原初表情的存在才是最本真的存在。」和文字媒體一樣，電視對於與性有關的身體的禁忌同樣非常嚴格，網路獲取和展示個人後台訊息的新模式繞過了傳統渠道和把關人，更重要的是，在網路溝通場景中，關於身體的展示顯然突破了平面媒體所能容忍的最大尺度。網友中一種和「竹影青瞳」相似的普遍看法認為，網路交往中出現的身體才是一種最真實和自然的溝通方式，另外，這種在虛擬世界中的展示並不等於現場相遇中的身體存在，它因為距離感顯得非常安全和隨意，就像「竹影青瞳」自我表白的那樣：「我是一個很認真的人，我在文字中挑逗，在照片中展示挑逗，因為我知道這樣的挑逗不會真正地傷害人。」[13]

　　真實和虛擬之間界限的模糊，使人們在一個新的活動場景

---

[13]　見《北京青年週刊》採訪「竹影青瞳」的報導，雅虎中文網站 2004-02-25[2012-03-15]，http://news.cn.yahoo.com/040225/55/204qx_1.html

中不再關心真實性，真實被擱置起來，成為角色遊戲的一部分。這種「假作真時真亦假」的奇幻變化如果說在曹雪芹那裡表現出對現實荒誕感的一種無奈嘲諷和主角向內心逆轉而超然出世，那麼在網路交往中當人們面對身體處在真實與虛幻之間這樣一種令人迷惑的新場景時，這一矛盾情形卻折射出了人們交往過程中社會形態的轉變：一方面，出於人對於成功社會交往中身體在場的渴望，人們對真實和身體充滿了迷戀；另一方面，網路上這種身體被媒體隔離、存在安全距離感的交往方式又催生了一幅世界性的溝通場景，它屬於塗爾幹所形容的鬆散的、缺少情感強度和不願意遵從既定規則的社會交往狀態。隨著電腦在模擬人的情緒表現方面技術的提高，尤其是人機互動技術的進一步發展，將來人類也許有朝一日能開發出更多觸覺應用的網路溝通技術，這種技術能夠幫助增強身處網路兩端表演者的身體感受和情感體驗，進而產生更高水平的共享情緒體驗。

櫃檯即後台

高夫曼用擬劇理論的櫃檯和後台分別描述人們在互動儀式不同場景中的行為表現差異時，事實上是為了強調人們在社會交往中對場景的重視。櫃檯是複雜和正式的儀式表現場所，後台一切的準備和放鬆都是為了有更好的櫃檯表演效果。儘管櫃檯／後台這樣的劃分有時顯得過於簡單和粗線條，這種關注凸顯了高夫曼特別建構的自我印象管理模型，人們為了在溝通場景中尋求合作的藝術，儀式中每個人要共同維持短暫的關注焦

點，讓每個參與者都不至於感到尷尬，那麼，櫃檯場景就必須得到尊重，後台場景同時必須人為地加以隔離開來，以保證互動儀式的完整性和可持續性。

相比於書面傳播，電視溝通中對人物身體和表情的關注，的確有時會透露出一些後台行為的訊息，但這種非常態的披露大都不是出於故意的目的，而且人們總是小心翼翼地避免出現這樣的意外情形。一位主持人如果下身穿著短褲在播出新聞，在攝影機掌控一切的現場，這本是屬於內部成員共享的後台場景，如果攝影師不小心洩漏了這個祕密，整個互動儀式很快就陷入一個可笑尷尬的境地。很難想像，攝影師和整個團隊會故意讓這種事情發生。即便在電視直播中，人們總是注意控制各種例外的後台場景出現，為了保持人們表演的一貫和完整，電視畫面總是盡可能地避免某些被認為是不雅觀或者不適宜的場景出現（如暴力血腥畫面和個人私生活場景）。在一些類似劇組探班的電視綜藝節目中，經常會看到電視攝影機的鏡頭模擬了現場其他局外人監視的目光，鏡頭所及之處，每個表演者都會習慣收斂起後台行為特徵，很快在鏡頭面前表現出與櫃檯相符的表演方式，因此，這些所謂的探班表現的都是非常有限的後台訊息，或者說只是一些根本談不上後台行為的宣傳噱頭而已。

網路溝通中的櫃檯／後台的場景劃分並不像電視中那樣分明，而且某些櫃檯／後台行為經常被併置出現，人們甚至有時會有意製造混亂場景，混同兩者之間的明顯界限。人們一般會認為網路交往是現實世界交往的一種延伸，每個人在網路上的表演和現場表演有著相似的櫃檯特徵，但另一方面，網路交往

顯然又與現場交往不同，一個隱匿自己社會身分的人可以把網路看成自己的後台空間，無論他（她）在其中如何表現個人的後台行為，身體的隔離就是最好的場景分隔方式；從互動的另一方觀察也會發現相同的情形，一個與我們並沒有共同群體身分的陌生人的私人場景出現在網路上時，我們無法判斷也不願意去區分當事人的櫃檯／後台行為，就像觀眾在欣賞電影中某些帶有窺視色彩的畫面一樣，這種行為在外人看來和櫃檯表演並無區別。

在更多的時候，人們在網路交往中會發現自己處在一個櫃檯／後台場景混同的尷尬「中區」位置。假想一位顧客到一家比薩點就餐，侍者恰巧給他安排了一個和廚房緊鄰的座位。坐在這個位置上，不僅能透過寬大的、運送餐點的窗口發現櫃檯上發生的一切，甚至還能聽到服務員之間工作時產生的爭執和牢騷（一種典型的後台場景），這就令客人和服務員都會感到尷尬，彷彿闖進了一個不應該進入的場景之中。在網路交往中，這種情形隨時可見，不僅僅是因為梅羅維茲指出的「訊息系統」在發生作用，更重要的原因在於，人們在網路交往中完全消滅了地域上的阻隔，更不用提物質場所或者訊息系統等的阻隔了。櫃檯和後台之間的劃分有時是一扇門、一個窗戶或者一堵牆，也可能是梅羅維茲所形容的某一劇班成員之間的眼神交流和竊竊耳語，可這一切在網路創造的交流場景中都消失了。

網路交往中地域感的徹底消失常常使參與者有著強烈的「中區」體驗感，參與者會同時看到櫃檯和後台兩個場景而產生尷尬、矛盾甚至憤怒。在後面分析的「上訴媽媽唐慧」這一

案例中，關注唐慧案的許多網友都會像那位深入介入此案的記者鄧飛那樣陷入到類似的尷尬中。在網路這一媒體場景中，如果說圍繞案件發生地永州一系列當事人眾說紛紜的言行都是被專業記者和網友爆料的「後台場景」（如人們擔憂的地方吏治中的腐敗情形以及唐慧案反映出的人性之斑駁複雜），那麼在網路上的全民關注中，這一案件中涉及的諸多人物的「後台場景」不得不逆轉成為「櫃檯場景」（這時，網友之間共享或者交換的訊息系統才是真正的「後台場景」），當地域的空間感在網路上被壓縮為零時，櫃檯和後台的場景就出現了戲劇性的逆轉，就像一個長變焦鏡頭將後窗中隱祕的私人生活景象放大成為銀幕中的前景加以審視，一個原來的地方性場景一旦脫離了賴以發生的地域空間，被置身於無邊界的虛擬網路中時，後台場景也被凸顯作為櫃檯場景，網友們圍觀唐慧案，和觀眾在觀看一場話劇的感受相差無幾。

　　網路交往中「櫃檯即後台」的新場景創造了一種新的溝通模式，它使得人們關於社會交往中傳統的櫃檯／後台區域之間的界限更加模糊不清。這種新場景具體表現在三個方面：一是櫃檯和後台向對方領地的相互侵入；二是網路作為從行業明星到普通人的「名利場」的同時，也成為人們展示自身後台行為的「窺視場」；三是不可避免出現的一種混亂的場景。當有不了解網路技術特徵的人把與情人私下交往的訊息發布到部落格上時，網路就蛻變成少數技術盲心目中安全的後台空間，但當一位行業明星把私下與情人私奔的消息開始在部落格上做預告時，人們會發現，人們傳統的櫃檯／後台場景的風格在網路上已經不再有效，事實上，這種混亂的場景本身已經成為網路溝

通特徵中的一個重要的內在屬性了。

被推倒的門：櫃檯和後台的相互侵入

場景是人們尋求合作的儀式表現場所。櫃檯作為特定的表演地點與後台作為準備、排練和休整的場所，兩者之間在平面媒體的溝通模式中有著非常清晰的界限。電視演播大廳中的櫃檯裝置、進入演播廳的門、布簾、電視攝影機的鏡頭，都標識或分隔了場景。對儀式中不同場景的尊重，顯示了人們對於共同遵守的社會行為規則的遵從，當個別人的行為方式與場景發生衝突時，會激發起在場人們普遍的道德義憤。高夫曼還指出，透過營造不同的氛圍，人們可以在櫃檯區域和後台區域之間進行轉換。關於後台行為的語言特徵，高夫曼是這樣描述的：「後台語言包括：相互直呼其名、共同做決定、使用褻瀆言語、公開談論有關性內容的話題、發牢騷、抽菸、衣著隨便馬虎、站姿和坐姿都不講究、說方言或不規範語言、喃喃自語或大喊大叫、玩笑似的放肆和『嘲弄』、行為舉止稍嫌輕率卻有意味深長、輕微的身體自我涉入，譬如哼著歌、吹口哨、咀嚼、啃東西、打嗝和腸胃氣脹。而櫃檯行為語言中卻沒有上述表現，這些小動作常常被當作在場他人和該區域本身的親暱或不尊重的表現；而櫃檯區域行為則不允許有這種冒犯他人的舉動。」（高夫曼，2010）

相比於電視，網路上的櫃檯區域和後台區域的轉換更加輕鬆容易。一旦沒有物質隔離，人們為了表演需要，可以在櫃檯行為和後台行為之間來回轉換，遊刃有餘。一位大學教授可以在自己的部落格上正襟危坐討論他最擅長的專業問題，也可以

不高興時在上面說髒話罵娘，櫃檯表現為了取悅於和他擁有共同群體身分的人，而一些後台行為則是為了羞辱和排斥那些潛在的局外人，這些不同行為表現都取決於他所要表演的對象。網路是一個開放性的社交場所，大多數時候網路上的自我呈現並不能針對特定的表演對象而進行，有些參與者可能是熟悉的朋友或者已知的交往對象，但更多的是主人無法確定對方身分的闖入者，人們很難判斷將參與者該歸入櫃檯區域的團隊還是後台區域的團隊。就像部落格中的自我表現，人們很難把這一場景定義為櫃檯區域還是後台區域，每個人可能都有熟悉的定期或固定的訪問者，但總是有不期而遇者會闖進來，這使得主人有時也會故意模糊這一區域的行為特徵，一些時候他會表現出櫃檯行為，另外一些時候顯露出來的場景則屬於典型的後台行為特徵。

　　網路傳播中這種櫃檯／後台容易被混同的特徵，也為個人私密性的後台場景侵入櫃檯區域大開方便之門。二〇〇三年，一名叫做張鈺的女演員將某導演與自己發生性愛的影片上傳到網路上，引發了關於娛樂生態圈的一場熱烈討論。網路時常成為醜聞和許多個人後台行為的表現場所，這與網路溝通中櫃檯和後台非常容易轉換的特徵不無關係，而一旦遇到這種帶有冒犯儀式規則的行為發生，網路討論的參與者很快會形成一種非常櫃檯化的區域氛圍，冒犯者因為不適合的表演而被羞辱，群體的道德義憤會集體聲討和排斥冒犯者，最終以冒犯者退出群體來達到儀式秩序的恢復和平衡。香港演員陳冠希的豔照在網路上被大量曝光後，當事人最後也不得不以道歉和退出娛樂圈

而告終，兩者都屬於相同的情形。[14]

　　一旦意識到在網路傳播中完全隔離觀眾幾乎不大可能做得到，每個人的自我表演可能隨時被某個不速之客打亂，人們往往在表現櫥窗行為的場景中偶爾加入後台化的一些行為，以顯示自身所表現出的多重角色和身分，與外界維持一種鬆散而友好的社會聯繫。這也是為什麼人們經常在網路上能夠看到表演者經常把櫥窗和後台行為混雜在一起的原因。除了進行特定的角色扮演外，幾乎每個人在網路交往中都會用到高夫曼所說的後台行為語言方式，如自我解嘲、開玩笑，或者張貼自己一些古怪的表情等等。為了隨時應對可能的闖入者，至少讓他們覺得正在進行的表演比較真實，表演者常常會把後台區域中發生的一些司空見慣、無傷大雅的行為也呈現出來，因此，網路溝通中常常充斥了表演者非常多的日常化的生活場景，這些場景和主角擅長表演的社會角色都沒有太多的聯繫。

　　網路交往中櫥窗區域和後台區域的相互侵入，意味著過去在電視等傳播方式中用以隔離不同場景的「門」（如演播區與非演播區等）正在被移除、推倒，網路上經常將那些被洩漏的重大個人和公共事件稱為「××門」，在坍塌的門後，不是一地雞毛，就是更深處的人性表現，這也許是網路交往的參與者們作為局外人所看到的世界性場景的一個重要特徵。高夫曼曾把這種既不是特定表演的櫥窗也不是後台的區域稱為局外區域，就像外面人只能隔著高牆看屋子裡的表演一樣，這些房間裡不管是表演的櫥窗區域，還是屬於後台區域，對於牆外的人而言，那隻是局外人偶爾窺視到的一幕幕場景而已。當人們從

---

[14]　有關張鈺性愛錄影影片的報導可參見新浪網的專題報導：演員張鈺揭底娛樂圈潛規則，
http://ent.sina.com.cn/f/hjzhxcw/

一名叫做德拉吉的個人部落格裡源源不斷地看到柯林頓在辦公室裡和他的女助手之間緋聞的描述時，網路就成了人人皆可破門而入的一個集名利場和窺視場於一體的局外人樂園。

名利場與窺視場：「所有的驚奇都在線上」

網路分享中櫃檯即後台的場景特徵，對於不同功能的使用者來說，意味著這是一片完全不同的區域。對於娛樂明星和專業名流而言，網路和現實世界一樣，都是特定的表演場所，呈現出強烈的櫃檯區域傾向；對於那些被排斥在互動儀式最邊緣的普通人而言，網路滿足了他們窺視別人表演、尤其在後台區域行為的最佳場所，從這一點來看，網路溝通中的場景，既是一個可用於特定角色表演的名利場，也是一個局外人最佳的窺視場。

和現場交往相似，人們擁有的物質資本、文化資本和專業聲望等都會影響到其在網路互動儀式中擁有的情感能量。同樣地，即便是在網路這樣一個水平溝通的社會交往場景中，名流在互動中依然會得到大多數人的追隨和尊重，明星們會從擁有粉絲的多少來判斷自己擁有的情感能量多寡。按照塗爾幹學派的觀點，被大眾媒體賦予了光環的社會名流是當今社會中唯一可以作為互動儀式中的神聖物的人，這一神聖物充當了社會中許多集體意識的符號。現在，人們可以在網路上親近這些符號，也是希望得到一種平淡生活中很少遇到的超驗的能力和積極的情感能量。雖然人們在網路上接近這些名流，但並不能真正觸摸到對方或者建立一種類似現場溝通中的某種身分關聯，而社會名流在網路上依舊是人們共同關注的焦點，普通人透過

和社會名流的互動，能夠使人們在網路虛擬世界中擁有的集體情感能量增加，並維持較低水平之上的社會團結。

網路傳播為社會名流贏得更顯赫的個人聲望提供了新的場所。明星在傳統社會中的個人聲望只能在地方性的有限網路中流傳和積累，地域會成為重要的限制因素，一旦意識到網路中的特定表演可以產生跨地域的影響力，一個像青年作家韓寒這樣的社會明星就會特別在意在網路中與群體成員的互動，以博取更大社會範圍內的影響力和關注度。在網路這種注重平等溝通的場景中，權力和傳統的社會等級的光環越來越黯淡失色，相比於傳統的大眾媒體，網路更擅長去表現一個人在專業方面的個人聲望。一位名流會在專注自己特定的角色表演之餘，偶爾釋放一些帶有個人在後台行為的場景，當然是為了表現他承擔的多種社會角色這一面，同時也能使這種容易表現多重訊息流動的場景更加真實和令人印象深刻。

網路交往中的社會場景類似人們現場相遇時的一種開放性的公共場景。想像一下，人們坐在大街上，或者處於人群聚集的一些公共場所，這時發生的社會交往都是臨時、非正式的，沒有經過精心排練的表演，人們之間是一種默默的相互監視狀態。相對而言，這種互動儀式中確認人們之間的身分關係都只是在個人生活中無足輕重的部分，而社會名流在這裡積累的個人聲望也大都是臨時性的、情境性的，只不過網路因為身體的隔離使得這種臨時共同體之間的成員關係更加鬆散隨意。同樣地，普通人在網路上對名流的關注可能是積極的遵從，有時也可能是消極的排斥。與傳統大眾媒體相比，網路上關於名人私人生活的醜聞會更加流行，這種傳播會因為開放性網路中場景

缺乏隔離措施而流布範圍更廣，直到最終失去控制。在電視媒體中，名人的緋聞也是被普遍關注的場景，並且在建立社會共享強度方面比日常傳播更有效，但這種情形很容易發生在網路中，人們對名流的遵從很快就轉化為對對方的羞辱、道德義憤和排斥感，並在臨時性的共同體中形成一種廣泛而鬆散的身分關係，名利場瞬間轉換成了窺視場，醜聞中的主角一下子變成了被群體排斥在外的對象，醜聞中的後台行為逆轉為眾人正在觀看的櫃檯表演，人們義憤填膺或者表示種種不屑情緒，因此而結成了一個新的後台群體身分，對此或竊竊私語，或大聲進行譴責。

高夫曼所發現的儀式主義試圖證明，人們在日常生活中每個人都喜歡戴著私人化的和有忍耐力的面具來進行自我表演，或者觀看他人表演，儀式中各成員之間的身分連結關係即便不夠緊密，大家都會相安無事，不會無故侵擾對方。但這種儀式化表演中的人可能會不太適應網路分享中的櫃檯／後台被輕易置換的情形。二〇一一年，國際汽車聯合會的前任主席莫斯利指控 Google 公司，後者強硬地拒絕了莫斯利要求刪除網站上有關他性愛影片的所有內容連結。據報導，當事人稱這段影片是一位妓女拍攝，她和其他四位女性一起曾經參加了莫斯利的性愛派對活動。為了盡可能刪除許多小網站上紛紛流傳的這段影片，莫斯利為此已經花費了八十萬美元去和全世界大大小小、各種各樣的網站一一進行公關。有意思的是，莫斯利認為這些小網站並不承擔太大的侵權責任，在他看來，如果沒有網路搜尋引擎，人們甚至根本不可能找到這些影片內容。而 Google 辯稱的理由則是其搜尋引擎的結果都是來自互聯網

上數十億計的海量訊息，它「不會，也無法控制他人在互聯網上公開的訊息」，當然，除非有法院發出命令，指認這些網站的內容違反了法律，Google 公司才有可能去刪除此類訊息。[15] 可以想像如果這一幕發生在現場，觀眾會因為偷窺到別人正在後台發生的私密行為而感到尷尬和不安，他會被認為是不受歡迎的闖入者而受到驅逐。但當這一幕被搬到互聯網上時，觀眾如同躲在書房角落邊或者某一隱蔽的暗處看到了許多人共同關注的櫃檯表演場景，統一的局外人角色給予觀眾之間很弱的一種身分連結紐帶，人們因為窺視而達成了一個暫時性的後台團結氛圍——他們在這一瞬間成了道義上的勝利者，眾網友中開始有人歡呼，有人憤世而批評當事人。

網路交往中集名利場與窺視場於一體的場景模式，為人們在其中的多重角色表演提供了可能。有時，人們樂於當追隨者和傾聽者，更多時候，人們更是在不同情境中不斷變化著身分主體，這其中包括對於規則冒犯者進行反叛性的對抗和嘲諷。網路上充斥著如此多的各種形式的光怪陸離表演，作為局外人的觀眾有時很難分清哪些是櫃檯區域行為，哪些又是後台區域的行為，甚至他們有時都懶得去弄清楚這兩者之間的區別，只要這裡提供了足夠多且光怪陸離的世界性場景，就像卡斯特說的「所有的驚奇都在線上」就夠了——對於喜好觀看表演的局外人角色來說，作壁上觀本身就是一種最大的情感滿足。

公共性和私人性混同：和陌生人分享祕密

透過模糊櫃檯 / 後台之間的界線，網路正在將公共場景和

---

[15]　《Google 拒刪國際汽聯前主席性愛影片遭起訴》鳳凰網，2011-11-25[2012-03-09]，http://tech.ifeng.com/internet/detail_2011_11/25/10899710_0.shtml

私人場景進一步混同起來，隨著兩者之間的相互滲透和侵入日益加深，場景不可避免走向混亂的情形時常發生。小人物可以在部落格上慷慨激昂縱論國家大事，大明星稍有不慎，其低俗不堪的後台生活一面一下子就會被翻個底朝天。網路上平等的溝通方式拉近了小人物與大明星之間的社會層級，也試圖抹平每一個人在自我表演過程中公開行為和私下行為之間的區別性特徵。

梅羅維茲認為，電視組合了人們溝通中不同的社會場景，將私下行為和公開行為的分界線移向了私下一方。但事實上，電視中對於後台場景的部分洩漏是非常小心翼翼、有條件的，而且被電視呈現出來的後台本身就充滿了明顯的表演色彩。必須看到，電視和網路對於人們自我表演角色的行為特徵有著完全不同的要求：電視可以容忍一些無傷大雅的後台行為偶爾或者有控制地呈現，但本質上不能允許一些充滿衝突的類似後台場景的儀式被呈現在觀眾面前；而對於網路傳播中的參與者而言，這種充滿衝突的類似後台的場景卻完全可以被視為櫃檯場景進行解讀。二〇一二年一月九日播出的電視真人秀求職節目《非你莫屬》中出現了少見的主持人和選手當場發生爭執的一幕。當時主持人張紹剛對於海歸回來的一位求職女青年劉莉莉的表現很不滿，言語譏諷，幾近失態，而面對衝突的一幕，台上的十幾位企業代表面對衝突，悉數站在主持人一方以維持權威，最後求職者劉莉莉以黯然失敗退場，但她對主持人在台上的「攻擊」風格流露了明顯的不滿。節目被好事的網友上傳到網路上之後，激起了網友對於主持人和眾多企業僱主的批評，參與的部落格辯論超過了兩百萬條。在討論中，幾乎所有網友

都借這一節目進行角色移位，並且絕大多數網友對於主持人的表現提出了尖銳的質問，紛紛同情節目中那位與主持人辯論時鋒芒畢露的小女孩劉莉莉。撇開網路上人們對這一事件的態度和看法不論，這一檔節目內容在網路上引發的熱烈討論現象恰恰表現出了電視與網路中不同的溝通場景。在這一段電視節目內容中，主持人和求職者之間的爭論顯然已經破壞了電視儀式中的約定規則，主持人的失態，十多位企業代表為了維護主持人權威而選擇性地站在主持人一邊，劉莉莉作為一名求職者面對主持人的譏諷表現得不卑不亢、針鋒相對，這些場景都不是觀眾熟悉的電視中的櫃檯區域發生的行為，更像是高夫曼形容的劇班中後台場景中經常發生的爭論和協商一幕。當這種類似劇班中的後台區域發生的行為在電視中播出時，其實感到不適的不僅僅是主持人和嘉賓，現場和電視機前的觀眾也感到了少有的緊張感。

雖然是同樣的場景，當這一幕被搬到網路上之後，觀眾反應卻發生了戲劇性的變化。儘管受到傷害的當事人劉莉莉都認為這種表演只是一個「娛樂事件」，不必當真，但潮水般的批評還是一致指向了節目主持人，包括其中的個別企業嘉賓最後也不得不事後出來解釋和表示道歉，承認求職一方為「弱勢群體」，不該受到如此不平等對待等等。有意思的是，對於網友而言，電視節目中發生主持人和求職者的這種少有的衝突一幕是完全被視為櫃檯區域發生的場景，令許多網友感到不適的不再是衝突性的場景，而是在與節目中弱勢的一方達成明確而強烈的群體身分認同（所謂的「弱勢群體」）之後，網友們眾口一詞表達出的強烈道德義憤。在電視傳播封閉的場景中，所有

的參與者必須要無條件地維護主持人的權威，這是作為櫃檯場景的最重要的儀式規則，但在開放性的網路溝通場景中，不僅櫃檯／後台的場景定義發生了逆轉，儀式規則也因為場景的移位而完全改變了。[16]

網路交往中混亂的場景特徵見證了權威的進一步衰落過程。互聯網上物質地點和訊息隔離對於塑造後台空間的能力越來越弱，使得網路場景越來越成為一個傳統互動儀式的顛覆性場所，這一進程中首當其衝的就是傳統社會權威在新場景中受到的威脅。如果說，電視只是敲開了後台隱蔽的一角，觀眾有時只是偶爾瞥見了公眾人物普通的另一面行為方式，那麼網路試圖繞過所有的物質隔離和媒體隔離，包括平面媒體把關人這樣的人為隔離都被撇在一邊，表演者常常也會將每個人日常生活中包括後台行為的場景也接入到公眾視野中來。從這一點來看，網路的演化過程正在逐漸接近它追求平等溝通的理想情境——首先是製造混亂，在有破有立之後，方能創造出一幅新的溝通場景。

網路溝通中的混亂場景對普通人在網路上的社會交往行為也形成了困擾。一方面，開放的網路鼓勵人們越來越多地在網上展現自己的後台行為場景（包括個人隱私），尤其是在社群網站這種基於社會信任而進行的社會交往中，技術專家允諾會推出日益複雜的個人隱私隔離保護技術來保護每個人後台場景的安全性；但在另一方面，許多人在這種櫃檯／後台區域的區分和分寸拿捏上出現了很大的分歧，因而採取了各自不同的

---

[16] 關於這一事件的討論參見莫斯其格「海歸女對掐主持人」都點中了誰的穴，載廣州日報，2012-01-16，大洋網，2011-01-16[2012-03-18]，http://gzdaily.dayoo.com/html/2012-01/16/content_1589017.htm#

行動方式，一些人選擇了更加公開個人的私密訊息，另外一些則變得對網路更加戒備，甚至最後從網路中逃遁而去，但一個總的趨勢是人們越來越願意和陌生人分享祕密，不管這種祕密是關於自我後台區域的行為，還是他人後台區域的行為。與傳統的媒體交往方式相比，每個人在網路上都越來越趨向於成為「透明的無疆界公民」。

網路向電視復仇：時間和空間的再平衡

任何儀式中的表演都發生在特定的空間和時間之中，互動儀式理論之所以如此強調兩個人以上的身體共同在場的重要性，著重觀察的就是身處同一時空之中的人們是如何參與到社會角色表演中去，並且如何受到這種共同表演在特定時空中形成的社會場景的影響。電視中的時間和空間是由鏡頭語言塑造的，在空間表現上，儘管電視融合了一種世界性的多樣化場景，但表演者與觀眾之間始終只是一種模擬的在場，這種錯位的空間關係導致了電視中的人物與觀眾之間的互動水平大大降低。在時間表現上，除了有限的現場直播，觀眾和表演者之間永遠有著鮮明的時空隔離體驗，加上電視內容的線性呈現方式，這種機械的時間設置使得觀眾和表演者之間的節奏同步更加困難，線性的時間安排方式也讓觀眾對於場景的選擇變得困難。就像之前一些電視研究專家所指出的那樣，人們拿著遙控器時不時從一個頻道切換到另一個頻道，從一個場景過渡到另

一個場景，很難尋覓到自己感興趣的、身心能夠全部投入進去的場景，這也側面反映了看電視並非是人們之間尋找高水平互動的最好途徑，在大多數人的日常生活中，觀看電視只是消磨時間的一種選擇而已。

　　基於電腦的溝通，可以說是對電視傳播模式的復仇。人們可以在網路中任意兩端之間進行即時溝通，而且可以使用從口語、文字、形象和影像等任何一種方式，網路傳播對於電視傳播的超越，實現了伊尼斯心目中最理想的溝通場景——就像口語傳播，網路溝通能夠促使時間和空間達成一種有機的平衡和統一狀態。伊尼斯認為，人類歷史上出現的所有媒體都有依賴時間或者空間的偏向性特徵。口語在本原上是與時間、空間維持著一種有機的關聯，人們談論到別人說過的一句話，都會記得或者刻意指出對方是在某一地點和時間點上說的那一句話，即所有的口語交往都是場景性的，它們無法離開某一具體時空場景而存在，一旦離開，口語就像隨風飄逝，消失無蹤。伊尼斯認為，媒體的發明也帶來了時間和空間的割裂，一些媒體過去重視時間（如石刻），一些媒體卻過分依賴空間（如書面傳播），這種區別影響了不同的社會結構形式和人們交往方式。伊尼斯在口語對宗教影響的看法上和塗爾幹有著驚人的相似之處，伊尼斯指出：「口語傳統和宗教的宗旨幾乎完全相同。語言是口頭傳統的生理基礎，宗教是確立傳統的社會機制。宗教指導並實施人與人的合作，以謀求社區的利益。它維持群體的生活，造就一個持久的社會組織，使之獨立於在世的領袖⋯⋯專業的遊吟藝人是社會傳統的承載者。他們的記憶取代了寫作過程中的邏輯程式，這種記憶之所以能夠支撐沉重的詞彙和複

雜的語法，那是因為它借助韻文、音律和押韻，借助於大量的諺語……在口耳相傳中，眼睛、耳朵、大腦以及各種感官之間都協同動作，在功能上互相引導、刺激和補充。」（伊尼斯，2003）如果說儀式中的空間與人的視角功能相關，能讓人感受到了對方身體的存在和發送互動訊息的行為，那麼儀式中的時間則與人的聽覺功能有關，它幫助在場者能夠真正形成一種身體節奏上的同步，這兩點對於形成互動體驗都相當重要。按照伊尼斯的觀點去分析電視傳播中的時間表現，顯然它和之前的廣播一樣擅長跨越長距離空間的傳輸，但在表現時間上，兩者都無法再現口語傳播中的共時性特徵。

　　從電子傳播中媒體的時間或空間偏向，到網路傳播中時間和空間再一次回歸平衡狀態，人們在網路交往中再現了口語溝通中互動場景的一幕，重現了在場者之間的親密接觸這一重要的儀式前提，即便在網路中表演者一方無法觸摸到對方的真實身體，雙方依舊無時無刻不在關注相互之間的行動和感情變化。雖然網路溝通必須依賴於電腦網路，因而這種親自接觸發生於一種類似虛擬的狀態之中。按照伊尼斯的看法，口語傳播才能表達一種類似精神的東西以及原創性的思想，而電視機、收音機和印刷機一樣，它們的對象是「世界」，而不是「個人」。相比於網路傳播，電視傳播更像是一種機械化的溝通方式，更加冷酷，而且無暇顧及觀眾的感受和變化。這一點顯然與媒體構建時間和空間的不同方式緊密相關，網路溝通中在連結任何空間地點的同時，又能表現「我的時間」，它既再現了口語溝通中的奇妙魅力，又塑造了一種無時不達、無處不在的世界性溝通場景。

網路中的空間逃逸

梅羅維茲把電子傳播對於社會行為的影響歸結為「地域的消失」，電視將人們帶入到和他們過去認為與自己沒有任何關聯的地方和事件中，電子傳播能夠組合不同的社會場景，使得傳統地域對於場景的分隔影響已經不再重要。必須看到，對於任何一位普通觀眾而言，電視中的場景呈現實際上是有選擇的和被動式的，我們每天看到的熟悉人物總是位於固定的熟悉場景中，政治場所、特大型國際都市、娛樂和商界名流活躍的場景等，幾乎每天都會在電視畫面中反覆出現，這些為觀眾熟悉得不能再熟悉的場景占據了電視螢幕的中心位置，這與網路傳播中場景隨意的、自發的展示方式完全不同，在互聯網上，不論身處何地，任何兩端之間都可以發起會話，而電視中展示場景的方式依然受到渠道的影響。就像電視英文 tele-vision（遠看）一詞所指出的那樣，電視鏡頭模擬了觀眾的眼睛，能夠幫助人們看到更遠的場景，但這種遠視是有條件的，一些地方總是比另外一些地方更容易被呈現，而對於那些沒有被電視鏡頭照亮的地方，則永遠在黑暗中繼續沉默，就像這地方從來就沒有存在過一樣。從這一意義上講，電視並沒有真正讓地域消失，它只是讓人們看得更遠而已。一個最簡單的例證是電視和報紙一樣，地方性的電視台和地方新聞一樣依然擁有大量的觀眾，這和網路世界性的場景組合方式形成了鮮明對比，對於一家網站例如雅虎而言，網站中的地方新聞從來就不總是占據網站的中心位置一樣，它與生俱來就適合世界性的場景展示。因此，即便在一些地方性的網路圈子裡，人們討論的話題不再侷限於地方性的場景和事件，恰恰相反，除了一些地方資訊外，

一個地方網站人們熱烈討論的話題與某一網站所處的城市往往並沒有太多的關聯。這和地方性電視台的相對獨立性形成了對比，對於一家大型網路公司而言，其網站的地方站點只有依附於總部的網站才能獲得流量和關注度。

人們可以在網路上進行跨越大範圍空間距離的交往，按照塗爾幹的劃分方法，這是一種低社會密度的交往方式，即人們之間在現場相遇中接觸頻率較少，這時人們的社會交往方式與他們在地方性的社會團結中的社交場景形成了鮮明對比。按照塗爾幹的觀點，在一個高社會密度的群體裡，每個人都是總是出現在某一群體中，為熟悉他們的群體所監視，因而在這種互動行為中自我和其他人都會產生對場景的高度遵從和壓力感，就像原始部落中人們形成的高強度的儀式感和情感體驗一樣，每個人都是儀式的重要參與者，全社會從而形成高程度的團結、遵從和群體依賴；但在網路溝通這種地方性聯繫不再像以前那麼重要的社會場景中，網路上的兩端對話者可以保留大量的個人隱私和後台場景，加上雙方身體不再同一空間中的隔離狀態，因此這種交往方式會體現出對儀式中社會場景較低的遵從和壓力感受，就像我們經常在網路上觀察到的情形，有時雙方一言不合，會即刻終止對話，並且切斷了後續交往的一切可能。這與伊尼斯強調的對話雙方的熟悉感是同一個意思，一個個體一旦意識到他並不與另外一個個體有著顯著的群體身分，這時高夫曼所說的櫃檯團隊和後台團隊都不太容易很快形成，因此，在這種世界性的交往場景中，人們形成的交往儀式往往都是鬆散的身分連結、低強度的情感體驗和較弱的群體認同感受。這種強烈的個人化體驗和孤獨感如影隨形地伴隨在人們網

路交往的整個過程中，在一個充滿流動空間、社會分工越來越細緻、交往越來越失去地域性的情境中，網路溝通體現了塗爾幹當年所特別關注的一種新場景，即它與原始部落狀態下人們維持高度社會團結和能體驗到亢奮情感的高儀式強度相對應，個體意識替代群體意識占據了儀式體驗中的中心位置，人們帶著強烈的隱私保護意識和孤獨感參與到網路交往中去，從而使得這種社會交往充滿了更多的變化可能性，從隨時的中斷、冷漠地拒絕到美好的社交體驗都有可能發生，一切完全取決於雙方當事人在互動儀式中相互地位和位置的契合程度。

人們從地方性聯繫中逃逸出來，游弋在網路交往的新空間中，並非必然會伴隨平等溝通的世界性場景的出現。一個顯然的事實是當普通大眾熱心於網路中的平等溝通時，社會精英會更加在意物質隔離場景的重要性，後者會越來越蝸居於高牆隔離的精英社區之內，對他們而言，網路如果不能有效地以物質形式來分割社會場景，而且網路對於他們而言會顯得越來越像一個危險場所，精英們常常不得不選擇從網路逃逸開去，這有可能使得精英和大眾這兩個社會階層之間的溝通渠道更加隔絕。從這一點來看，網路並非必然會促進社會精英和普通大眾之間的頻繁溝通和交往，而且還會因為社會階層之間鴻溝的擴大引發在網路交往中的對立和疏離，事實上，互聯網正在激發新一輪的社會抗議潮流，目標對象正是在地方性聯繫中越來越持續擴大的社會階層鴻溝，而精英話語的缺席和被淹沒，會透過新的社會危機引發社會形態的變革。

從機械時間到「我的時間」

微觀社會學把互動儀式視為兩個或兩個以上的身體共同在場時產生的一種共時性的體驗經歷。電視能讓人們看得更遠，看到更多不同的場景組合，但是在提供實時互動方面，電視提供的實時轉播也會受到時滯的影響，而在大多數時候，觀眾都能明顯感受到電視呈現出的「虛假時間」——電視裡的表演時間和觀眾觀看表演時的時間並不真正同步。更重要的是，電視呈現場景的方式遵循了線性時間的嚴格、連續性的排列方式，這種人為、機械的時間分隔方式有時會製造出更多的虛假時間，像學者呂新雨在分析「春節聯歡晚會」中所揭示的那樣，透過一種想像的方式，電視虛構、人為嫁接了一種不同時間和空間中人們「互動」的假象。

人為和機械地分隔的時間不僅嚴重限制了人們互動的物質前提，也創造了一種帶有強迫性的權力儀式，這就是電視中的「黃金時間」。「黃金時間」的本質是基於商業利益對表演時間的機械分隔，它本質上體現的是商業權力（有時也可能是政治權力）對於人們互動儀式的強力干預。這種干預人為地形成了在更廣大的範圍空間中的溝通場景，但每個人都會因為在這種儀式中的權力和地位等因素而影響到互動的效果，最顯著的一點就是絕大多數觀眾因為強迫性和處在儀式中被邊緣化的位置而大大降低了互動的參與性，甚至自我感覺被排斥在群體身分之外，不得不退出這樣的儀式（如透過關閉電視來逃離電視中的場景）。

網路交往中的時間重新回到了均質化和非連續性的狀態。就像在口語時代的現場溝通一樣，人們在互動中感受到的時間

和身體及情緒的節奏一樣，既不是連續性的，也不是穩定不變的，人們在網路交往中關注的是此刻的生命和身體，而非此刻的時間。網路傳播中的分享儀式和原始部落中儀式在時間觀上的唯一差異便是：原始部落是基於自然時間形成的集體時間，網路社交則是「我的時間」。在一個交往範圍突破了地方性聯繫的社會場景中，一個個體與其中的大多數人現在和過去都沒有共同經歷的地點空間，這種交往只能發生在是以自我為中心的時間節點上，因此，相比於原始部落儀式中極度亢奮的集體意識體驗，相對冷靜且充滿孤獨感的個體意識始終貫穿了網路溝通中情感體驗的整個過程。

傳統社會中的儀式發生於一種週期性的時間安排中，它們大多於自然界季節的變換和人們農業生活的節奏相關。在網路建構的虛擬世界裡，人們在互動儀式中對於時間的感受卻是碎片化的、沒有起點和終點的循環，這從網路交往中的新形態就能發現一些端倪，網路上進行的溝通大多都是即時的、零碎繁瑣的、可以隨時中斷的瞬間體驗。就像卡斯特指出的，在我們的現實世界中，大多數人和大部分的空間都是處在不同的時間中，但「我的時間」建立了一種新的共時溝通方式，兩個個體之間可以隨時發起網路對話，而群體之間也可以基於共同興趣超越時間和空間限制相聚於網路上，借助於非集中化的網路結構、多媒體化超連結，網路實現了一種複雜的時間安排，各種媒體文字中的時間可以混雜在一起，這些不同的時間也可以在「同一個平面的水平上同時並存，沒有開端，也沒有終結，沒有序列」。卡斯特把網路溝通中這種新的時間觀特徵概括為「同時性」和「無時間性」（卡斯特，2006）。這種恢復

了時間和空間平衡的媒體特徵似乎正是伊尼斯夢想的理想媒體溝通的場景，人們在其中的視覺功能和聽覺功能得以平衡地得到發展，從而為人們之間積極的互動體驗預先準備了物質先決條件。

劉易斯·芒福德曾指出，在某種意義上，是「機械時間」而非蒸汽機更加深刻影響了工業革命並改變了人類發展的進程，機械時間製造出現代社會的一系列「現代性」表徵：生產線和大工廠制度，現代化大都市，超級購物中心和超級體育賽事，龐大而專業化的、被分割了的社會管理官僚體系，單向度、異化了的物質人等等。而媒體操控的社會更是一架緊密無比的巨大機械時鐘，它和消費機器一起合謀，隨時隨地提醒人們按時起床、工作、吃飯、娛樂、消費和做愛。人們只有在網路交往中才開始擺脫這種社會化集體時間的控制，從格里高利式的「小甲蟲」般單調冗長、千人一面的日常機械生活有了片刻喘息之機，人們在無盡網路時空中的漫遊更像是一種奧德賽船長式的充滿挑戰和機會的自由冒險，掙脫了空間和時間束縛體驗的網路社會交往，只會加劇了網路交往和現場交往之間的分裂，網路溝通中隨機性的交往所激發的集體情感和力量塑造了一種理想的社會場景，就像有人形容部落格之於社會的現實形成的鮮明對照，「每天一打開部落格，感覺明天就會發生一場革命，去菜市場兜一圈回來又發現，一百年之內也不會發生革命」。和平淡無奇的現場交往相比，網路上的社會交往正在成為人們尋求情感能量的新場景。

綜上所述，在網路交往建構的社會場景中，網路媒體組合不同場景的方式促成了錯雜的場景區隔，使得人們在網路交往

中有著更深的面具行為，建立起一種平等溝通的假象；而身體的存在也處在真實和虛幻之間，網路區隔社會場景的方式進一步改變了人們互動櫃檯和後台的表演區域劃分，櫃檯和後台區域相互侵入對方領地；網路交往同時具有名利場和窺視場合一的特徵，從而製造了更加混亂的場景；人們在網路溝通中建立新的時間和空間感受，地方性空間完全消失；在一種以自我時間為中心的交往場景中，網路交往不僅強化了個體意識，隨機化的交往方式和掙脫時空束縛的自由感受，使網路上的社會交往變成了人們尋找情感能量的新場所。

網路分享媒體場景的建構

　　社會學家把人們在現實場景中進行的社會交往活動視為一種透過身體的聚集形成共同關注並產生共有情感和集體意識的符號化過程。同樣地，我們可以把網路分享的媒體場景中人們的互動過程看作是由關注流、情感流和符號流這三個要素相互作用的產物。這其中的關注流是指兩個或者兩個以上的使用者在網路上進行交往時形成共同關注焦點的意識流動過程。當兩個人在網路上發生某種偶然或者固定的際遇時，每一個在場成員所代表的群體成員身分的符號以及他所使用的符號往往牽扯著他們關注焦點的移動（當然，在網路影片互動中，身體的相互吸引和關注幾乎可以等同於人們面對面交往的情形）；情感流是指人們在互動過程中形成相互關注或者共同關注焦點之後激發出來的情緒和感情的流動方式；訊息流是緊緊隨著情感流的軌跡而流動，它指示了人們在情感共鳴時產生的群體成員身

分符號或者意義的流動方式。之所以稱之為「流」，是因為這三種或屬於物質符號層面，或屬於精神意識層面的訊息單元在人們的互動過程中都呈現為一種流動的特質，它們隨著儀式活動的時間推移在特定時空中總是處於持續不斷的、瞬時變化的流動狀態，這種變化和流動使得網路上的互動時刻處於一種不確定的發展可能和演變狀態，隨時隨地充滿了朝各個方向延展和流動開來的可能。

從一個動態的互動過程來看，關注流、情感流和符號流也表現為一種相互作用、循環增強的持續運動。關注流是人們在網路中進行互動的初始條件，網路中相遇的兩個人如果不能形成某種相互關注或者建立共同關注焦點，隨後的情感流就不會出現；同樣，一旦關注流得以形成，情感流自然而然就會隨之產生，而且情感流越強烈，就越會反作用於關注流，人們之間就越能形成焦點關注，共同關注流也會促進參與者越加興奮，集體儀式體驗感加強；符號流既是人們在前一個網路際遇的結果，也是它們欲走向下一個網路際遇的起點，強烈的情感體驗最後會在人們的網路交往中賦予各成員某種新的社會符號，這種符號可以作為網友群體中集體情感的標記，也可以是塗爾幹所說的那種「神聖物」，或者是某些群體成員身分的代表性指稱，這些符號反過來也為幫助人們在以後的網路交往中建立成功的分享儀式提高了準確度。

關注流：建立互相關注和共同關注

對於網路交往中關注流的觀察，可以聚焦於以下三個方面：（1）不同的媒體如何發現關注點；（2）人們在媒體交往中

如何接近或者獲悉關注點；（3）最後是人們之間怎樣實現了相互關注和共同關注。首先，在如何發現關注焦點上，人們在網路交往中的關注點因為超越時間和地域限制，因而有著廣泛的可選擇性，即便是兩個素不相識的陌生人在一場網路偶遇中很容易發現相互感興趣的符號或者事物，從而建立其共同關注焦點。相比於網路，人們基於電視媒體進行交往時有著鮮明的時間和地域特徵。

一般情況下，所有人的關注點都會受到自己居住場所的侷限，這取決於兩個原因：一是獲取關注訊息的成本大小和渠道難易；二是他們對這些訊息或者符號所表現出的興趣強弱。天然的地理阻隔和時間阻隔決定了人們獲取遠距離關注的難度會隨著時空距離增加而增加，這其中包括人們見面所需要的時間和在途所花費的交通成本等，另外，每個個體都只是會對自己感興趣的內容或者符號產生關注行為，時間和空間阻隔越大，人們之間形成共有群體身分的可能性就越小，關注度也就越小。電視和報紙一樣都能為普通受眾提供了遠離萬里之外的國際新聞，但人們一般來說還是更加關注自己身體周邊發生的最新事件，這也是為什麼傳統的地方電視新聞也會擁有大量觀眾的重要原因。

對於網路交往而言，由於網路連結可以不再受時間和空間限制，人們可以低成本（除了時間花費，實際上是無償地）獲取任何他們感興趣的內容和符號，這種獲取各種遠近、新舊訊息的便利性也使得人們更容易在網路世界裡形成共同的身分，發現擁有共同群體成員符號的興趣對象。一個喜歡王菲的歌迷第一時間就可以在網路上發現他的同好，並透過虛擬世界裡的

身分關聯（加在其個人網路分享中相互關注或者互為粉絲）發展成臨時性的共同體（如網路上的王菲歌迷會等），當然還可以透過更多的分享行為來強化這種身分連結，如相互評論、留言、轉發，甚至也包括了可能將來在線下的互動，這種關注方式從根本上突破了時間和地域的侷限性，使得人們每天都在網上能夠彼此之間分享到大量的新鮮及時的符號訊息。

其次，在如何接近關注點上，網路分享往往意味著人們隨時隨地都可以在網路上與數量龐大的陌生人交換訊息、價值和利益。基於電視進行的社會交往，意味著觀眾常常只能依靠電視從業者的專業眼光來選擇與什麼樣的人進行互動。對於電視新聞記者來說同樣如此，他只能透過身邊有著較密切身分連結的少數人，從家庭成員、同學、同事到密友等有著較強社會關係的人來獲得訊息渠道，才能去了解某些特定的事件和訊息。然而，在網路交往中每一個人每天都會和許多他從未晤面的「陌生的熟人」打交道。說是熟人，是因為他們之間常常會在網上相遇並且進行互動，說是陌生，因為很多網友之間都是相隔千里，他們中的絕大多數一輩子也不會見上一面。任何一位普通網路除了只能從身邊的親人或密友那裡獲得有限的關注焦點外，網路交往中任何一個陌生人常常可以提供非常重要的訊息或者物質幫助。由於人們在網路交往中可以建立數量龐大的社會聯繫，這意味著他們隨時隨地都可以從一位「陌生的熟人」或者一次完全偶然的網路際遇中與他人一起形成重要的關注焦點。

最後，從人們實現相互關注的條件來看，網路分享中人們之間的相互關注是建立在網路上廣大的群體成員之間普遍存在

的一種共同信任之上，人們基於電視這樣的媒體進行社會交往時對於不明身分的局外人都往往持一種強烈的懷疑主義目光，就像一位讀者面對一篇新聞報導中的被採訪人一樣，他對對方說的每一句話都加以小心的論證和釋疑。人們透過網路交往所建構的世界主義場景中，這一虛擬網路中的人際互動基於一種廣泛的共同信任紐帶，它模仿了理想社會的情境，即每個人為他人服務，我為人人、人人為我，這是一種網路共產主義式的自由人的自由聯合。在這種共同信任紐帶中，一個個體即使面對局外人，也會持有一種相對普遍的信任態度，從而方便地在各種人群之間容易實現相互關注或者比較快地建立起共同關注的焦點。

現場交往中的關注流始於身體的聚集，人們或因為身體的自然節律，或是已經被社會化了的會話節奏形成某種追隨和同步，從而進一步建立起關注流；對於網路交往中的關注流來說，它的形成有時因為網路交往中雙方共有的某種集體成員符號（如都是某一位歌星的歌迷），或者因為雙方交流中的符號訊息（表現出的共同興趣），或者是因為以前成功的網路交往中產生的新符號（共同關注某一網路正在討論的話題等）等等。當然在網路影片對話中，這種關注流也會與雙方的身體相關。尤其值得指出的是，網路分享為普通人與他人在網路上快速地建立眾多的關注流提供了新場所，這一有時始於兩個人的關注流常常因為網路瞬時和大規模的擴散特徵引發成員數量驚人的巨大關注流，激起網路群體成員之間一種普遍共享的強烈的情感體驗，在社會一個普通公民常常選擇依賴互聯網來獲得技術賦權這一特殊背景下，這一在相當大的範圍內全社會成員

普遍形成的關注流，常常是被稱為「社會性群體事件」，而這些對於未來社會進程走向影響深遠的輿論事件往往優先選擇網路作為傳播的原點。

情感流：刷新集體意識和情感體驗

情緒社會學試圖解釋人們為什麼會發生社會團結行為以及這種社會團結如何實現的動態機制，在其中，情感流是所有互動過程中非常重要的核心環節，它是儀式開始時人們形成共同關注後自然產生的情感共鳴，即塗爾幹所描繪的「集體興奮」，人們的情感隨著儀式的推演而越來越強烈，最後達到巔峰狀態並回落。另外，情感流會最後以符號流的方式作為記錄，為人們開啟下一場際遇創造準備條件。

人們基於不同媒體進行社會交往時建立起的情感流也會遵循不同的流動軌跡。首先，在流動方式上，網路交往中人們在形成共同關注後被激發的感情聯繫是一種循環增強的流動方式，而人們透過電視實現的情感連結往往是單向或者雙向的流動方式。不妨想像一下一位觀眾因為觀看一則收感人的電視報導之後和採訪人或者故事中的主角建立起情感連結的情形，這種交往常常因為空間或者時間的影響而時斷時續，或者只是簡單的、單向度的仰慕或者崇拜等（雙向的連結則因為媒體場景的阻隔更難發生），因此這種情感連結往往不具有可持續性。在網路互動中，人們之間的情感連結可以因為他們以前的一系列成功互動得到增強，無論是網路互動中的實時同步交流還是異時異步交流，網路分享中的情感流呈現出循環增強的特點，網路交往如此方便，它可以幫助有著共同群體身分的人們之間

建立起非常穩固的情感連結，而且這種連結會因為人們彼此之間一次又一次的成功互動形成持續的循環增強，進而轉化為參與者彼此之間的長期情感。

其次，在等級流動還是水平流動上，網路交往中人們形成的情感連結支持水平流動，而人們基於電視進行的社會交往中建立的情感連結是一種等級流動。當人們基於電視媒體進行社會交往時，情感流動往往呈現等級流動的特點，即擁有權力或者社會地位的人會受到更多關注度，並在擁有高情感能量的明星和那些只擁有低情感能量的普通人之間實現某種情感連結，這種感情流動的方式往往是從上向下式的流動，權力儀式中的情感能量交換往往意味著一部分人的獲得是以另外一部分人的被剝奪為代價。與之相比較，網路交往中的情感流動發生在一個強調平等交往的對等網路中，即儘管每個使用者擁有不同的權力、地位和社會身分，但一旦人們之間建立其某種共同關注和情感連結時，這種交往會呈現出水平式交往的特徵，高情感能量者因為受到普通網友的關注而產生更多的自豪感和自信，提升了自己的情感能量，那些擁有較低情感能量的普通網友透過在網路上和明星的平等交往，一樣能獲得情感能量的刷新。

最後，在流動的範圍大小上，人們透過閱讀報紙形成的情感連結只能維持在一個較小時間和空間範圍內的流動，而網路分享中兩個人的相遇形成的情感連結最後經過瞬時的大規模擴散，也能很快形成恢宏的社會結構。人們透過觀看電視了解到某些突發事件，群體之間小範圍的情感共鳴要擴散到一個更大的社會空間，但這往往需要幾天、幾個月甚至更長時間的能量積聚；但對網路分享來說，從兩個人的偶然相遇這一最小的社

會場景，到在網路上經過瞬時大規模擴散，快速實現恢宏的社會結構和情緒團結，這條傳播鏈已經越來越顯得稀鬆平常。在網路傳播中，從兩個人在網路交往中形成共同焦點到這一焦點演變成為代表集體意識的社會公共事件，從而建立起大規模、跨地域的人們之間強烈的情感共鳴，已是網路社會中屢見不鮮的嶄新的媒體場景。

符號流：創造社會身分和群體符號

符號流指人們透過共同關注和形成高度情感連帶之後生產具有社會意義的身分符號這一過程。按照社會學家的觀點，符號流不僅記錄和儲存了人們在儀式活動中形成的群體情感和意識的記憶物的流動狀態與軌跡，而且作為某些特定群體成員的標誌，它也為人們投入下一個持續的互動儀式提供了最初的關注焦點。

人們在網路交往中產生的符號流和基於電視產生的符號流遵循著不同的流動軌跡。首先，看符號的來源，網路分享通常會產生群體關注的符號或者訊息，而電視傳播和接受過程生產的符號帶有個人化的特點。當一位觀眾觀看電視節目後和故事中的人物建立起相應的共同關注和情感連結時，這一過程中產生的符號雖然同樣是集體意識的表達，但依然有著強烈的個人體驗風格；對於網路分享中的人們而言，一旦他們在網路互動中達成情感連結之後，同樣會產生新的社會符號，這些符號的流動方式都體現出群體高度關注的特徵，它們常常都是大規模群體成員之間產生的集體興奮之後的共同社群意識凝聚而成的符號。其次，在符號流動的方向上，報紙中的符號流是相對封

閉和靜態的，而網路分享中的符號流是開放和動態的。觀眾收看電視節目後進行反饋行為，或者記者、編輯獲得反饋之後進行繼續跟蹤採訪，這其中符號訊息的流動常常會受到人為的干擾，包括把關人的審查，體現出相對封閉和靜態的特點；但對於網路交往來說，符號訊息在群體成員之間的流動是開放和動態的，呈現為一種向四周滿溢開來的傳播特徵，並有多種方向發展和演變的可能性。最後，在符號流動遵循的規則方面，人們基於電視進行的社會交往形成的符號訊息流動是金字塔式的層級制傳遞，而網路交往中符號訊息的流動是無中心的均等擴散。一般來說，電視中符號訊息的層層傳遞同時也意味著層層衰減；在網路中，人們之間進行社會交往時共同的情緒和情感體驗會催生出更多的新符號訊息，這些符號訊息在人們一個又一個的偶然網路機遇中被不斷地豐富和增強，相當於班傑明描述過的社會化符號和意義在人們交往互動過程中的生產和再生產，因此，人們分享越多，傳達的訊息和身分符號就越豐富。

按照塗爾幹學派的觀點，社會生活必須依賴龐大的符號體系才能成為可能。符號流記錄了人們的集體情感，有時表現為儀式中的神聖物，有時標誌了全體成員的身分。這些符號流可以是語言，也可以是形象、人、固定的程式等，它們不僅僅形成了社會意識，而且也能保證這種意識能夠在人們一個接著一個的社會交往活動中延續和傳承下去。從這一意義上講，符號流不僅傳播和延續著群體成員的身分，而且它幫助人們從一個場景到另一個場景的移動過程中快速建立起具有情感連帶的關注焦點。

從以上關於人們基於網路和電視兩種不同媒體的社會交往

中關注流、情感流和符號流的流動規律可以發現，人們在基於不同媒體交往形成的關注流、情感流和符號流都遵循著不同的建構方式和表現特徵，這種建構方式和表現特徵上的差異同樣會深刻影響到人們基於不同媒體進行社會交往所產生的社會整合的方式和結果。

第五章
無所不在的關注流：掙脫地方性聯繫

　　在分析了網路分享構建的媒體場景之後，本章接下來將首先分析網路分享媒體場景中的主要構成元素之一——網路互動過程中的關注流，作為研究對象。儀式是達成群體團結的過程，這一過程首先表現為兩個或者兩個以上的人在網路上相遇時如何發展出他們共同的關注焦點，即便是在網路中的身體處在一種不確定的狀態時，人們之間依然能透過各種各樣的群體成員身分符號來促進雙方的相互關注或共同關注。網路分享總是意味著群體對一部分人的吸納和對另外一部分人的排斥，在這一過程中，人們在互動儀式中所表現出的集體成員身分決定了每個個體在群體中所扮演的具體角色和身分，形成了群體內部自我、他人及整個群體成員之間各種不同的複雜關係。本章第一節將首先討論人們在網路交往中身體是否在場對於能夠形成關注流所施加的影響，即同步交往和異步交往如何形成了不同形式的關注流。第二節分析互動參與者的不同類型，觀察參與互動的個體在儀式中擁有不同的群體成員身分對關注流的影響，然後在第三節中進一步討論自我如何在與他人的互動中完成自己的角色表演和對自我及他人的社會身分認知的，在這一互動過程中自我與他人、個體與群體最終又如何形成了關注

流。最後在第四節中以兩種典型的行動者——一位在網路中獲得公眾知名度的普通公民和一位娛樂業明星為例，探討人們在網路交往中形成共同焦點關注時所需的各種各樣的條件。需要說明的是，作為影響互動儀式實現過程中的一個重要因素，人們在儀式中擁有的權力和地位兩個維度對互動儀式中情感流形成的影響將在下一章中作為考察儀式實現機制的另一個視角加以分析研究，本章只是將它們視為與行動者主體相關的重要因素來討論其在構建關注流方面所發揮的作用。

身體在場與不在場的祕密

前文談到，人們在網路中進行社會交往時，參與者的身體是否在場常常是一個令人感到迷惑的場景。有時是雙方身體同時在場；有時是一方現身，另一方身體不在場；還有一種情形是一方現身，另一方則隱藏了身體，製造了一種身體不在場的假象，這是網路上兩個人之間進行社會交往時最常見的三種簡單場景描述。第一種場景非常類似於現場交往中兩個人的相遇，在網路上他們雖然能相互感知對方，卻不能觸碰到對方的身體，可以稱之為同步交往；第二種方式是典型的異步交往，雖然一方不在，但仍然可以在一定時間間隔之中實現相互關注；最後一種是網路特有的交往方式，介於同步交往和異步交往的不確定性之間。

在形成關注流方面，身體在場的同步交往和一方身體不在場的異步交往有著明顯的不同特徵。一般來說，身體在場的同步交往只能支持人數有限的交往，從兩個人的網路相遇到 BBS

或者社群中幾百人嘈雜的聲音，關注流也有臨時性和不斷隨時流動的特質；異步交往可以在對方身體缺場的情況下建立對於某些特定符號的共同關注，因此它可以容納更多人數之間的交往，從數百到幾千不等，這時人們之間建立的關注流也有著某種穩定性和群體性特徵，某些代表群體成員身分的符號甚至會成為連結人們情感的重要紐帶，從而在群體成員之間建立起穩定、一致和長期的共同關注焦點。

身體在場的同步交往

　　網路交往中人們進行同步交往時的身體在場和現場交往中的情形非常相似。社會學家把人們在現場交往中因為身體聚集引發的相互關注和集體興奮視為是一種人類神經系統的進化行為所致，一旦人們在社會交往中相互吸引，每個人都會表現得樂於追隨對方，以嘗試進一步發掘彼此之間的共同關注焦點和共享情感。這從人們日常對話形成的節奏感中也能發現端倪。一場愉悅的對話總是意味著對話雙方能夠形成共同的節奏說話者，雙方的停頓、間歇和語調等行為動作，體現了彼此之間的一種充滿了合作精神的節奏，以便於對話能夠順利地進行下去。這種社會性的訓練顯示了人們對於社會互動的熱愛，一場愉悅的對話總是能激發交談者雙方的共同興趣，並產生出某種共有身分（如喜歡同一個偶像、有著共同的愛好，或者屬於有著相互類似的共同社會團體身分）的團結感，並為下一次成功的互動際遇提供了某些代表了社會身分和集體情感的符號。

　　人們身體在場的同步交往通常也會出現兩種不同的情形。一種是像網路視訊通話，雙方都能看到對方的身體，這也意味

著一方能夠追隨另一方身體的變化（表情、姿勢、動作等）引起相互關注，這種情況下產生的互動行為與現場交往非常相似，唯一的區別就是雙方身體並不能像現場交往中產生直接觸碰，一般來說，這種身體之間的相互接觸是儀式中高潮的標誌性時刻，它標示著在一些重大的儀式中關注流的強度和由此帶來的情感體驗巔峰狀態。因此，網路分享中身體在場依然帶有某種象徵性的身體互動性質，與現場交往相比，這種狀態不可避免地減弱了關注流的強度。另外一種常見的情形是雙方的身體在網路上都不會出現，而是用聲音、文字、圖像或者影像等符號進行交往，這一交往方式可以讓彼此都能感受到對方身體的存在，但是社會化的符號比起人身體的自然反應來更加抽象，對話雙方雖然也能建立其某種相同的節奏，但每一方接收到的都畢竟是比較抽象的信號，雙方雖然也能形成共同的關注流，但由於缺少了視角焦點以及對另一方參與者身體的監視，人們的關注流在形成過程會相對維持一種比較冷靜的情感狀態。

網路分享中身體在場的同步交往較少受到時間和空間的限制，為更大範圍內人們的交往提供了便利，這一情形尤其容易發生在陌生人聚集的場景中，這種交往形式擴展了每一個普通人的社會交往範圍。人們在網路交往時形成關注流的過程中，會表現出以下幾方面的特徵：（1）關注流的臨時性。兩個個體之間在網路上隨時隨地發起的會話帶有某種網路偶遇的性質，而其他媒體形式的交往（如電話等）往往服務於完成一個特定的目的或者情境，另外一些像是日常生活中人們之間某種社交禮儀方式（寒暄和問候等），它們都是非正式的臨時性關注，

就像兩個人在公共場所的閒談一樣，很難形成固定的關注流。這種交往方式表現在網路上經常會發生的兩個陌生人的偶遇時會更加明顯，由於人們之間此時無法透過某種特別的群體成員身分去識別對方，無法判斷將對方作為群體成員吸納還是視為局外人對之進行排斥，這種偶然際遇中形成的關注流只能是臨時性的，它意味著以後雙方可能從此之後不會再有任何的聯繫和交往。（2）關注流的流動性。同步交往多發生於一種臨時性成員之間團結的場景中，人們很快從一個場景轉入到另一個場景中，通常缺乏清晰的關注焦點，尤其在身處陌生的人群中時，人們彼此之間也缺少可以清晰辨認對方成員身分的符號，這時形成的關注流呈現出流動不居的性質，不容易產生穩固的群體成員之間的社會團結關係。（3）關注流只能在小範圍的場景中發生。網路上的同步交往通常都表現為兩個個體之間的直接交往，有時也會出現在像圈子這樣的群體小組中，這時同步交往的性質決定了這一社會交往的方式只能呈現為一種範圍有限的場景之中，從最少兩個人到最多時幾百人的聚集。不妨想像一下一個網路圈子中幾百人同時爭先恐後發言的熱鬧而混亂的場景，每個人都會受到自身監視能力的天然限制，身處這樣的場景之中，每個人的關注目標也不盡相同，在這種情況下人們之間要形成共同的關注流，必然會受到場景參與者人數規模的限制。唯一的例外是身體不同時在場的異步交往，人們在網路形成的共同關注在經歷一波又一波的病毒式傳播之後，可以從兩個人之間的對話短時間內擴展為一場社會風暴。

人們在網路同步交往過程中形成的關注流再現了現場交往中的某些特徵。當雙方身體出現在網路中時，勢必使人們更容

易實現相互關注，形成更強的關注流，一旦人們用語言、聲音等符號進行互動時，這種方式建立起來的關注流只能維持一種相對冷靜的狀態。網路中同步交往由於受到特定場景的限制，其間關注流的形成呈現出臨時性、流動性和小範圍場景的特點。

身體不在場的異步交往

與人們身體在場的同步交往相比，人們身體不在場的異步交往充分顯示了網路交往的優勢。人們在網路上進行的異步交往中，雖然不在場的身體只是一個抽象的符號（如參與者的照片或者其他標誌等），但人們依舊可以透過儲存的社會意識和集體情感的符號來進行交往，一樣可以形成共同的關注流。這時產生的關注流由於不再受到同步交往的場景限制，可以突破了時間和空間的束縛，更重要的是，它體現了人們自由交往的真義，即在一種高度靈活和便利的交往方式中，人們透過主動參與到並不擁有共同群體成員身分的陌生人之間的社會交往中去，在極其廣大的社會場景中形成無處不在的關注流，從兩個人在網路上的偶然際遇到實現大範圍的全社會高度集中的關注流，進而在網路空間中可以擴展為極其恢宏的社會結構。

如果說同步交往中的身體還是建立在虛擬在場的基礎上，交往雙方能夠根據影片、聲音或者文字、圖像等符號表達感受到和身體有關的節奏與變化（包括網路上熱絡的文字對話），那麼，異步交往中身體不在場時關注流的形成完全依賴了社會化的符號。由於這種交往發生在一種世界性的場景中，因此這時建立起來的互動並不依賴於代表了群體成員身分的符合，

而是依賴於在陌生人群中形成的個人化的新符號。網路交往中最典型的一種場景是分享獨特的個人化符號，它部分模仿了特定群體中的日常會話場景，每個人都喜歡在網路上披露自己的生活點滴，或者今天做了什麼事，或者有什麼感想等等。但這一場景中的交往對象許多都是陌生的熟人（如在社群網站），甚至是完全的陌生人（在一些公共網路空間中），人們彼此之間並不擁有某種時空範圍內特定的群體成員身分，這時往往一個人的符號表達越是誇張、個人化和富有表現力（如幽默和睿智）等，他就越容易得到回應，互動行為就會得以成功地發展起來。

　　這一幕場景與高夫曼所描述的自我表演有很大差異。後者總是發生在一個已知的場景中，包括什麼樣的觀眾會在場，表演者具有什麼樣的群體成員身分等，大家都有心照不宣的期待，這時只要表演者能夠按照雙方預期的方式把表演進行下去，雙方都會透過場景性的合作來保證表演的順利進行，形成關注流，產生某種集體興奮的情感並進一步鞏固雙方的社會紐帶關係。人們在網路上進行異步交往時幾乎不會受到場景的影響，人們之間唯一感興趣的是對方的符號，從代表群體成員身分的社會符號到帶有鮮明個人風格化的表現文字。由於超出了特定的專業化的社會網路，個人所擁有的聲望在這種交往中有時都不再是吸引對方關注的符號，吸引人們的往往是他對於一般意義上的文化資本的運用水平：知識、訊息、俏皮誇張的語言或者不同凡俗的儀表姿態等，人們在網路上從一個際遇奔向另一個際遇，為的就是尋找這樣的關注符號，在一個陌生人充斥的異步交往中，個人化的符號有時會取代某個代表群體身分

的一般化社會符號，成為能否引發有效關注流的關鍵因素。在網路交往中，一個話語機敏有趣的普通人物也能獲得廣泛的關注，而那些話語無趣的精英人物則容易受到冷落。

人們在網路的異步交往比現場交往或者以前基於任何一種媒體進行的異步交往還有一個非常突出的優勢，那就是異步交往和同步交往的隨時更替發生，這種交往的靈活性提高了網路社會交往的戲劇性和表現的張力。一個人在網路中隱身（不顯示在線的狀態）或者隱形（匿名或以遊客身分出現）參與到某一互動場景中，有時是為了避免被打擾，有時是為了能夠主動參與，不管出於何種考慮，網路上的異步交往賦予了人們更多的自由度和操控感，這種主動的掌控姿態能夠幫助人們在網路交往中發現自己感興趣的符號，從消極旁觀轉變為積極參與，更容易促進一個範圍廣大的場景中關注流的形成。

參與者的不同類型

網路傳播中多重節點、水平溝通的網路結構為人們平等參與社會交往創造了技術條件，但每一個參與的個體在現實社會中的權力、群體成員身分符號、種族、性別與國籍等依然會影響到他在網路溝通中的表現及其互動儀式效果。人們在網路溝通中不會因為媒體場景的變化而完全改變了他們在互動儀式分層中的角色和社會身分，和現場交往中一樣，一些人總是比其他人仍擁有更多的情感能量和群體成員符號，在儀式中處於支配性的位置，另外一些人則因為擁有低情感能量和貧乏的符號資源更容易在儀式中處於遵從和被動的位置；或者一些人總

是在儀式中成為關注的焦點，甚至有時會成為儀式中的神聖符號，而另外一些人則處在相對邊緣的地位，甚至往往被排斥在某一群體之外，社會學家把這種影響分為個體的權力和地位兩個維度，它們在某些方面共同決定了每個人在互動儀式中的位置及其塑造的個體的自我人格。

在電視傳播中，人們往往獲得的都是統一齊整的社會場景，受眾被動的影響效果基本上和作為觀眾的身分權利及社會地位沒有多大聯繫。電視提供的高度一致的表演場景留給觀眾的互動餘地並不多，除了被動觀看甚至關閉電視節目之外，觀眾很難再有其他更多的積極參與方式。從這一點上看，電視的確以大規模工業化生產方式批量化地生產了它的觀眾，在這種追求觀眾最大公約數的前提下，似乎只有極少數人能夠擺脫電視的負面影響，那就是那些保持高度警惕、對電視文化持批判態度的知識分子，在他們看來，電視溝通中不分對象、機械劃一的傳播方式，本質上無法培養出一種獨立、有個性的個體人格來。

高夫曼把自我看作是一種成功互動表演的產物，是一種戲劇性的效果，「恰當的舞台和表演場景使觀眾將一種自我附加在表演出來的角色上，但是，這種附加——這種自我——是產生效果的場景的產物，而不是它的原因」（高夫曼，2010）。網路交往的參與者中不管是積極的互動者、追隨者，還是被互動者，他們在網路中的互動表演與現場交往有著場景上的差異。在一種開放性的環境中，人們在網路中的互動表演始終是在帶有衝突性的場景中進行的，一方面，水平溝通的理想場景方便了人們以平等的身分開展表演；另一方面，每個參與者在現實

社會分層中具有一些顯著的身分符號特徵和情感能量水平依然會「投射」進入虛擬網路世界中，後者的影響隨時隨地、如影隨形，基本上影響了人們在網路分享媒體場景中非常戲劇化的交往儀式。

積極的參與者：能量明星

在網路交往中，一些人總是表現出比其他人擁有在互動能力方面更突出的優勢。他們熱愛網路中的社會交往，喜歡積極主動地分享各種訊息，充滿自信，熱心幫助、指導和讚美別人，以及在網路上進行主動的回訪和互動等等。這些人比起一般參與者總是表現得精力充沛，高談闊論，擁有分外飽滿的情感能量和多種社會成員身分符號。他們是網路傳播中的社交明星，是互動儀式中關注的焦點，因此，有時甚至以神聖物的面貌披掛上陣，我們稱這一類參與者為積極的互動者。

一般來講，和現場交往一樣，網路中的積極互動者有著更多的物質資本和文化資本。現場交往中會涉及參與者的時間和成本（人們到某一場所所花費的時間和金錢成本等），網路中的交往通常被認為是精神性的交往，一般情況下不會給雙方帶來直接的物質利益，因此，除了少數的專業工作者（如媒體從業者等），在網路上積極從事互動的活躍者通常都被認為是物質生活相對寬裕而且有餘暇時間的人。柯林斯曾按照經濟階級的結構將現場交往中的所有人分為七個層級：金融精英、投資階級、企業家階級、名流、中產階級／工人階級、非法市場從業者和社會最底層階級（柯林斯，2009）。雖然在網路交往中人們對於物質權利的表達比在現實世界更加隱晦，網路作為一

種反主流文化的理想溝通場景，人們在網路社會交往中通常都會厭惡對於物質權力的遵從，但物質擁有者身上的成功光環依然是這些人獲得高情感能量的重要原因之一，尤其在網路上充斥的大量陌生人之間的交往，當人們之間彼此並不擁有許多共同的群體身分時，物質權利的多少有時會成為一方最天然的身分標誌，指示了情感能量從上層階級向下層階級流動的方向。

相比於社會階層中體現出的權力（如基於物質經濟程度的權力和政治權力等），地位這一維度與積極的互動者之間有著更多的連結。互聯網在其早期技術源頭中具有天然的反主流文化傾向，人們對於網路交往中的權力運用總是滿懷警惕，似乎只有少數人在這種場景中充滿了遵從態度，絕大多數對之並不在乎，人們最關注的是網路上那些「有趣的人」，所謂的有趣，其中一個最重要的標準就是個體擁有情感能量的多少，即他能在多大程度上影響他人，帶給他人一種類似重大正式儀式中才能產生的令人興奮的情感體驗。圍繞地位界定出的群體有時會和社會經濟階層重疊，但地位往往更加強調了一類人共同擁有的文化和生活方式，即他們在社會上有著廣泛的、被認可的、專業方面的個人聲望，在網路交往這樣的非正式性互動儀式中，這種個人聲望比權力市場更有召喚力。正如柯林斯指出的，重要的、正式化的儀式才能產生明確的社會成員身分類屬（如是否屬於某一正式組織以及在組織結構中的權力地位），在日常生活中一些低度的、非正式的交往中，個人聲望則大行其道。

相比較於電視，網路為少數社會名流製造出了超級規模的個人聲望。一位娛樂界明星在網路中擁有上百萬的粉絲並不少

見。與電視機械刻板地塑造明星的方式不同，網路能夠模擬並真正實現普通群體和明星之間的個人化交往方式，直接模擬了現場交往，因而成為製造超級英雄的新場景儀式。社會名流不僅可以成為互動儀式中的關注焦點，而且在某些情境下，他就是塗爾幹所形容的「神聖物」，就像圖騰儀式中人們積極膜拜的符號一樣，他們成為引導人們從凡俗世界走向神聖世界的重要驅動力：

「神聖存在只有在人們的心靈將其表現為生活著的存在時，它才存在，當我們不再這樣想時，它似乎就不存在了。甚至具有物質形式、依賴感覺經驗的神聖存在，也必須以景仰它們的崇拜者的思想為基礎；這是因為，能夠使它們成為膜拜對象的神聖性質並不來源於其自身的構造，而是信仰加在它們上面的……事實上，神聖存在只有在共同的生活中才能形成，而共同的生活基本上卻是時斷時續的。所以說，神聖存在也必然帶有這種間歇性。當人們集合起來，彼此之間形成了親密關係的時候，當人們擁有共同的觀念和情感的時候，神聖存在才達到了它們的最大強度。而集會解散，每個人都返回到自己獨特的生活中以後，神聖存在也會逐漸喪失自己的原動力。」（塗爾幹，2011）

塗爾幹所說的神聖物是社會關於神的符號表達，它與神聖物面對的每一個個體都密不可分。人們透過週期性的儀式集合，在社會團結中重新喚醒這種情感體驗，賦予每個個體以生活的意義和動力。在網路上，經常會看到在一位「能量明星」的周圍，總是伴隨著大量的粉絲，他們談論明星的所有生活細節和趣聞，從衣食住行到個人緋聞等等。當然，在網路上明

星與普通群體之間還可以實現直接的互動，明星的每一次發言或其他舉動，都會得到潮水般的響應和追隨，對於明星關注的普通追隨者，他們有時也偶爾會受到明星的垂青和邀請。在這一意義上，明星充當了大眾的群體情感能量的蓄水池。與此同時，明星透過輸出情感能量進行交換，自己在成為關注焦點和身分連結的同時，也會帶來高強度的情感體驗和滿足。明星和普通群體之間的互動創造了一種控制和被控制的關係，透過將普通平凡的對象和具有超凡魅力的事物之間用一條巨大的鴻溝加以分隔開來，普通群體接觸明星的過程就成了雙方之間不斷積累集體情感能量的過程。按照塗爾幹的解釋，普通人透過崇拜明星，將自己從事崇拜儀式中獲得的興奮體驗和平庸的日常生活區隔開來，並和其他群體成員一起共同體驗到一種超凡的集體能量，因此，崇拜英雄的本質其實就是群體崇拜自己。

　　從物質資本和文化資本的角度來界定積極互動者的確會流於一種過於靜態的觀察，一個個體在互動儀式中的權力和地位往往依賴於他所擁有的情感能量的多少，這一點取決於他運用這些資源的能力，而非其僅僅只是他所擁有的物質財產和文化水準。一個例子是網路上所謂的「人造明星」也有類似積極互動者的部分特徵。極少數的「人造明星」像「芙蓉姐姐」和「鳳姐」等，原本是網路上活躍的普通人，但依賴其在網路上的不斷曝光，尤其是經紀人團隊進入後加以物質上的支持和個人形象包裝，最終成為網路上知名度頗高的社交明星。這種網路上建立起來的個人聲望且不論是正面的還是負面的，但它顯示了人們在網路交往中隨意的、非儀式化的一面，比起電視建立起來的公共場景，網路中的個人交往往往充滿了種種私人化的後

台場景，人們甚至以自我嘲諷的眼光去看待這些特殊的個體，後者也會以某種顛覆主流價值的面目出現，這時崇拜變成為自我解嘲，神聖物成了反英雄特徵的另類「明星」，但普通群體依舊從這種反差體驗所形成的強烈情感共鳴中得到了巨大滿足，這一次，對另類「明星」的解嘲就是群體嘲諷自己。

需要指出的是，網路交往中個人化的後台場景為那些積極互動者提供了一個新的活動場所。事實上，人們經常會發現，一些在網路上非常活躍的積極互動者在現實生活中可能並不是某個行業的代表或者明星式的標誌人物。一些人在現實世界中握有大權，或者擁有顯赫的財產和文化資本，但在網路上卻是個人聲望平平；另外一些人並不是他們所在行業的明星，但在網路上卻擁有明星般的個人聲望。這與人們對待現場交往和網路交往採取不同的行為方式和看法有關。一般來說，一個個體的社會身分都是透過現實生活中相對正式的社會交往中表現出來的，而網路通常被視為是區別於人們在現實世界中不同的社會場景，在互聯網上，人們擁有了更大的個人交往和後台空間，大多數人都將自身身處的現實世界和網路世界進行了某種有意識的隔離，因而網路交往創造了一種新的生活體驗，它與現實世界中的社會交往時斷時續、時遠時近，而且盡可能保持著相當安全的場景距離。網路中的交往像是《奧德賽》中的航海旅行，每一個交往都充滿了偶爾的網路際遇中經常會看到的場景特徵，一些人風趣幽默、妙語如珠，體態尚佳，又善解人意，很容易獲得更多的注意力，從而形成一個暫時的支配性的溝通場景，在這個場景中，那些無論是語言表達還是相貌等都是表現平平的參與者只能處於暫時的遵從狀態，甚至像「芙蓉

姐姐」、「鳳姐」這樣敢於挑戰世俗的勇氣在極端情況下偶爾也
會成為場景中的領導元素，個人聲望（包括滑稽可笑的）有時
甚至以比正式的社會身分更受到歡迎，也更容易傳播開來。

　　總之，積極的互動者通常都是那些最富有情感能量的人，
他們中的許多都是來自於各個行業中擁有較好個人聲望的「能
量明星」，從企業家、知識分子、娛樂界明星到積極主動的互
動追求者等，他們容易成為網路交往中處於支配性地位的人，
能夠控制溝通場景的出現，並對擁有低情感能量的人施加積極
的影響，但這種現實身分在網路中的投射，並非必然地讓他
們成為理所當然的情感能量明星。網路交往的特定社會場景也
會製造出屬於它的社交明星，就像上面分析的那些人造明星一
樣，一些現實生活中的普通人如果巧妙運用自己的物質文化和
符號資源，同樣能夠在網路上建立其自己不同凡俗的個人聲
望，雖然也許在現實世界裡他們都個性平平，循規蹈矩，看上
去和普通人其實沒有什麼兩樣。網路上這一生產英雄的過程正
如塗爾幹描繪的那樣，沒有崇拜者就沒有英雄，所有的英雄都
不過是變了形的、人格化的社會象徵而已，這反映了一種根深
蒂固的人類集體意識，即只有社會才是真實的，只有它才能給
予每一個個體以庇護之所。從這個意義上講，網路交往中積極
的互動者和英雄扮演的角色一樣，從網路上到現實中，他們
都是人們希望透過互動儀式獲得新生精神力量時建立起來的
一種個人幻象，只不過，網路這個更大的舞台也給予了一些
「小人物」鹹魚翻身的機會，這在平面媒體交往中根本是無法
想像的。

追隨者：對個人聲望的渴求

　　無論從哪個角度觀察，網路交往中的追隨者都表現為人口統計學意義上絕大多數普通網友這一群體肖像。他們只是擁有普遍的中等強度能量的中產階級、市民和學生等，既沒有社會精英身上那種高情感能量的明星光環，也不是柯林斯所形容的那些不喜歡社會交往的內向性人格擁有者。他們無論是在現場交往中還是網路交往中都在尋求獲得珍貴的情感能量，有時他們是狂熱的追隨者，有時又是冷靜的旁觀者，他們在互動儀式中的權力和位置通常取決於他們不同網路際遇中的具體社會場景。在網路這一高度開放性的交往場景中，意味著一個普通人隨時都能遇到擁有高情感能量的各種各樣的社會名流，如政治領袖、企業家、文化精英和娛樂明星等，一旦追隨者進入這一場景，他會很容易表現出遵從和追隨的狀態；在另外一些場合，當遇到擁有更低情感能量的社會底層成員時，他們也會表現出主動熱情的另一面，在一種臨時性的溝通場景中，他們也會呈現出一些積極互動者身上具有的鮮明特徵，如馬上變得情感飽滿，充滿光彩形象，渴望成為交往中的支配性角色，希望能夠控制這一溝通場景的節奏和其他一切狀況。

　　按照社會經濟層級來判斷一個人是不是網路交往中的追隨者未免失之粗疏，事實上，網路上的許多追隨者都為建立自己的個人聲望而來。在網路溝通之外，一個個體的個人聲望往往具有很強的地域性，這種地域性可能是物質意義上的地域界限，或者是行業、學科或專業等有限的職業範圍，網路幫助社會名流們在更大的地理範圍和職業圈外拓展個人聲望的機會，另外，也給予普通群體掙脫了地方性聯繫的可能性，並且在網

路上創造了多種多樣的社會交往機會，這其中最重要的際遇就是與積極互動者們的交往。一般而言，一個個體在地方性的聯繫中，他幾乎少有機會接近到那些能給他帶來巨大心理能量的社會明星，因而在網路上他們就像精神上漂泊的流浪者，無時無刻不在追逐著情感能量。

塗爾幹認為，人們在儀式中之所以要區分凡俗環境和神聖環境，本質上是服務於一種情感的需要，這種情感是社會作用在人們內心所引起的慰藉和依賴，它不僅情緒體驗非常強烈，而且具有傳染性。神聖物／凡俗事物、積極互動者／追隨者之間的對立遵循了同樣的作用原理，社會名流作為被追隨的對象，人們所有遵從的情感，都是透過追隨者在內心的抑制作用表達出來的，而被追隨者也因為這一過程被激發出的情感而擁有了更高程度的心理能量。人們區分神聖／凡俗的目的是為了崇拜前者，然後再透過接近他們而獲得同樣的神聖性。對於網路互動中的追隨者而言，可以隨處觸及甚至可以發起直接交流的能量明星，強化了他們對於建立自己個人聲望的意願，透過積極的追隨、響應和在網路上身體的虛擬接觸，追隨者似乎也擁有了某種虛幻的個人聲望，當然，他們也能從中獲得被不斷刷新和被喚醒的情感能量。

對於追隨者而言，網路的水平溝通模式更加支持了他們崇尚的平等的儀式化交往風格。通常他們對於儀式中的權力態度是既不發出命令，也不接受命令，喜好一種水平互動的交流方式，並習慣地保留了對權力的厭惡和抵制。雖然人們在網路交往中對擁有很高個人聲望的社會名流容易表現出某種遵從態度，但他們認為這是發自內心的一種自然情感的表現，至於群

體成員內部之間的交往，他們堅持了一種高夫曼所說的儀式主義，尊重一種有距離感的、安全的平等交往方式。總體而言，他們是偶然際遇、圈子到社群網站等各種類型交往場景中的主體，這些主體之間的關係沒有高度儀式化場景中群體成員身分之間的強連結紐帶，作為追隨者的個人既不認同權力儀式中的帶有強烈形式主義色彩的櫃檯風格，同樣也不是因為憎恨社會等級制而變成龜縮於後台場景空間裡的憤世嫉俗者，他們偏好的網路交往遵循了溫和、彬彬有禮而隨意的中產階級禮儀風格。

積極互動者和追隨者在網路互動儀式分層中表現出的相對位置一般都比較固定，只有在一些比較罕見的條件下，積極互動者轉換成了追隨者，或者極少數幸運的追隨者成為積極互動者。前者出現在社會名流的醜聞中，由於網路傳播的速度非常快，而且很難隔離，這會在網路上引發瞬間的高度關注，追隨者會自發形成某種臨時性的群體身分，對醜聞主角的羞辱和道德義憤會成為一種高強度的情感共享體驗，一些社會名流會因此主動透過道歉或者退出的方式來恢復儀式秩序，也有一些名人因無法被原諒而被永久性地驅逐出場，如前文舉例的香港藝人陳冠希就是前一種情形，他以承諾個人永久退出娛樂界（這是其最重要的社會身分）而告終。考慮到網路交往都是高度開放的、臨時性的場景，人們關注的他人聲望都是基於具體的、不斷變遷的社會場景，這一點不像地方性聯繫中的個人聲望，後者雖然影響有限，但相對比較持久和穩定，因此，一個現實社會交往中的追隨者要在網路交往過程中建立自身卓爾不凡的個人聲望時會感到非常吃力，而且網路上人們之間這種暫時性

的和隨意的交往方式使得某一時間內所謂的網路紅人很快就成為過眼煙雲，人造明星如果不能週期性地在網路中出現，並且打造出新的社會成員符號，就無法激起追隨者們的持久關注，來喚醒群體成員之間某種熟悉的情感記憶，這樣的紅人狀態就無法繼續維持下去。與之相比，電視傳播中普通群眾和明星之間的社會身分及角色轉換一旦成功建立，就會顯得穩固和不可動搖，一個個體如果依靠自己運用物質和文化資本的能力成功地從普通人躍遷為潛在的電視明星，透過持續的物質支持和文化再投資，他就有可能一次又一次地重複出現在那些擁有高能量的上層明星場景中，以一種不斷被強化的明星符號和身分標記成為真正的能量明星。

總之，追隨者是網路交往分層中最穩固的一個層級，就像現場交往中大多數場景中的忠實觀眾一樣，他們有時是作為社會場景中的背景存在，定義了具體的網路社交場景，有時作為集體感情的每一個微小的組成部分，是最容易被喚起和激發的社會力量。網路互動中開放性的偶然際遇賦予了追隨者更多尋找情感能量的機會，大多數時候，這一群體的社會交往呈現出波瀾不驚的面貌，但在一種充滿激情的革命時代和創造時代，如「阿拉伯之春」這樣的特殊場景中，網路上的追隨者也會重現過往重要社會歷史時期的輝煌場景一幕，最普通和平庸的追隨者也能變成超級明星、革命英雄甚至暴徒，這恰恰證明了只有社會才能賦予每個個人以力量，在一些特別的時期，這種每個人將個人情感透過儀式化行動積聚而成的集體力量，往往推動了一個社會的劇變。

被互動者：儀式中的邊緣群體

在每個社會的底部，都有著一個被社會學家稱為消沉的下層階級，他們生活在很少受到關注的社會邊緣地帶，身分上的羞辱和自卑感不僅來自於物質匱乏，更重要的是因為缺少屬於某種社會群體成員符號所帶來的榮譽感和自由度。當這樣一部分群體的活動場景轉移到網路上時，他們在互動中的表現不會因為場景的改變而發生根本性的改變，沉默、羞怯、詞不達意或者是謾罵的匿名表達都是一種常態化的行為。這一群體擁有的低情感能量無不受到地域、種族、經濟收入和教育水平的影響，在網路這種脫離了地方性的開放社會場景中，個人與個人之間情感能量的懸殊之大，只會使這一群體要麼處於一種絕對遵從的狀態，要麼就是一種截然反叛的狀態。他們的反應方式既包括了對於社會精英的嚴格遵從，另外，帶有人格侮辱的謾罵也是他們在網路上的一種常見的行為方式，極少數人乾脆以這種方式來抗拒交流。這一方面和匿名的網路環境相關；另一方面也反映出處在互動地位最邊緣的一方所表示出的公開敵意，這有點像街頭暴力中的場景，被支配者和支配者因為嚴重的不平等位置因而時刻處在一種緊張對抗的張力中（網路互動中的地域衝突就是一個鮮明的例子，個別來自不同地方的網友總喜歡在討論中發起地域攻擊，以極其簡單粗暴的貼標籤方式辱罵對方，中斷交流）。我們把這一群處在互動儀式最邊緣位置上、擁有最低情感能量的群體稱為被互動者，當然，他們和積極的互動者及追隨者一樣都只是這種理想類型中的一種身分標籤，在一些具體的社會場景中，這些類型並非永遠固定不變，而是暫時性的和可變的角色。

　　另外一種觀察角度是個體之間不同的人格特徵。柯林斯按照不同的個性特徵劃分出在現場交往中七類具有內向性人格特徵的群體，分別是沉迷工作的個體（如技術迷）、被社會排斥者、情境內向者、疏離的內向者、孤獨信徒、知識分子內向者、神經過敏或亢奮反射的內向者（柯林斯，2009）。柯林斯認為，這些人格的形成與現代環境的變化尤其是世俗儀式的流行有關。就像電視這種大眾媒體一樣，電視每天都在製造超級明星，也同時製造了他們的追隨者，一些政治人物、商界和娛樂界的明星們總是占據了電視螢幕，即便沒有什麼關於他們的重要新聞時，一些關於他們的衣食住行和八卦緋聞之類的消息依舊充斥其中，電視溝通中似乎只有兩種類型的參與者：固定的表演者和絕大多數永遠不可能有表演機會的普通觀眾。當然，電視也培養出了一種沉湎於電視螢幕的電視依賴症的新類型，一般來說，他們也是屬於不善社交的群體。相比於電視，網路分享的儀式更加世俗化，平等隨意和非正式化的溝通方式為普通人創造了更多的社會交往際遇，一些人在現場交往和網路交往中有時表現出不同的人格特徵，比如：一個在現實社會中並不善於交際的人可能在網路上成為一個活躍的參與者，另外一種情形則恰恰相反，有些知識分子在專業圈裡是非常知名的學術明星，但在網路上卻小心翼翼地迴避了互動。個體在網路上與現實世界中不一樣的人格表現，顯示了不同儀式場景對於人們交往行為的塑造性。

　　我們還可以用統計學上的一些數字來試著勾勒被互動者的群體肖像特徵。根據互聯網訊息中心（CNNIC）最新的調查報告，截至到二○一三年年底，六點一八億多網友中，小學

及以下教育程度、無業和最低收入人群（月收入在新台幣兩千四百元以下以及甚至無收入）三類網友群體占網友總數的比例都超過了百分之十（分別為百分之十一點九，百分之十點二和百分之二十點八），這意味著至少有超過六千萬名以上的網友很有可能成為網路上的底層階級，他們很難有效運用物質和文化的現實，使得這其中的絕大多數人只能成為網路互動中處在最邊緣的群體，擁有最低的情感能量。根據這份報告，來自農村的網友規模在一點七七億人左右，只占到總體網友數目的百分之二十八點六左右，相較於龐大的六億多農村人口和顯著的城鄉差別，他們在儀式中只能擁有比追隨者更低的位置，完全嚴格遵守各種儀式規則，在追隨者和被互動者之間，階層之間的距離只會令他們感到特別刺眼，當追隨者也向比他們地位地下的被互動者發布命令時，雙方之間能明顯感受到命令發布者和接受者之間強烈的疏遠感。這一幕就像是《紅樓夢》中劉姥姥進大觀園後眾丫鬟拿她打趣的場景，如果說太太貴族、公子小姐們對劉姥姥還有一種居高臨下式的同情，眾丫鬟們的故意捉弄則明顯標示了一種地位的懸殊，在這一場景中，丫鬟們和目不識丁的劉姥姥之間的地位差距顯然遠遠超過了主人和丫鬟之間的地位差別，在這一樁檯化的場景中，主人和丫鬟屬於同一個團隊成員，而劉姥姥顯然是一個被排斥群體之外和被嘲弄的對象。網路上積極互動者、追隨者和被互動者也遵循了同樣的儀式規則，當位置更低的被互動者出現在場景中時，前兩者（這裡的主人和丫鬟）就結合了一個新的表演團隊，而且占據了儀式中擁有權威和中心地位這一有利位置（分別類似積極的互動者和追隨者角色），而劉姥姥就成了那個主動拿自己開

涮的、插科打諢的類「小丑」角色，以自嘲方式獲得前兩種角色從物質利益懸賞到情感能量輸送等方面的施捨。

按照情緒社會學的觀點來看，被互動者之間在網路上建立的只能是一種低強度、低社會密度（互動頻次較低）和高度多樣性的互動關係。互聯網有著比地方性聯繫中更廣大的社會場景，這一到處充斥了高能量明星而且觸手可及的場所，只能使被互動者處於更糟糕的情感狀態，因而他們更容易採取一種更冷淡的方式對待與上層階級之間的互動，並維持與其他社會各階層成員之間一種低水平的團結狀態，他們有時會故意不去遵從某種社會場景，反而會容忍冒犯和對規則的僭越，或者鼓勵一種對抗式的反叛行為，極端狀態時則包括了謾罵和粗口，網路輿論中經常出現的極化現象，基本上也源自這一個群體條件反射式的自主反應和習慣表達（即所謂的「簡單粗暴」言辭）。

網路社會交往中的身分認知

馬克思曾經把人的本質定義為一切社會關係的總和，而不是抽象的和天生就固有的某種生物，這和塗爾幹所闡述的社會人的概念有著共同的根基。塗爾幹認為，人們創造共同信仰的過程，也就是建構理想社會的過程，人們總是生活在康德所描述的兩個世界之中：一個是物質和充滿感性的世界，另一個則是純粹的、充滿了非個人的理性世界。每一個人都只能透過社會從集體情感中去汲取能量，當他（她）進入某一具體的社會交往場景之中，每個人都會帶著自己過去的情感積累和某種社會身分成員的符號，而他（她）在特定社會場景中的一切表演

和行動無非都是來自人們之間的相互影響。社會就像宗教的功能一樣，對每一個個體來說就是團體生活的學校，它既意味著某種理想化的生活場景，又為個人生命超越自身提供了精神動力來源。這種集體理想表現在每一個個體身上，每個人既是集體理想的體現物，同時又會加上一些個性化的理解和運用，這樣一來，「個人理想就會從社會理想中分離出來；個體人格越發展，這種分離就越徹底，最終變成自主行動的源泉」（塗爾幹，2011）。

把自我看成是與他人互動中逐步形成的一種被內在化了的身分意識，這也是米德的符號互動論的一個核心觀點。在人們的現場相遇情境中，他們就是自我的一面鏡子，幫助人們認識了自我，當這一幕移動到網路互動中時，人們發現自我處在了一種複雜的多重鏡像裡，這個自我可能既不是高夫曼所說的社會表演中的個人表現，也不是一個真實的、存在於自己內心的獨特的自我。網路互動中的自我甚至有可能介於兩者之間，它既有在特定場景符合社會規則約束的一面，也是遵從自己內心世界、而非外在的、作為某一社會群體成員的一面，同樣，網路中的他者和現場交往中的他者也會有著本質性的差別，很多人永遠不會見面，也不屬於地方性聯繫中重要的某一社會群體成員，在充滿動態和無數偶然際遇交錯的場景中，網路上發生的許多交往都是即時性、非常隨意甚至是一次性的，在這種貌似世界主義的場景中，網路上更大範圍的社會交往也同時意味著人們會隨時可能遇到許多臨時性的、不確定的社會群體成員，低水平的機械團結方式和令人迷惑的社會身分往往聯繫在一起，人們很多時候都不知道網路上遇到的那個他（她）究竟

是誰，從哪裡來，要到哪裡去。網路交往中人們的身分認知顯然比現場交往中有著更加複雜詭異和多變的社會場景，網路上的自我與現實中的自我有何不同？自我和他人、他人和他人、個人和群體之間又會有著各種什麼樣的新型關係？所有這些都是讓人們在網路交往時感到疑惑又令人著迷的問題。

自我表演的多重鏡像

我是誰？這一哈姆雷特式的詰問的確一直困惑著每一個人。佛洛伊德把一個人的人格結構分成了本我、自我和超我三個部分，這裡面的自我是在未被社會化之前的個體和高度壓制性的社會規範之間掙扎的非常尷尬的自我，這種關於自我抽象的立體解剖假說，與其說體現了佛洛伊德作為醫生的思維方式，還不如說是他本人對「一戰」之後被暴力機構摧殘得支離破碎的歐洲文明的一種反思，佛洛伊德未能從具體的外在世界——社會情境中去解釋自我人格的發展和形成過程，更像是一種關於人與外部世界關係之間的內在精神連結的心理學假想。

微觀社會學為自我人格的形成提供了一種從微觀情境到宏觀結構的解釋框架。高夫曼首先把自我在他人面前的表演視為一種儀式，一種對社會共同道德價值的再現和主張，在他看來，這種表演的情景是徹底社會化了的，表演者往往透過塑造某種類型並加以修飾，來使這種表演與它所面對的社會的理解和期望相符合，表演者通過以各種方式給觀眾造成某種理想化印象，以達到向社會上流階層流動的目的。當然，為了實現這一目的，表演者需要某些符號裝備（從物質財富到文化資本

等），也需要付出一定程度的努力，但所有這些都被視為是人們為了維持櫃檯的良好形象以及為進行恰如其分的表演而必須作出的犧牲。高夫曼指出：「表演者經常希望給人以這樣一種印象，即他們對獲取他們現在表演的角色具有一種理想的動機，他們具有扮演這一角色的理想資格。因此，他們根本沒必要為獲取角色而忍氣吞聲或進行見不得人的私下『交易』（雖然這種人與其工作之間神聖一致的總體印象通常是由高層職員造成的，然而同樣的情況在許多底層職員那裡也有時發現）。有一種所謂的『訓練修辭學』，也可以增進這些理想印象。」（高夫曼，2010）

　　自我角色表演中的這樣理想化事實上代表了表演者和觀眾對於他們所擁有的某些共同尊重和分享的價值標準的高度認同，塗爾幹把人這種天生具有理想化的能力看成是社會賦予的屬性。這一點從人們從事一些帶有強烈宗教色彩的活動、或者某些帶有神聖性的自我犧牲或者利他主義的行動時的情感表現就能發現這一點。二〇一一年五月，一位知名的投資人王功權在部落格上公開宣布自己與情人的私奔行為，令業界一片譁然。這位自稱「一個商人、半個文人」的成功商人除了擁有知名的風險投資家的身分之外，在網路上還是一個活躍的公民社會推動者，就像一位記者所描述的那樣，他將自己的身分一分為二，「理性的商人、感性的公民。他習慣於多重角色切換，就像從一個巴洛克風格的宴會廳進入一間田園風格的小客房，在一個圈子裡活動時，就不談另外一個圈子的事情」。他曾經在部落格上首倡成立「公民觀察團」，去理性記錄身邊各

種社會勢力損害普通公眾利益的種種典型的現場事例等。[17]

二〇一三年九月，王功權因其激進的政治行為被捕，罪名是「聚眾擾亂公共場所秩序罪」。事實上，在網路交往中人們經常能看到類似的例子，一些公眾人物習慣在網路中展示他們個人身分中的另一面，尤其表現在服務公益、慈善和諸如此類的社會使命方面，來確立他們在儀式中高情感能量的個性特徵，就像個體在儀式中對於神聖物的發現一樣。塗爾幹認為，一些集體活動之所以能夠喚起參與者強烈的情感甚至是一種神聖的情緒，是因為它所帶來的狂熱狀態改變了每一個參與者心理活動的條件，「生命變得過度興奮，慾望變得更加活躍，感情也變得更加強烈，甚至還有只有在此時此刻才能產生的情緒。人不再認識到自己了，他感到自己被改變了，因而他也使周圍的環境發生了變形。為了說明他所獲得的這種特殊印象，他就會認為自己最直接地接觸到的事物具有其未曾擁有的特性，這些特性便是日常經驗對象所不具備的不同尋常的力量和品質。簡言之，在凡俗生活所經歷的現實世界之上，他又設置了另一個世界。從某種意義上說，這個世界只有在思想中才能存在，而且他認為這個世界要比現實世界有一種更高的尊嚴。因此，從這兩個角度來看，它正是一個理想的世界」（塗爾幹，2011）。理想世界中的表演和自我表演中的理想人格一樣，都會給表演者帶來一種高水平層次上的情感體驗，使他處於一種情緒空前亢奮和更加積極主動的狀態。

今天的人們通過網路進行的社會交往就是一個理想的自

---

[17] 參見周凱莉，商人公民王功權，載新世紀，2011，1（5），財新網，2011-01-28[2012-02-18]，http://magazine.caixin.com/2011-01-28/100222080.html；《王功權「私奔」之後》，鄭斐，《新世紀》二〇一一年五月第 20 期財新網 2011-05-20[2012-02-18]，http://magazine.caixin.com/2011-05-20/100261232.html

我表演場所。無論是 Facebook 創始人祖克柏聲稱的要「讓每一個緊密連結，能夠發出自己的聲音，並推動社會的未來變革」，還是電子邊疆基金會發起者巴婁所宣誓的「即使我們仍然同意接受你們對我們的肉體的統治，我們的虛擬自我也不受你們主權的控制，我們將在這顆行星上傳播我們的思想，沒有人能夠逮捕我們的思想」，網路在許多人眼裡都是另外一個更加理想化的世界，它雖然源於現實世界，某種意義上只是現實世界的一部分，但顯然又大大不同於現實世界，正因為如此，祖克柏不認為他創辦社群網站的使命不是為了成立一家公司，而是為了踐行一種社會使命，而巴婁心目中的賽柏空間也不再是一個令人厭倦的工業世界，而是更人道和更公平的虛擬的自由世界。在這個理想的溝通場景中，經常可以看到，一個做金融投資的投機分子突然成了一個憂國憂民的憤世嫉俗者，一個原先是企業家的身分搖身一變成了某國際知名公益組織的理事，一個在自己的工作單位中表現平平的普通白領卻是網路上知名的公共知識分子等等。這種自我身分的巨大轉變一方面緣於高夫曼所說的「觀眾隔離現象」，大多數表演者都深信不疑，網路上的觀眾一定不是他在日常生活中有限的場景（如單位等）的同一批人，所以，這種表演的、安全和有效的容易獲得成功（事實上，這有時只是一種幻象，我們經常也能看到有的表演者表演過了頭、結果被他熟悉的觀眾揭了個底朝天而無法繼續將表演維持下去的情形）。塗爾幹認為，這種理想色彩表現在個體身上，就是集體理想的體現，它「反映了由此煥發出來的新生活，對應著某些新的精神力量，為我們挑起日常生存的重擔增添了勇氣」。換言之，這也是社會自身不斷進步、

自我完善和循序漸進的自然過程。塗爾幹還以西元一七八九年八月四日「法國大革命」爆發和歐洲歷史上的「十字軍東征」這樣的一些特殊歷史時刻為例，描述這些崇高或者野蠻的場景的出現正是與宏觀結構中的大規模社會互動密切相關，而這種巨大規模的社會互動又是與個體之間密集活躍、非比尋常的微觀互動場景互為因果關係。

　　從這一意義上看，網路互動中的自我表演常常會脫離了表演者在日常生活場景中相對凡俗的那一面，與電視溝通中的自我身分呈現更是大相逕庭。人們在日常生活中的自我表演場景比較固定和單一，人們之間維持著高頻次的互動，這種日常表演因為隔離觀眾的難度加大而使得自我形象相對比較穩固不變，表演者要是還需要面對各種不同的後台場景，必須和不同的群體成員之間共享祕密，這也使自我形象的理想化程度和起點更低。這也是人們為什麼看到自己身邊一些熟悉的人在網路中進行自我表演時，會驚訝於他（她）的線上自我和線下自我竟然有著如此大的角色差別。生活中每個人都會了解和分享一個同事或者朋友許多的後台場景祕密，但一旦他（她）出現在網路上時，除了主人故意洩漏出的一些無關痛癢的貌似後台場景的訊息外，他（她）似乎可以無視身邊有同事或者朋友的存在或者也許能看到其表演的可能性，這種場景變化可以讓主人幾乎像是在一張白紙上描畫自我的形象。一般來說，一個人在現實世界裡的社會層級越高，這種在網路上的自我表演就會越加理想化。在電視傳播中，自我表演的櫃檯傾向會表現為千篇一律的形象臉譜化，現場觀眾會成為場景中道具和符號裝置的一部分，電視機前的觀眾則因為場景的隔離只能容忍這種

隱藏後台的表演方式，而當事人一旦面對鏡頭，當他（她）感知到無處不在的監視目光時（與網路場景不同的是，他（她）深信周圍熟悉自己的人一定會看到他（她）的自我表演），這種充滿了緊張感的場景使得自我表演在一種不真實的、高度緊張的櫥櫃狀態中進行，有時連表演者自己也會不認同自己扮演的角色。

當然，在網路社交過程中，並非所有個體的自我表演都有理想化的能力。一些個體身處互動儀式中非常邊緣的位置，甚至被排斥在外；另外一些則無法將個人理想從集體理想中分離出來，變成人云亦云的無個性者，個人人格發展不完整，缺乏自主行動的意願，這些在上文指出的被互動者更難以在與他人的互動中獲得情感能量，在網路自我表演中的典型場景是情緒消沉、表情冷漠、缺乏積極的意願而選擇了退卻，這種理想化能力的減弱和喪失常常表現為憤怒和羞恥，對網路上廣泛的各種各樣的非地方性聯繫的群體成員缺乏信任和恐懼感，甚至產生「國罵」這樣的消極行為。網路上這種失敗的自我表演，證明了網路分享雖然作為理想場景而出現，但依然並非作為現場交往的對立面而出現，這一理想的社會交往方式並不存在於現實社會之外，事實上，它還是社會現實的一部分，或者是作為一種現場交往的延伸而存在。一些個體在網路交往中發現了理想化自我表演的新場所，並且成功提升了這種自我表演的理想化水平，另外一些個體並未能改善自身在現場交往之外的際遇，繼續徘徊在被排除在群體成員身分之外的邊緣地帶。

現場交往中的自我與內心中真實的自我以及網路交往中的自我，共同構成了一組關於自我表演的多重鏡像。誠如高夫曼

所說，自我都是成功互動表演的產物，自我的多面性與某種具體的行為發生場景當然有關，從這一點上看，在失去了地方性聯繫之後的群體身分高度分散的社會場景中，網路中的自我表演突出表現了自我身分建構過程中更加超然和理想化的一面。

自我和他人的關係：疏離、緊張與不確定性

在互聯網並不算長的發展歷史中，源於一九六〇年代的反主流文化精神一直是流淌在這一新技術中的血液，並為網路新技術的發展提供源源不斷的創新活力，尤其是個人自由主義和理想團體生活之間的張力一直在左右著訊息技術的發展路線圖，人們在網路分享過程中是對個性化、互動、創新突破和共享數字財富等價值觀的推崇，既體現超越商業目的和現實功利主義的夢想，又充滿了對於持續革新、不斷破除傳統束縛的自我中心主義式的膜拜，卡斯特稱這種技術文化為「我文化」，在反對傳統工業社會中技術作為主體的非人化社會（一種早就被工業化異化了社會），自我是作為一種新的神聖物出現的，它不再是團體生活中他人幾乎完全一樣、沒有什麼分別的原子化狀態存在，在電子部落裡，網路交往中表現出的與眾不同的自我就是每一個個體都要頂禮膜拜的一個關於自身的、理想化的社會形象。

在 IT 產業界，後來居上的新公司不管是處於創業者的個人信念，還是作為一種競爭策略，都會視傳統企業界專斷的集中式的技術為天然敵手，試圖開創一種自由分享、更加開放的新技術潮流，就像業界一直以叛逆者形象出現的蘋果公司創始人賈伯斯所公開宣稱的那樣，從主張為少數人生產的電腦到倡

導「非同凡想」（think different），其產品從技術研發到形象設計總是張揚著一個極其鮮明的個性主義。在一九八四年蘋果推出第一款採用圖形使用者介面的 Macintosh 電腦時，賈伯斯和他的團隊為這款產品設計的廣告形象就以英國著名政治諷刺作家喬治·奧威爾的小說《1984》作為背景，影射當時以完全標準化、專業化稱雄電腦業界的超級巨頭 IBM PC，廣告中一位扮作「老大哥」形象的傢伙在對一排目光呆滯、面無表情的就像機器人一樣的光頭群眾訓話，剎那間，一位衣著「MAC」字樣的女英雄在警察追趕中手持大鐵錘將這一幕擊碎，雲開霧散，亮出了一行字幕：「一九八四年一月二十四日，蘋果電腦將推出 Macintosh，你會明白為什麼一九八四年不會是小說中的一九八四年。」雖然蘋果公司最早的兩位創始人史蒂夫·賈伯斯和史蒂夫·沃茲尼亞克後來因為理念不同而分道揚鑣，但賈伯斯在後來投身商界之後，自己一直沒有放棄一九六〇年代那一代人的精神遺產：反商業色彩，對創造力和特立獨行的追求等，在一九九七年賈伯斯重新回到蘋果公司掌權後推出的一則關於蘋果產品的新廣告中，當時他領導公司團隊撰寫的一段廣告詞是這樣描述的：

「致那些瘋狂的人。他們特立獨行。他們桀驁不馴。他們惹是生非。他們格格不入。他們用與眾不同的眼光看待事物。他們不喜歡墨守成規。他們也不願安於現狀。你可以認同他們，反對他們，頌揚或是詆毀他們，但唯獨不能漠視他們，因為他們改變了尋常事物，他們推動人類向前邁進。或許他們是別人眼裡的瘋子，但他們卻是我們眼中的天才。因為只有那些瘋狂到以為自己能夠改變世界的人……才能真正改變世界。」

在這一系列的產品形象廣告片中，蘋果產品的廣告詞「非同凡想」，和世界上許多特立獨行的人物聯繫在了一起，他們中有愛因斯坦、甘地、列儂、狄倫、畢卡索、愛迪生、卓別林、馬丁·路德·金，這些都是賈伯斯和他的蘋果產品迷心目中的美國偶像，這些人物悉數都出現在了蘋果公司這則著名的廣告片中，他們中有美國現代舞創始人瑪莎·葛萊姆（Martha Graham）、攝影師安塞爾·亞當斯（Ansel Adams）、物理學家理查·費曼（Richard Feynman）、歌唱家瑪利亞·卡拉斯（Maria Callas）、建築師法蘭克·勞埃德·賴特（Frank Lloyd Wright）、分子生物學家詹姆斯·華生（James Watson）、著名女飛行員和女性主義者阿梅莉亞·埃爾哈特（Amelia Earhart）等，這些人和賈伯斯一樣張揚個性旗幟，充滿了冒險精神，不受世俗束縛，以突破傳統而最終成就與眾不同的業績。對個人主義的崇拜不僅體現在網路技術架構和產品設計中，也體現在互聯網從業者和使用者追求的文化及其表現形式——網路交往中。

一直到今天，互聯網的創造者和使用者依舊喜歡浸淫在鼓吹個人英雄和公共理想的駭客文化裡，Facebook 的創始人祖克柏認為，所有的駭客是「理想主義者」，他們是數字虛擬世界裡的一群綠林好漢，追求「極度開放和精英為王」，「最優秀的創意和實現始終橫掃一切——而不是由最善於鼓吹創意，或是權力最大的人掌控一切」。這種創造者和使用者相互激勵、共同開發的文化深刻影響了網路分享中的互動儀式，當讚美每一個個體英雄和社會世俗作鬥爭時，人們不是為了顯示自我反叛意識或者自己特立獨行的一面，而是通過一種對普遍流行的個人主義的當代崇拜來顯示每個人的成員身分，這種身分認知

模式反映在網路互動中，就是一種類似網路共產主義的社會理想——在隨意和非正式的溝通中，每個人在保留自己鮮明個性的同時，又能實現平等互助共享的集體理想。自我和他人的關係不再是傳統秩序社會結構中對於集體權威無原則的依附和遵從，它既希望能保持個人的獨立身分，又不會失去共享一種理想社會中群體成員之間的平等身分。

應該說，一九六〇年代的社會運動加速了人們的活動從高度儀式性質向低度儀式性質的轉變，網路上的社會交往是當代人們生活中低度儀式化活動的典型場景，這其中網路交往所強調的非正式性強化了人們普遍的對個性化自我的崇拜。在美國，一九六〇年代的社會變革意味著人們在日常互動儀式中更加隨意性的風格轉變，對於現代化場景同樣意味著對傳統的高度儀式化社會交往形式的摒棄。一百年前社會的許多傳統場景今天已經很難想像，那時每個人都還是生活在大家庭集體中的成員，每天人們的日常生活中都充斥了各種大大小小的儀式，從一大清早向父母大人請安，到各種各樣不勝其煩的繁文縟節，像《紅樓夢》中賈寶玉對於各種官場儀軌的厭煩和逃避也大有人在。在今天的社會，這種鄉土倫理所維繫的社會團體生活結構已經隨著工業化進程和鄉村社會一起逐漸開始土崩瓦解。如果說電視的流行，正像威廉姆斯所論證的那樣，及時響應了一九八〇年代社會開始進入初步工業化時代家庭與社會政治經濟中心越加分離的這一新社會結構，方便了變得越來越小的家庭單位融入社會，而二十世紀初商業互聯網路的盛行，則日益衝擊了家庭媒體的中心地位，在個人媒體的名義下，每個個體都能擁有自己的關注焦點和情感連結，而不必作為家庭集

體的一員在電視機前去勉強觀看他不喜歡的劇目表演。電視和網路的另一個重要的區別在於，電視機前的觀眾雖然可以用一種類似後台的輕鬆風格來觀看表演，但電視中的社會交往卻大多以非常正式化的櫃檯方式出現，這種反差常常會令電視機前的觀眾感到了儀式中表演的不自然和不協調，場景隔離無法讓人們看到更豐富和有變化的人物表演，這和人們在網路交往中的溝通體驗有著相當大的差異，在後者這一媒體場景中，每個人自己總是能主導變化的情境，並且可以在櫃檯和後台的不同表演狀況之間隨時進行切換。

　　與一九六〇年代校園一代的反文化運動場景相比，自我和他人之間這種疏離而又緊張的新型關係在網路分享中已經作為一種儀式標準被正式接納。疏離是因為個體發現在網路中與其他人擁有一種共同的後台成員身分會變得很困難，這註定了網路上的自我表演高貴而孤獨，緊張則是每個人在自我崇拜的同時也會擔心這種表演會不會過於個人化和自我中心主義而不為集體成員所能接受。因此，社會名流在網路交往中表現出卓爾不凡的見解常常又和刻意謙卑得像個常人的舉止奇妙地結合在了一起，而普通網友也可以在個人主頁上張貼各種帶有挑釁性的個人照片（從含有挑逗色彩的身體展示到種種其他挑戰社會習俗的姿態），如奇裝異服、搖滾樂、Party 文化的群居生活場景等等。這些一九六〇年代典型的叛逆符號已經成為網路上稀鬆平常的櫃檯裝置的一部分，其他人甚至以喝彩和鼓勵來呼應主人這樣的一些櫃檯表演符號。個體的自我崇拜使人們在網路上偏好一種隨意的、非正式的交往，如人們在交往時直呼對方的網名，而很少使用某種社會頭銜去稱呼他人。人們在電子郵

件中的交往更為明顯，電子郵件非常快捷方便，反應速度之快幾乎可以等同於兩個人之間的直接對話，人們在電子郵件中往往不太採用正式禮節中的交往方式，非常簡單明快，這種溝通形式方便了人們之間直接的功利性交往，越加減少了儀式化的表現特徵。

網路交往中個人自由主義和理想團體生活之間的張力有時會使得自我和他人的關係變得特別脆弱。每一個個體在網路上的自我表演會面對形形色色的觀眾，這些觀眾中的大多數都和表演者缺乏牢固的群體成員身分，有時即便能建立一種臨時性的群體關係，也呈現非常不穩定的一面。人們經常能看到這樣的場景，一位網路上的表演者在受到他人冒犯時，會怒不可遏地要求對方從他的「地盤裡滾出去」，他有時可能都沒有意識到自己在網路上的個人空間（像部落格或者部落格）很難稱得上是他的個人地盤，本質上數位技術這堵牆其實並不牢固，總有冒冒失失的陌生人突然闖進來然後又拂袖而去，表演者有時也會冒冒失失到把個別不受歡迎的陌生人連帶招呼進來。另外一種情形是，一部分表演者總是喜歡在網路上展示自己的後台場景訊息，他忘了那些和他分享這一後台場景的臨時劇班成員隨時會變成他的觀眾，那些隱祕的後台場景訊息隨時可能也會成為醜聞的一部分。網路分享中的自我和他人關係常常會處於這樣的一種微妙狀態中，他人時而是表演者的劇班成員，時而又是表演者的觀眾，有時還是表演者醜聞的發現者和傳播者。因此，人們在網路交往中形成的自我和他人之間的關係總是處在一種時而疏理、時而又充滿張力的不確定性之中。

他人和他人的關係：臨時劇班的形成

　　高夫曼把人們之間通過相互的密切合作來維持一種特定的社會場景定義時的集合體稱為劇班，這一由個體組成的集合體與社會結構或者社會組織無關，其目的只是為了要服務於某種特定的表演效果的需要。在網路互動中經常能看到這樣的場景，當幾個個體之間擁有相似的成員身分符號時，比如都喜愛某一位 NBA 球星，或者熱心從事某些類型的慈善公益活動等，他們之間就更容易激發出成功的互動儀式，並在網路交往中形成類似臨時劇班這樣的集合體。

　　從劇班理論看網路分享媒體場景中他人和他人之間的關係，人們在網路交往中結成的往往是一種鬆散的、短暫的社會合作關係，以維護特定的溝通場景，這是一種特定情境下的臨時劇班。網路溝通中的社會場景不像電視中的場景表現得那樣固定和一致，在後一種場景中，劇班成員都是被事先精心組織好，成員之間共享某些內部祕密和規約，以避免出現任何可能的尷尬局面或者使表演無法維持下去的情形。網路交往中的情境充滿了更多的突發性，兩個陌生人的相遇對雙方來說可能都意味著這是一幕以往從未出現過的社交場景，每個個體都會遇到一些自己以往生活中超出自己經驗的狀況，或者根本無從預料到的事情。按照互動儀式理論，人們都是根據可預測的即將發生的互動場景採取行動，社會交往中的每一個人都會帶著某些可知的情感能量和成員符號參與到互動儀式中。而網路交往中高度開放的場景對任何一個參與者而言，他都不知道誰會參加，接下來將會發生什麼，這一切都像航海騎士奧德賽暗夜裡在茫茫大海上的旅行，充滿了種種未知的可能性和因為即將到

來的探索而伴生的興奮感。社會學家認為，在這一場景中，有
兩個因素會影響到個體能夠參加到成功的互動儀式中去：一是
他在和別人互動的歷史過程中積累的情感能量；二是他所代表
的群體成員的社會符號。一般來說，在以往互動中已經積累了
高情感能量的人能夠創造出自己的關注焦點，甚至把自己化身
成某種神聖物類似的符號，從而引發與他人之間的共有情感體
驗。同樣，一個在過往互動歷史中積累了豐富的屬於某一社會
群體成員的身分符號的人也更容易發起一場成功的互動儀式，
尤其當他遇到其他人也擁有同樣的成員身分和社會符號時（按
照塗爾幹的說法，這些符號是集體情感的表現，它是一個龐大
的符號體系，它可以表現為各種各樣的物質標記和形象表現，
可以是真實的或者神話中的人、某種固定的程式、旗幟、紋身
和氏族標記等，也可以是包括了參與者都感興趣的話題、個人
愛好和職業經歷等），該符號標記就構成了雙方在互動中彼此
共同關注的最初焦點。

二〇一二年年初著名的「八〇後」作家韓寒和科技界知名
打假人士方舟子的網路論戰，可以作為觀察網路互動中他人
與他人關係的一個案例。該事件起因於一位叫做麥田的網友在
其個人部落格上撰文，質疑韓寒文章恐有人代筆作假，韓寒隨
即在他自己的部落格上進行了言辭激烈的回應，隨後方舟子也
加入到論戰中，並支持對韓的質疑，兩人在網路上的尖銳論
戰，引發輿論關注，許多網友在部落格上發表了自己的看法。
事實上，在這場混戰中，韓寒和方舟子都是擁有很高聲望的明
星，各自在網路上擁有大批的追隨者。韓寒是「八〇後」特立
獨行的年輕人偶像，集暢銷書作家與賽車手於一身；而方舟子

此前在科技界一系列成功的打假行動樹立了他疾惡如仇的公共知識分子形象，兩人之間在網路上進行的互動並非一種積極的互動（崇拜）儀式，而是像塗爾幹所形容的消極的禁忌儀式，後者是一種旨在區別出神聖事物和凡俗事物的方式，即觀看表演的人們只能在韓寒和方舟子之間進行二選一的遊戲，如果其中一方走下神壇，則意味著另一方的更加神聖化。這裡面特別值得注意的是事件剛剛發生時韓寒在一篇部落格文章中對於網友麥田質疑所表現出的激烈反應。在這之前，韓寒除了擁有不俗的寫作能力之外，一直被捧為「八〇後」一代中最有才華的青年，在他的一大批擁戴者心目中幾乎樹立了一種類似神聖物符號的地位，正因為如此，一位在 IT 圈子裡比較活躍的一位部落格作者麥田的質疑文章，才激發了韓寒及其追隨者的過度反應，這種憤怒來自於儀式中有人對互動儀式中神聖物的大不敬；另外，打假人物方舟子在他的追隨者心目中也似乎擁有和韓寒同樣的神聖光環，此前他曾成功揭露若干位社會名流作假，在網路互動中積累了相當的情感能量。在韓寒聲稱要將這一爭端訴諸法律之後，輿論審判先於法律審判，一些文化界人士和大批網友開始站隊，表明自己所支持的陣容。對大多數網友而言，他們根本無法到現場去還原和了解事情的真相（比如韓寒到底有沒有作假，方舟子提出的質疑到底有無證據支持等等），在這一輿論事件中，熟悉當事人後台場景訊息的人畢竟相當有限，其他人都只能憑藉著一些可以識別的群體成員符號來判斷加入哪一個陣容，比如一位職業作家更願意支持韓寒是因為他們擁有共同的職業背景；一些人聲援方舟子則是由於認同他的打假英雄的身分和形象等等。人們在這種網路交往中形

成的共同關注焦點和情感連結，是因為各自擁有的群體成員符號的匹配度而發生的，一旦個體之間擁有了相似或熟悉的社會符號之後，人們之間才會產生相似的成員身分，尋找到情感能量流動的一致方向。[18] 這種隨機性的短暫的社會合作充分表現出臨時劇班的特點：在不斷變換的場景中，劇班成員之間很難維持一種長時間固定的內部合作關係，一切都是此時此地的臨時性表演，人們可以停留在劇班內部，也可以隨時走出劇班，成為劇班外部的一名觀眾成員。

臨時劇班的形成，可以幫助我們理解網路交往中人們在一個多變的媒體場景中形成的臨時團結關係的複雜性和易變性。一般而言，一個人的職業角色對應的集體劇班常常終生不變，自我角色在不同的劇班中差別有時也會很大（一個人可能既是職業外科醫生，同時也是一名父親和家長），而在網路交往的臨時劇班中人們之間締結的臨時關係充滿了更多的可能性和流動性。在觀察他人與他人之間如何產生成功的網路互動儀式過程中，總是能看到一個有著高度情感能量的個體周圍，環繞著一批擁有著共享符號的個人集合體，人們之間由此產生的強烈相互關注、情感連結和隨之而來的高強度的集體興奮，從而會提高每一個參與者的情感能量水平。人們這種特定社會場景的際遇並不是每天都會在網路中發生，它是充滿了隨機性和臨時性的儀式特徵，但每個個體在臨時劇班中進進出出，從一個場景到另一個場景的進入或者退出，目的只有一個：隨時隨地在網路空間中的游弋，只為追隨自己被不斷刷新的情感能量。

---

[18] 這一事件的詳細報導可參見鳳凰網專題報導：「方舟子大戰韓寒」，http://news.ifeng.com/mainland/special/zhiyihanhan/

個人和群體的關係：「永不無聊」的社交追求

在一個地方性的共同體中，每個人都生活在相對固定的社會等級之中，並且習慣於在集體成員共同的目光監視之下進行角色表演，社會等級和固定場景維持著一種高度儀式化的日常互動方式，群體成員很容易聚集到一起，社會層級較高者總是居於儀式中關注的焦點，普通的群體成員則表現出了高度的遵從感。在儀式的另一端體現了儀式的不對等性，一些更低社會等級的成員只能擁有較少的情感能量，群體成員之間的強烈等級意識使他們與更高等級者隔離開來，他們只會表現出低水平的社會團結和對群體符號的信賴感。地方性聯繫意味著特定地域範圍內數量和規模有限的群體單位，在每一個群體圈子裡面，個人對群體是高度依附性的，每個個體只是作為群體的一種表現形式而存在，對於群體來說，個體有時顯得無足輕重或可有可無。

電視就呈現了一種虛假的世界場景。少數人總是出現在觀眾面前，但看到的永遠是他（她）的櫃檯表演行為，除了這些電視製造出來的明星作為神聖物符號存在之外，觀眾對他（她）的了解非常有限。電視與其說是融合了地方性的社會場景與世界場景的差別，還不如說它製造了一種新的儀式化場景，明星們在電視表演中被賦予了神一樣的魔力和超脫凡俗的某一方面能力，普通電視觀眾對於明星的追捧，和原始社會氏族部落中的圖騰崇拜一樣，普通人希望借助於接近他們、模仿他們，使得自己也能從他們身上獲得一種超常規的力量和情感象徵。華裔籃球運動員林書豪在美國職業籃球比賽（NBA）的超水平發揮，吸引了大批球迷的關注，他們穿上林在球場上的

印有「17」號字樣的標誌球衣，或者從 Google 上搜尋大量關於他的資料訊息和圖片影片等，粉絲們進行相互分享，以希望共同獲得同樣超自然的神奇勇氣和力量。電視傳播中人們對於明星的遵從行為，最終往往和消費社會的主旨匯合，美國職業籃球比賽希望借林的華裔身分擴大比賽在華人觀眾的影響力，一些知名的企業開始跟進紛紛邀請他作為品牌代言人以打開更多的銷路，包括電視在內的大眾媒體找到了更加方便的填充節目內容的題材，對於普通觀眾來說，對林書豪的追隨，為他們黯淡無趣的日常生活增添了某種超凡脫俗的體驗。電視傳播善於製造明星個體，卻不善於表現群體，它只適合創造抽象的群體，表面上看電視似乎促進了群體成員之間一種平等的交往，個體能夠在日常生活中看到更多的能量明星而獲得源源不斷的情感動力，但在事實上，每當一名明星被視作集體意識的標誌時，這勢必也意味著其他被代表的群體成員中的每個人都只是沒有任何區別的個體，而且人們畢竟無法直接和這些神聖物進行交流，因此，對於明星而言，他的每一個追隨者只是充當了龐大群體規模成員中的組成部分，每個個體的特質和個性等全然被忽略了。

網路傳播展示了塗爾幹所預言的社會成員之間彼此機械團結的世界主義場景。隨著人們的交往對象不再僅僅侷限於家人、密友、同學和同事等地方性的聯繫，網路分享甚至超越了國家、種族這樣的宏觀社會結構，群體概念可以超越地域侷限而延伸到遙遠的任何一個地方。在眾人心照不宣的相互監視之下，網路上的公眾互動體現了一種低度社會團結的特徵，每天人們在網路上總是會遇到不同的陌生人，每個個體和陌生人之

間的互動頻次都不會太高，對於更大範圍內的社會交往總是持普遍的包容和信任態度。與電視相比，網路交往中的權力和財富並不像以前那樣被當作最重要的符號資源，一個人是不是足夠有趣、富有個性才是最重要的社會符號，YouTube 創始人陳士駿把這種個人化的特質形容為「永不無聊」，而且這種個性現在開始延伸到在過往社會歷史中沒有特權和較高社會地位的普通人那裡，在等級嚴明的地方性場景中，這些人曾經因為社會地位太低或者在一個群體中總是扮演無足輕重的角色，普遍被排斥在儀式的邊緣和群體之外，但在網路充滿平等性的溝通場景中，普通人也能充分展示自己的個性，通過和他人的互動為自己積累個人聲望。這一幕與一九六○年代的社會運動何其相似，當時的民權運動和反戰運動號召了大批年輕人參與其中，與之伴隨產生的「女性主義運動」、「同性戀權利運動」、「動物權利保護運動」、「生態保護運動」等其他社會運動同時都在推波助瀾，目標直接指向傳統社會結構中的階級分層，嬉皮們以奇裝異服、搖滾樂、吸食大麻和性解放等充滿個性的極端行為方式創造了一種新的生活時尚場景。這一社會運動不僅導致了人們傳統禮儀化的交往方式的消解，人們還得以告別那些正式、貌似優雅其實充滿了不平等的傳統儀式，而二十世紀這一推動社會變革的餘波微瀾最終還將其生命力延續到了二十一世紀的網路社交文化中。

伴隨網路傳播中的世界主義社會場景而來的，是不可避免的個人主義交往方式占據主流。人們在網路交往中追求世俗化的儀式，了解最新發生的社會大事，追逐最熱的話題和閒言碎語，體驗最有趣的娛樂方式，每個人都擁有並創造著不同的群

體成員符號，因為更多的社會符號對於積極的互動者來說意味著更加活躍和更加開放的互動。對於那些被互動者來說，網路上平等、開放的分享文化使他們也能擁有這些符號用來消磨時間，或者構築自己不一樣的內心世界。當代「宅男」、「宅女」們不僅生活在自己的個人世界裡，網路世界中各種形形色色的成員符號資源也為他們提供了新的社會場景，從大眾娛樂、美食、健身到體育運動、網路遊戲和種種業餘愛好，網路為人們提供了種種自下而上的主動交往方式，而不再是傳統社會交往中有時帶有強迫儀式特徵的家庭聚會或者其他的地方性團體活動。網路活動中賦予每個個體的自主性意味著每個人都可以在其中找到自己的關注焦點和情感連帶，一切交往都發生在以自我為中心的前提之下，這種行為方式不可避免地影響了傳統群體生活方式的衰落和社群網路的分散化。在塗爾幹曾描繪的傳統的地方主義交往場景中，人們之間進行著頻繁的社會交往，交往對象也大多固定不變，因此每個個體對群體符號都充滿了遵從和敬重，在一個高度團結的群體中，每個人表現出相當一致的共性行為方式，而非個性特質。因此，都市青年中的「宅」生活態度本身就是自我對於傳統群體生活的某種挑戰，在逃離庸常生活和追逐「不無聊」的生活場景之間，年輕人通過從群體向自我的龜縮（從物理空間到心理空間）來挑戰傳統，張揚自我，而互聯網就是他們最好的隱遁術。

網路傳播在建構一種新世界主義場景的同時，也引導了人們在網路交往中個人和群體關係的變化，當一個個體擁有了更多的群體成員符號選擇機會時，個人與群體的關係正在變得越來越鬆散，不再享有一種穩固和高強度的社會連結關係，吸

引個人加入到某一群體成員的動力，不再是傳統和他人引導的集體共同價值和興趣，而是「永不無聊」的社交追求這一自我主張。

關注流：投射在陌生的群體中

關注流是網路分享中人們展開社會交往儀式的起點。在現場交往中，人們身體聚集在一起，彼此因為身體的連結和互動自然引發相互關注，表演者雙方容易覺察到對方的反應和身體信號，從而建立起共同的身體節奏，就像日常生活情境中的會話一樣，雙方會始終維持了一種有節奏的社會合作儀式，從語速到輪流發言的時間間隔等，通過相互討論，尋找並確認共同的關注焦點從而建立關注流；網路分享媒體場景中的關注流發生在一個地理範圍極其廣大的象徵性空間中，在這一空間中，每個人身體都只是虛擬到場，從一個網路際遇轉向另一個網路際遇，人們只需輕觸滑鼠，因此，人們在這一空間中形成的關注流都是動態的、時刻變化的，充滿了向各個方向上演變的可能性，人們形成相互關注的條件不再是因為身體緊密地聚集在一起，異步交往使人們將網路上各種各樣的符號作為共同關注的焦點，如語言文字、圖像、聲音、影像等各種各樣社會化符號。在陌生的人群中，這些符號並不能完整標誌某一群體成員的社會身分，但它為人們在網路中開展互動、形成關注流提供了最初的關注焦點。由此我們將會看到，社會場景的不同決定了人們在互動過程中關注流形成方式上的不同，表現為人們基於不同媒體場景進行社會交往時所形成的關注流都有著各自獨

特的流動規律。

關注與被關注：作為神聖物的自我

互動儀式過程總是意味著一方被關注的同時，另一方則是處於從屬地位的關注者。情緒社會學理論認為，人們在互動儀式中擁有的不平等位置顯示了情境分層的重要性，某種意義上，正是人們在社會交往中擁有的經濟、權力和地位的不平等才使得互動儀式得以實現，因為任何一種社會交往過程中往往都是只有少數人才能成為共同的關注焦點，人們在社會交往中對於情感能量的追逐和社會階層中的流動保持著同樣的流動方向，即擁有高情感能量和符號資源者往往是儀式中的焦點，甚至有時是作為共同關注的神聖物而出現的，因此，對於大多數隻能擁有低情感能量和較少符號資源的人們而言，他們從一個場景奔向又一個場景，正是出於獲得新的情感能量和實現自身社會身分向上流動的需要。

網路交往中的關注和被關注之間的關係與現場交往中有以下兩個方面的顯著區別。首先，相比於財富和權力在現場交往中的影響力，人們在網路中的交往更多看重的是具體場景中的個人聲望。一般來說，權力和財富在一種封閉的、有著地方性的場景中有著更強的影響力，權勢顯赫的人物在儀式中總是處於中心位置，受人仰慕並被置於高度的關注視野之中，容易成為社交聚會中的明星。網路中人們的社會交往建立在一種開放性的場景中，交往過程中不僅失去了地域的標誌性空間，人們對於某種群體成員身分也保持著一種低度的遵從，有時甚至會產生一種故意反叛的心理。互聯網本質上是一種傾向於建立

平等的個人交往的理想化的場景模擬，在這裡人們之間締結的關係往往也都是臨時性的、動態的，是一種非常隨意的、弱關注的非正式化儀式交往，大多數個體僅僅在原先的專業化、地方性網路中擁有有限的個人聲望，這時如果這種有限的個人聲望拓展到廣大的陌生人聚集的互聯網場景時，就需要當事人熟練運用其文化資本等在原先固有的社群圈子外建立一種新的身分符號，就像後文案例中談到的唐慧，在走上漫長的七年上訴路之前，她只是生活在地處偏僻的一位普通媽媽，在家附近做點小生意，在從二〇〇六年到二〇一三年連續七年間為被逼迫賣淫的女兒尋求法律公義的艱難上訴過程中，她不得不通過網路尋求社會輿論支持，而一旦她成功地將個人聲望從一個很小的地域圈子拓展到了廣大的、非正式性的、臨時性的網路交往中時，她就建立起了新的關注流以及與其他陌生的群體成員之間的情感連結，因而她本人也從一個默默無聞的小人物轉變為收穫了廣泛的個人聲望和社會成員符號的公眾人物（作為一個為尋求司法正義而堅強不屈、備受社會各界同情的另一個偉大母親形象）。唐慧這案例在當代社會中引發了巨大的爭議，甚至直接影響了被執行了長達半個世紀的勞教制度在二〇一三年年底被正式廢除，這其中人們在網路交往中進行的熱烈討論以及網路媒體和平面媒體之間的互動，對於這一事件的不斷向前推演，乃至最終的輿論潮流的走向和力量都發揮了決定性的作用。

其次，網路交往在消解權力和財富的影響力的同時，為每一個個體的自我崇拜建構了新的場景空間。與現實中身體代表的那個自我相比，網路上的那個自我也是身體自我關注的對

象，它不僅僅是理想化的自我，也是技術賦予了表達權力的自我。網路分享不僅是以自我為中心的社會交往，事實上，因為有了互聯網，自我崇拜才能在每一個普通人身上得以實現。在此之前，他們都只是現場交往中沉默的大多數，較少有被別人關注的機會。在網路交往中經常能夠看到這樣的情形，即便是那些在現實生活中擁有很低情感能量和較少群體成員身分符號的普通人，他們都會滿足於這種多少帶有自我崇拜的狀態：他們既在網路分享中尋找新的情感能量而去關注和追隨別人，同時也希望自己成為被關注者，即便不是焦點中心人物，但是偶爾受到別人的關注，這樣的感受也已經讓他們感受到了一種對群體而言較為微弱、但對個體又顯得非常重要的社會維繫。這是一個新生的自我，希望在關注別人的同時也能受到關注並且成為被小心和認真對待的自我，因此，每個人都能在網路交往中發現這個新生的自我，它同樣是被社會所建構的，這個新生的自我形象和現實生活中的那個自我有著千絲萬縷的內在勾連，存在著這樣或者那樣或明顯、或隱蔽的社會身分關聯，但與此同時，他又是一個獨立的、自足的、活躍在網路社交場景中的個體，依賴著和他人之間的關注和被關注而和群體成員之間維持著一種鬆散的、較弱的身分連結關係。

總之，網路分享媒體場景中的人們都在關注和被關注之間保持著一種新的群體成員關係，這種充滿了普遍信任的鬆散的臨時共同體也方便了成員之間容易形成共同的關注流。網路第一次把自我崇拜的權力也賦予了那些在現實生活中沒有多少財富或者權力的個體，每一個表演者在網路社會交往中將喜歡把自我當作普遍的新生神聖物，從而取代了傳統社會交往中占據

中心位置的權力和地位崇拜，雖然一些被關注者並非是因為自身在現實社會中所擁有的物質和文化資源而受到尊崇，但人們在網路交往中運用物質和文化資源的能力會從根本上決定他們在儀式中所占據的位置，偶爾，極少數被互動者也能在某些場景中成為關注焦點，就是因為他們在這方面有著超出一般人的運用其物質和文化資源的能力。

相互關注的前提：怎樣信賴陌生人

在什麼情況下，人們之間才會產生相互關注的行為？微觀社會學認為人們身體的密切接觸會引起自然的相互監視和吸引，為相互關注並形成共同關注焦點提供了物質前提。在現場交往中，大多數時候人們的交往都會基於某種地域性的群體成員身分，如同學、同事、客戶等，也有一些時候交往發生在諸如在熙熙攘攘的公共場所，這種偶然的際遇要產生身分認同，必須依賴於雙方能否發現共同感興趣的符號，比如共同喜歡的話題、某一位球星或者興趣愛好等；否則，社會交往就很難開始，或者這種交往即便有了開端，也無法持續進行或維持下去。

網路上人們的社會交往同樣需要這些社會化的符號，顯然這種符號基本上不再是帶有某種地域性色彩的群體成員身分，而是在一種偶然的網路際遇中雙方都會關注到的任何一種事物，如某個新聞人物，或者自己感興趣的特定內容等，如果是在雙方都處在匿名的狀態，是一種網路上兩個人純粹的偶遇，那麼這時建立的關注流很像人們在一場演唱會上的相識差不多，只是事後雙方會把這種交往視為有趣的、能夠增加情感能

量的美好回憶而已，因為除了這種巧遇之外，以後彼此可能不再會有任何聯繫。在一些標示了社會身分的場合，尤其是在網路上的圈子或者社群媒體中，這種偶遇也能因為一連串成功的互動發展成為擁有比較穩固關係的群體成員，雖然這種群體成員之間的關係不像地方性的現場交往中那麼緊密和牢固，但在網路交往中這也是經常出現的情形（特別表現在社群媒體中）：陌生人之間的頻繁互動最後也會產生某種群體成員符號；表演者之間會維持一種相對鬆散而臨時性的關係。

網路分享中臨時關注流的形成具有很強的連結性。一旦兩個陌生人之間形成相互關注並在交往過程中產生共同的關注流，那麼，這種關注流就可以因為網路上輕易實現的分享行為而傳遍整個網路，形成一個宏大的社會結構網路，人們之間的關係也會因此變得更加緊密，並逐步發展成相對穩定的、隨時會相互關注的朋友關係。這與現場交往中的臨時關注流有著本質的不同，後者往往是小範圍的、不流動的，而且一般情況下不大容易會擴散為大規模群體的關注流。

在一個失去了地方性聯繫的網路交往場景中，人們相互關注的前提不再是來自身體的密集接近或者群體成員身分的吸引，而是更多依賴寄託了某些集體情感的通用符號。這些符號的意義內含並非是穩定、靜態和不變的，它們更多寄託了生活在某個特殊時期社會的人們的特殊感情。二○一二年二月二十四日，一篇「網曝『官二代』橫行霸道，戀愛不成將少女毀容」的部落格在網路上被廣泛轉發，發帖的是一位被毀容的女中學生周岩的家長，帖子內容描述的是半年前的九月十七日學生陶汝坤因追求周岩，在對方家中向該少女潑打火機油將其

嚴重燒傷。後來對方家庭因協商賠償等諸多事宜未達成一致，受害少女方家長以「官二代燒傷少女」為題名的帖子發到了部落格上。事實上，受害方少女父母都是普通工廠職員，而施害方的父母分別是財務處處長。這一帖子在經過大量的網友轉發後，又迅速地被報紙雜誌和電視台等平面媒體記者跟蹤採訪報導，旋即引發了網路上和社會輿論對於「官二代」身分的譴責和對受害平民少女的同情。值得注意的是，「官二代」這樣的身分標籤在社會有著特殊的符號背景，一般都泛指那些可以繼承並利用父母手中的公共權力和社會資源謀取個人利益的子女，這一稱呼具有相當的貶義色彩，折射了社會的嚴重階層分化、公權被濫用以及由此引發的權力腐敗和司法不公等諸多社會問題。事實上，該帖子在網路和讀者激發出的關注流首先是「官二代」這個代表了特殊社會階層的符號，它不是一個有著地域、職業或者行業等色彩的群體成員身分符號，而是代表了社會普通民眾最為敏感的一個文化符號，充斥了人們對於社會階層嚴重分化和司法不公正的憤恨和無奈。這起案例和二〇一一年震驚的「藥家鑫殺人案」有著驚人的相似，後者也是案發後受害方家屬在網上發帖稱施害方有「官二代」、「軍二代」背景，引發輿論譁然，可實際上藥家成員既不富有，也沒有公務員和顯赫的軍官背景等身分。由此可以發現，對於網路上吸引陌生人形成大規模的關注流而言，這種容易引發群體情緒的一般性社會符號有著非常強的象徵性力量。[19]

在網路分享開放性的場景中，代表特殊群體成員的符號已

[19] 少女周岩被毀容的相關報導可參見楊璐：《青春不能承受之痛：周岩毀容事件》，載《三聯生活週刊》，2012（10），82～85，2011-03-07[2012-03-10]，http://www.lifeweek.com.cn/2012/0307/36585.shtml；鳳凰網專題報導：「安徽少女拒絕求愛遭毀容」，http://news.ifeng.com/society/special/anhuishaonvhuirong/

經失去了吸引力，對陌生人的信賴，表現了人們在形成共同關注流的基礎上希望能夠建立更加廣大範圍內的社會聯繫的內在渴求，因此表演者之間的身分維繫常常依靠一些代表著更加廣大社會群體的一般性符號，這種符號能喚起瞬時的群體興奮，達成最大範圍內的社會團結。網路輿論每年都會產生一些在網友之間廣泛流行的新詞彙，這些詞彙就是人們形成關注流之後被不斷豐富其含義並賦予其新的社會意義的符號，它見證了人們曾經的共同關注，並且作為儲存了屬於一個時代的人們普遍的集體情感和記憶的社會符號，被廣泛運用在了人們的日常社會中。

陌生人群中的流行符號

一個人遊蕩在網路中，置身於陌生的人群中，這種感覺就像是孤獨的奧德賽在茫茫無邊的大海中航行。這時，每個人除了自己身上標示的某種顯著的社會身分符號外，人們很少能把從地方性的社會交往中所產生的身分符號帶入到網路空間中來，幾乎沒有什麼東西能夠產生現場交往中相似的群體團結或者對權力和地位的遵從等，一些人風流倜儻的外表，或者幽默睿智的言談風格，有可能在偶然的網路際遇中會創造一種短暫的支配性的場景。人們在網路交往中的相互吸引會取決於對個人所擁有的經濟、權力和文化資源的創造性運用，即這種創造性運用並非像現場交往中的使用方式，而是在網路分享這種特殊的場景中，人們必須將這些資源轉化為網路場景中有利於建立個體良好印象的機會，否則，在網路交往中，表演者炫耀的財富和權力會受到鄙視、仇恨和厭棄，而個人擁有的冠冕堂皇

的文化資本可能因為像一種過於招搖的標籤受到嗤笑。

高夫曼（一九六三）把人們在公共廣場上進行公眾互動的風格稱為「文明的不關心」原則，它重視了平等性，卻缺少團結性，是人們之間一種心照不宣的相互監視，以維持一種有距離的禮儀和隨意性的社會交往風格。人們在網路交往中的交往與這種公眾互動風格有類似之處，同樣都是缺少權力和遵從的場景，人們之間表現出一種冷漠的相互監視和距離感，但網路交往無疑發生在更具流動性的廣大社會場景中，人們輕點滑鼠游標，從一個網路際遇轉入另一個網路際遇，追逐的是一種被稱為帶有社會性的情感能量的東西，有時它表現為人們自己創造的神聖物符號，更多時候它則是凝聚了一種集體情感和體驗及記錄各種各樣社會意識的符號化文字。

網路之所以成為吸引人們大規模聚集的場所，身體即便虛擬在場，卻同樣讓人們見證到集體情感爆發的力量。用塗爾幹的話來說，人們在日常生活中無時無刻不感受到某種能量從外界流入自己內心，這種能量通常都會征服人們的意志並使之遵循它所指示的方向，對外它表現為社會輿論，對內則表現為內在於作為每一個社會人的個體心目中的道德良心，除非以清晰的符號表達出來，否則它就是臨時的、容易消散的和曖昧不明的意識流動。今天的社會，網路虛擬世界和現實社會幾乎呈現為兩個完全不同的場景，前者通常充滿了普遍的狂熱情緒，一些原先非常凡俗的事物在公共輿論中也獲得了神聖物一樣的符號意義，如「社會公平」、「正義」和「自由」等，後者則意味是一個波瀾不驚的平靜現實，人們對於網路上那些流行的理想符號總是抱有懷疑態度。在網路交往中，人們常常因為對這

些神聖符號頂禮膜拜而形成了一致的關注流，交往由於突破了地域性的限制，因此一些社會事件經過網路傳播放大後常常能激發人們圍繞這些神聖符號展開熱烈的關注和討論，進而催生某些社會共同觀念和集體情感體驗，這就是人們在網路交往中產生的集體情感體驗高峰，它能喚醒人們原先分散在各地的、在日常生活狀態中表現得沉默無力的情感和力量。因此，在陌生人之間的網路交往中，這些神聖符號不僅是激發關注流的起因，同樣也是記錄下這關注流形成後所產生的集體情感的標誌，正因為有了這樣的符號記憶，人們的集體情感體驗才得以用符號形式被留存下來，並期待在下一場網路際遇中被再次喚醒和刷新。

除了那些作為神聖物的符號之外，那些記錄了一定社會時期人們集體情感的符號也是網路交往中驅使廣大的陌生人之間形成集中關注流的最重要誘因。二〇一一年年初，來自一位農民朱之文此前一直熱愛唱歌，決定去選秀節目《我是大明星》上碰碰運氣。當時表演者穿著一身破舊的軍大衣，卻一曲驚四座。隨即在三月二十二日複賽中，他的歌聲幾乎讓全場沸騰，等他第二天回到村子裡時，當即就受到了眾多網友的追捧。隨著朱之文在電視選秀的演唱影片在互聯網上風傳，他很快成了風靡網路的「大衣哥」，最後經過許多熱心網友和專業人士的舉薦，二〇一二年朱之文登上了電視台的春節文藝晚會的舞台，並成為當年網友票選得票最高的演員，「大衣哥」進而成為朱之文的另一個符號。「大衣哥」在網路上引發了如此強大的關注流，雖然與農民歌手朱之文的歌唱表現有關，但這一符號之所以引發網路上素不相識的人們之間如此廣泛的關注，更

重要的原因在於，「大衣哥」這樣的身分符號代表了每一個日常生活中的平凡個體，他們勤懇、樸實、善良，有自己的夢想並為之而堅持。人們對「大衣哥」的關注其實表現了網路中每一個關注者對自己內心情感的肯定和支持，這正是網路交往能夠產生讓每個參與者重獲新生需要的精神力量，通過這種集體情感附加，「大衣哥」這個被創造出來的符號獲得了新的意義內涵，通過建立一種共同的關注流，它幫助許多普通人重新建立了一種大家可以共同分享的信念，可以讓他們在日常生活中面對乏味，或者艱難時刻變得更加自信和充滿力量。[20]

陌生人在網路分享中的社會交往建立了一種臨時性的場景，當人們之間不再享有地方性聯繫中的某一群體成員身分時，一些代表著更加廣泛社會意義的符號可以幫助他們很快地建立起一種臨時性的關注流，這些符號包括了社會輿論中經常會遇到的抽象的神聖符號，它們通常都是被高度社會化了的，在另外一些情況下，寄託了一定時期社會成員的集體情感的符號也會在網路上形成極其恢宏壯觀的關注流，它代表人們團體生活中一種共同經歷的精神體驗，最後也會催生出象徵了包括陌生人在內的更廣大社會範圍內群體成員的新身分符號。如果說「大衣哥」在網路中的備受追捧體現了許多網友對於社會身分向上流動的質樸追求，那麼，近年來流行的一些網路流行符號如「屌絲」、「白富美」、「高富帥」、「低調奢華有內涵」、「羨慕嫉妒恨」等，用來形容各種不同社會身分的群體特徵或心理感受，既有對於自身低下社會層級的自嘲和不滿，也有對

---

[20] 「大衣哥」農民歌手朱之文的相關報導可參見王錦慧：《「大衣哥」朱之文的故事》，載《黨建》，2011（10），56～58，人民網，2011-09-29[2012-03-12]，http://theory.people.com.cn/GB/15789492.html

於更高社會群體的豔羨和嫉妒，這時，符號既是陌生人關注流形成的重要誘因，也是關注流形成之後代表著人們集體情感的產物。某網站影片二〇一二年推出的自製劇《屌絲男士》，其內容基於「自我調侃和自我減壓」的「屌絲文化」，受到許多年輕人的喜愛，由於人們在網路進行的交往大多數時候都超越了身體互動的直觀性質，都是基於各種各樣的符號體系（從文字、圖像、聲音和影像等）進行的一種交往，一種符號運用越具有表現力，就越能夠成為吸引人們關注的神聖物，喚醒大多數社會成員之間的集體情感，那麼它就越容易在人們的網路交往中形成強烈的臨時性的關注流。

關注流的形成規律

在進行了網路場景建構方式的分析之後，本章從第一節到第四節共用了四節的篇幅描述了網路分享的媒體場景中人們形成共同關注流的實現方式和影響因素。作為本章的總結，下面將人們在網路場景中的關注流形成方式與其他媒體場景和物質場所中的表現方式進行比較，以揭示網路分享場景中關注流形成的特點，並試圖發現其中反映出的一些基本的儀式實現機制和發生規律。

人們在網路分享中形成關注流的方式，展示了一種通過媒體進行的新的社會交往場景：人們在網路中的同步交往不僅恢復了現場交往的部分特徵，也促進了每一個個體和廣大社會範圍內陌生人的交流，異步交往則使得人們在網路上大規模的虛擬人物聚集成為可能，更重要的是，人們在網路中的異步交往和同步交往可以並行不悖，這一點方便了人們以各種靈活的方

式達成無處不在的關注流；在一種失去了地方性聯繫的世界場景中，人們對於權力和地位不再持有明顯的遵從，難以感受到權威和群體身分帶來的壓力，階級、地位和權力在網路中開始讓步於個人聲望，少數個體的個人聲望可以逐漸從一個有限的地域、專業或者行業的圈子中延伸至大眾領域，根據每個人在網路中運用這些物質和文化資源的能力差異水平，使用者可以分成積極的互動者、追隨者和被互動者，這些不同的使用者擁有不同水平的情感能量，決定了他們在形成關注流的過程中所發揮的不同程度的影響力；人們在這種世界性的新場景中組合成各種臨時性的共同體，從理想化的自我表現，到自我和他人之間形成的一種低度團結關係，以及在陌生的人群之間建立的一種充滿距離感的普遍信任。當人們之間不再享有某種地方性場景的群體成員身分時，陌生人之間形成的關注流表現出一種新的特徵：隨著作為英雄符號的神聖物的退場，自我成了新生的神聖物符號，與此同時，一些象徵著更大社會範圍內人們集體情感的符號成了臨時性的關注焦點。

在關注流形成過程中，作為網路交往的核心要素，人們在網路交往中建構的共同關注焦點為互動儀式提供了重要的初始條件，表現出儀式實現過程中關注流形成的如下一般規律：

首先，人們在網路分享中突破了以往媒體交往和現場交往中對於個人視域的種種限制，形成了一種無所不在的關注流。這種對於視域的突破主要表現在兩個方面：（1）每一個人置身於網路中，實際上也就等同於置身於一種無所不在的監視和被監視之中。這種監視和被監視意味著不再有物質場所中像牆壁和門這樣的實體場景隔離，也不會遇到一些媒體場景中的人

為隔離，如電視中被精心呈現的對話場景等，而另外一種沒有被電視鏡頭表現出來的場景則永遠沉默在黑暗中。網路分享意味著傳統的門窗以及地域界限等各種各樣的場景隔離方式的消除，而且在這一開放性的場景中，每個人對於訊息隔離的能力被大大削弱，這使得人們在網路交往中的關注都能超越傳統的地域、專業和行業的侷限性，進入到一個前所未有的廣闊社會空間場景；（2）人們在關注流中形成的水平連結方式進一步強化了網路臨時共同體中共有的身分連結，即便是兩個人在網路偶遇中形成的關注焦點，也可以因為網路的水平連結方式不受阻礙，能夠朝四周圍的任何一個方向擴散開去。相比較而言，人們在另外一些媒體交往或者現場交往中總是處於一種不平等的儀式位置中，或者表現為一種帶有某種強迫性、充滿了權力控制的消極儀式，人們在儀式中所處位置的差異阻礙了共同關注焦點的形成，或者只能共同關注維持在一個非常狹小有限的時間和空間範圍內。

其次，在一個失去了地方性聯繫的場景中，權力和地位不再會受到遵從，一些能夠較好地運用其物質和文化資源的個體容易成為關注流中的共同關注焦點。人們在現場交往中的自我表演總是離不開自己作為某種群體成員身分的角色特徵，像電視等媒體中的社會場景也都是封閉性的，暗示了表演者和觀眾分屬不同的「劇班」，網路交往中的公眾互動不再受到於某種地方性聯繫中固定場景的約束，缺乏共同身分連結的陌生人會對權力和地位表現出低度的遵從行為，此時，一個人的個人聲望要從某個地域或者專業場景中延伸至廣大的網路空間，需要依賴其熟練運用其從物質到文化等各種符號資源的能力，表演

者這種在網路場景中綜合的表現力水平決定了符號使用者在互動儀式中的不同位置，只有極少數人能夠成為引領關注流的焦點符號，而這部分人並非一定就是現實世界中在經濟、權力或者地位等方面就擁有優勢的個體，甚至像「大衣哥」、「芙蓉姐姐」、「鳳姐」這樣的普通人也能成為所謂的「網路紅人」。

最後，人們在網路分享中會締結一種範圍和數量都可以極其廣大的臨時性共同體，在這一過程中，一些附加了集體情感的符號成了連結不同人們之間的共同焦點，而傳統儀式中那些作為神聖物的英雄符號開始退場。網路就是塗爾幹所描繪的產生社會輿論的場所，在這一過程中形成的符號不僅標示了一定時期社會的集體情感體驗和記憶，也使得這種群體意識得以持續傳承，並且為人們在一場又一場的網路際遇形成關注流提供了共同關注焦點。由於互聯網通常被視為是庸眾們的活動場所，人們之間的平等性優於團結性，因此，傳統儀式中一些充滿了英雄符號色彩的神聖物並不會得到普遍的歡迎，恰恰是那些代表了一般民眾的情感強烈的集體記憶符號會受到最大的熱情關注。

綜上所述，人們在網路交往中形成的關注流，首先表現為一種網路空間中超越了地方性場景的無所不在的關注，這種關注較少受到權力、地位和經濟階層的影響，一些能夠積極運用其物質和文化資源的個體容易成為人們的共同關注焦點，一旦人們在網路上的連結不再維繫著某種群體成員身分關係，那麼，陌生人之間形成的臨時關注流往往集中於那些脫離了地方性聯繫的、象徵著全社會普遍的集體記憶和情感體驗的符號，這些符號不再是帶有英雄色彩的神聖物，而是被自我這一新生

的神聖符號所代替，當然更多時候是代表了極其廣大的社會範圍內的普通民眾所共享的某種共同信念或者集體記憶的符號。

案例研究一：「上訴媽媽」唐慧：從小人物到「能量明星」

一個人在儀式中是否擁有支配性的影響力和所處的位置會受到權力和地位的影響。雖然人們在網路上的交往天然具有反權力和反社會等級制度的傾向，但網路作為一種理想化的溝通環境，它並非存在於現實社會之外，它也是現實社會的一部分，就像塗爾幹所說的，社會在創造或者再創造自身的過程中，同時必然也創造了理想，網路作為一種凝聚了精神的技術，一種人造物，現實社會的影響包括從一個人擁有的社會資源到他的成員身分，也必然會投射其中，塗爾幹指出，理想社會會經常受到各種不同方向的力量牽引，但由此引發的衝突「並不是理想與現實之間的衝突，而是兩種不同理想之間的衝突，是昨日理想與近日理想的衝突，是傳統權威之理想與未來希望之理想的衝突」（塗爾幹，2011）。在傳統社會中，很難想像像唐慧這樣的一個普通百姓能收穫如此高的個人聲望——如果沒有網路傳播帶來的關注度，他們往往一輩子只能生活在一個狹小的地域和圈子裡，個人的情感生活乏人問津，生老病死如同草芥一樣。在為女兒張××長達七年多的上訴過程中，這個像秋菊一樣不屈不撓為女兒尋求正義的堅強媽媽贏得了普遍的社會同情，這個六年間進京上訴二十三次、省城上訴逾百次、並因上訴而被勞教的「上訴媽媽」激發了無數網友對於勞教制度的譴責，最終導致一九五〇年代建立的勞教制度在二〇一三年年底被很快廢止。從作為一個女兒的普通母親，到

成為反抗社會不公的「上訴媽媽」形象，唐慧被社會各個群體和網友賦予的這一神聖物符號，也寄託了許多普通人尋求社會公義和超越個人命運的夢想。

情緒社會學把互動儀式看成是一個不斷累積個人情感能量的持續過程。一個人過去曾經有過的成功社會交往經驗會激發他反覆去尋找同類的團結性儀式，在這一持續的、不斷累積的過程中，一位普通人也能通過網路中的社會交往積累個人情感能量，最終以社會明星般高度的情感能量出現在公眾場合，並且很快創造出圍繞自己的關注焦點，激發他人踴躍參與，形成某種集體情感。唐慧一開始只就是這樣一個來自小地方的小人物，通過網路場景中的社會交往最終成為一位擁有高情感能量的社會明星。唐慧於一九七三年出生較偏僻的永州。西元八○五年，唐朝著名的文學家和改革派人士柳宗元就曾貶謫到這裡，寫下了著名的《永州八記》。如果不是二○○六年發生的一起偶然事件，唐慧可能一直就是原先那樣一個普通的家庭主婦，做點小生意，與她的丈夫和女兒一起安安靜靜地生活在那裡。二○○六年十月的一天，唐慧從一個男子那裡得知留下紙條、失蹤兩個多月的女兒（事發時十一歲）在一家叫做柳情緣休閒中心被強迫賣淫和受多人強姦。唐慧認為，當地政府部門在該案件的立案和審理過程中個別警察存在瀆職行為，強烈要求法院判處涉案的七名犯罪嫌疑人死刑，獲得合理賠償，為此，她個人開始了漫長的七年上訴路。[21]

---

[21] 柴會群等：《什麼造就了唐慧》，載《南方週末》，2013-08-01[2014-06-12]，http://www.infzm.com/content/93030. 更多的關於此案件的報導可參見《南方週末》系列報導，http://www.infzm.com/content/92438. 百度百科「唐慧」詞條：http://baike.baidu.com/subview/5989323/9155605.htm?fr=aladdin. 維基百科「唐慧案」http://zh.wikipedia.org/wiki/%E5%94%90%E6%85%A7%E5%8A%B3%E6%95%99%E6%A1%88

除了情感能量之外，一個人擁有的成員身分符號也是影響互動儀式能否成功的關鍵要素，同樣在社會共同體中，一個人所擁有的從高到低、從大到小的不同程度的社會身分符號，會決定他在互動儀式中的地位和位置。在上訴之前，唐慧只是一個生活在永州這樣一個小地方的普通農民，靠做點小生意謀生。據唐慧的丈夫回憶，事發前的唐慧性格內向，「見到生人臉都會紅」。從一個內向、普通的農民到後來成為網路中知名的「上訴媽媽」，唐慧在網路中有擁有卓著個人聲望，在於她對各種社會資源和文化符號的有效運用。唐慧一家人文化程度都不高，她和丈夫很早就輟學務工，用她自己的話來說，只是一個「生活在社會底層的老百姓」，為了生計而忙碌，甚至沒有太多時間去陪孩子。如果說生活在社會底層的這一身分符號為唐慧的網路交往博得了廣大社會成員的深刻同情，那麼，唐慧後來在這一案件中表現出的智謀和倔強則為她贏得了廣泛的社會成員的尊敬和顯赫的個人聲望。

唐慧在個人聲望的建立過程中最重要的策略是抓住了當代社會中信訪制度的弱點。和勞教制度一樣，一開始是服務於「人們群眾監督政府的工作和相關工作人員」的一個下情上達的管道，在一九九〇年代社會進入全面市場化改革之後，尤其是大規模的城鎮改造「圈地運動」，使信訪成了許多社會底層群眾維護個人權利的重要渠道，根據社會科學院農村發展研究所社會問題研究中心主任于建嶸教授的調查，從一九九二年起，全中國信訪總量連續十一年上升，並在二〇〇三年形成了信訪洪峰，越來越多的信訪大軍製造了多起「群體性社會事件」，不堪重負的信訪渠道已經成為了「集權主義政治」

中一種有著「重大缺陷」的社會制度，追根究柢，信訪制度建立了一種政府和地方政府政治利益不一致的壓力傳導和消解機制——為了維穩，上一級政府會以每年信訪指標考核下一級政府，「穩控」不力的官員會受到從誡勉談話到免職等各種嚴厲處罰，而訪民正是抓住這一制度中的「七寸」，只有通過上訴過程把事情鬧大，自己的權益受損事件才能得到最大的關注度，才能實現維權的可能性最大化。[22] 從二〇〇六年到二〇一二年的六年間，唐慧進京上訴二十三次，省城上訴百餘次，每一次上訴都令地方官員緊張不已，唐慧不斷的上訴行為讓當地官員感到「既恨又怕」，甚至出現過當地的富橋鎮「鎮長求唐慧回去，書記又帶著唐慧上訴」的奇特行為，而從二〇〇八年以後，當地鎮政府為了安撫唐慧，給予她家的「困難補助」已經達到了二十一萬元。

在獲得廣泛的媒體報導和網友關注之前，唐慧不斷的上訴行為還只是地方上一個令當地官員感到頭疼的「鬧訪」者而已，她的個人聲名僅僅侷限在地方性的人際維繫中。事情的轉機出現在了二〇一〇年的六月一日，這一天永州某郵局的一名叫做朱軍的保安隊隊長在零陵區法院槍殺三名法官，眾多媒體記者赴永州採訪，唐慧對於這一社會事件的巧妙運用，使她很快進入了公眾的輿論視野。

儘管唐慧並不認識槍擊案主犯朱軍，當時唐慧稱殺人犯朱軍是她女兒的「乾爹」，係為她女兒尋找正義不得而槍殺三名法官，唐慧編造案情，為了獲得前來採訪案情的媒體記者的關注，但因為無法提供關於朱軍的其他有效訊息，唐慧的案件雖

---

[22] 于建嶸《中國信訪制度的困境和出路》，載《策略與管理》，二〇〇九年第 1/2 期合編本，2012-11-23[2014-06-12]．http://www.aisixiang.com/data/59333.html

然有媒體記者寫了報導，但並沒有得到媒體記者的廣泛關注。唐慧後來找到了知名的活躍媒體人鄧飛（《鳳凰週刊》記者，「部落格打拐」（註：打拐是打擊拐賣兒童、婦女犯罪的簡稱）、「貧困山區小學生免費午餐」等活動的發起人），鄧飛很快發現唐慧關於這一案件描述中和事實不符的諸多內容，唐慧則眼淚汪汪地對他表示，「不這樣，我能找到記者喊冤嗎？」

槍擊案發生後不久，零陵區街道上張貼出大量《告零陵同胞書》，將朱軍的作為稱為是「一位孤膽英雄的剿匪行動」。警方立案偵查後，認為唐慧等四人有作案嫌疑，唐慧隨即因「擾亂社會秩序」被警方拘留。唐慧被拘留之後，網路紅人鄧飛在其個人部落格上多次呼籲，一個多月後，唐慧在被拘留三十七天之後釋放。此後，在鄧飛幫助下，搜狐網部落格頻道開始介入此案，聯繫十多家媒體採訪報導唐慧女兒案件，鄧飛則為這對母女介紹了一位從事法律援助的律師胡益華。

正如在後文中「鄧玉嬌殺人案」中所展現的那樣，互聯網展現的許多知名社會事件中都活躍著一些像鄧飛這樣的志願者，他們和案件中的當事人原先也並不熟識，職業屬性也各不相同，從記者、律師到來自各行各樣的人士都有，唐慧案從開始走入公眾視野中的那一刻開始，這一群支持者就在網路上發起了一波又一波持續的聲援支持行為，支持者的聲音通過部落格、通軟體等自媒體渠道擴散，最終使唐慧案獲得了前所未有的關注度，並且在平面媒體和網路媒體之間擴展為持續擴散的漣漪效應——最終成為一場社會的輿論風暴，從每一個開始了解和關注此案的網友，到《人民日報》、《新華社》等主流媒體的部落格，紛紛對之做出了自己的判斷，或譴責，或聲援，

或質疑，唐慧女兒案的影響力從永州一個狹小的地域迅速向全中國範圍的廣大網友中蔓延。

在擴展的輿論風暴中，受到考驗的不僅僅是唐慧母女，這種壓力也傳遞到了相關政府部門，這其中包括了基層警察、負責維穩的鄉鎮幹部、永州市相關的法院系統，甚至包括負責此案宣判的高院的法官和政法委的官員們。這一原先只涉及地方吏治和司法現狀的案件，本來可以在一個地方的普通中級人民法院的法庭之內就能進行判決，可現在它首先要面對的是來自全部範圍內甚至是國際觀察家的無數關注者的目光和輿論審判。歷經兩次發回重審、前後四次判決，二○一二年六月，高等法院宣告終審裁定，判處案件的兩名主犯周俊輝、秦星死刑，其他五名涉案人員被分別判處從十五年到無期徒刑不等的刑法。唐慧對這一判決並不滿意，繼續上訴和申告，二○一二年八月二日，零陵分局以「擾亂社會秩序」的罪名將唐慧帶走，對其處以一年半的勞動教養。鄧飛在知道這一消息後，當晚十點五十一分即以「零陵醜聞」為標題在其個人部落格上進行披露。隨即鄭淵潔等部落格大 V 等紛紛在個人部落格上呼籲放人，關於此事的部落格轉發很快就超過二十萬次，「上訴媽媽唐慧被勞教」這一事件迅速成為網路輿論焦點。迫於強大的輿論壓力，八天後，零陵分局將唐慧釋放。

新浪網二○○九年開發的網路交流工具微博是模仿美國 Twitter 網站提供普通網友之間社交和訊息交換服務的一種傳播和分享訊息的方式，它的特點是個人性、即時性、方便性和互動性，每個使用者可以隨時通過手機、電腦、PDA 或者其他設備每次向自己的部落格上傳不超過一百四十個字的文字訊

息，也可以上傳或者轉發圖片、文章或者影片等各種文字形式，使用者之間一個「轉發」的點擊就能很方便地實現訊息共享，將他人內容轉發到自己的微博主頁上，也可以點擊「收藏」或者加以評論。在現場互動中，個人在儀式中占據的位置、人們在身體到場需要花費的時間多少，以及究竟是一些什麼樣的人員參加等，都會影響到儀式的效果。網路提供了個人聲望傳播的新平台，在一個開放性的、平等交往的場景中，那些豐富情感能量和符號資源的人總是隨時能發起一場成功的對話，將那些渴望擁有相似的成員身分符號的陌生人捲入進來。唐慧案中施以重要援助的記者鄧飛一開始只是在傳媒界圈子裡擁有有限的個人聲望，但從二〇一一年年初他和另一位網路紅人薛蠻子在部落格上發起打拐倡議之後，他的關注焦點很快成為大眾的關注焦點，隨著他參與網上打拐、免費午餐等活動的深入，這些公益行動成為連結他和廣大網友之間的新社會符號，鄧作為發起人之一和眾多社會名流之間推動的公益活動在部落格上被不斷轉發之後，成為一個非常成功的群體互動儀式，在鄧和鄭淵潔、薛蠻子等社會名流及上百萬網友之間實現了很高程度的相關關注和情感連結，鄧的個人聲望很快延伸到了媒體之外的其他專業領域（尤其是公益活動等民間救助行動），隨著報紙、電視台等大眾媒體對於這一活動的報導和關注，鄧贏得了更大社會範圍內的網友的關注。[23]

　　從事民間打拐、免費午餐等一系列公益活動開展之後，鄧飛的個人部落格很快成為眾多網友的關注焦點，截至二〇一四年五月底，他的部落格已經擁有四百六十多萬的關注者（粉

---

[23] 鄧飛的新浪微博地址，2012-08-02[2014-06-12]，http://weibo.com/p/1035051642326133/weibo?is_search=0&visible=0&is_tag=0&profile_ftype=1&page=252#feedtop

絲），在眾多網友的目光注視下，鄧儼然是一位高能量明星，這使他對互動儀式本身產生較高的遵從，並感受到某種社會壓力，以至於他從二〇一二年八月二日唐慧被勞教之後，很長一段時間內每天都在部落格上連續轉發唐慧被勞教案的實時動態訊息。在互動儀式的另一端，網路不需要像現場中付出那麼多的成本（時間、交通成本等），對於每一個網友來說，他們都是每天網路上游移不定的熱點追逐者，不會總是固定出現在某一個社會名流的互動儀式中，因此他們不會感受到對方同樣的高度遵從壓力，偶爾參與到支持唐慧這樣的公益活動經歷，會讓他們感受到短暫的高強度的儀式體驗，或者作為過往成功互動中一種集體情感的美好體驗而留存於個人記憶中。

鄧飛、唐慧、網路紅人和眾多普通網友之間的網路交往同樣基於情感能量的相互交換、激發和再創造。唐慧雖然只是二〇一三年七月十日在新浪短暫開通了個人部落格（本人口述，他人代發，共四則文字消息），她當初找到鄧飛的原因只是因為鄧是一位記者，可以通過採訪報導引發社會關注，但隨後網路激起的輿論反應之激烈和複雜程度，顯然超出了唐慧的預料。對於唐慧而言，不管是鄧飛這樣充滿能量的媒體記者，還是她未曾晤面或者有過接觸的廣大支持者，來自網路上每一個積極的聲音都是她上訴和尋求法律正義的肯定和認同，更是她克服種種困難的情感能量來源，直到網路輿論把她推向另外一個高度——成為「上訴媽媽」這樣一個帶有神聖意外的社會符號。唐慧不知不覺中收穫的全新身分符號、社會知名度和所有的情感能量，都和網路上強大的、幾乎是一邊倒的網路輿論有關；對於鄧飛等網路紅人而言，對唐慧案的積極介入自同情

感和知識分子的社會良知始，最終在一場擴展的社會風暴中同樣獲得了比先前更加卓著的個人聲望和情感能量，從而為進入下一個互動場景積累資源和能量；對於從網路輿論上支持唐慧的每一個普通網友而言，雖然他們無法像鄧飛和唐慧那樣成為「能量明星」，但在網路上和眾多支持者持續的互動和交往，通過情感代入他們得以再次確認自己的道德良知和情感判斷力，同樣在這樣一場規模和邊界得到不斷擴展的社會風暴中可以收穫充沛的情感能量，激發他們將來隨時參加下一場更加積極的互動儀式的勇氣和情感。

與此同時，網路傳播中的分享儀式是一種典型的公眾互動，在其中權力、職業和財富都不會得到遵從，沒有人發布命令，也沒有人會接受命令，人們之間基於平等交換原則和他人發生互動，這裡的平等性大於團結性，人們之間較少形成群體性的成員身分。網路上總是人來人往，各種各樣的群體成員和不同的社會場景組成了鬆散的網路交往形式，人們之間的交往很少遵循狹隘的局內人／局外人的劃分原則，眾多網友對於唐慧的支持，實質上表達的是對於受欺負的社會底層這一群體符號較弱強度的遵從，偶爾的際遇性質也許不會讓他們成為像鄧飛那樣從事民間公益救助活動的中堅分子，但這並不妨礙人們對於網路上發生的廣大範圍內的互動成員持普遍的信任態度。網路交往具有塗爾幹所說的世界主義場景，在一個掙脫了固定群體成員之間密切聯繫的地域性共同體之後，人們在更廣泛空間達成的社會團結是以較弱的群體符號遵從為代價的。事實上，這也正是網路分享的魅力所在，每個人都試圖在網路交往中尋找情感能量，但網路上又同時存在著如此多的不同群體和

不同類型的社會交往，人們在面對這些不同群體符號形成的集體關注時，總是在嚮往著某種特定的社會交往場景，從一個互動進入到另一個互動，每個個體總是在追隨能給他帶來情感能量最高回報的社會場景。對於鄧飛來說，他能推己及人，從救助唐慧中收穫了作為老鄉的責任感（包括他對家鄉地方吏治現狀感同身受的關注）和作為一個社會人的道德義務，對於他在部落格上的追隨者們而言，只要從唐慧案件這一共享符號中群體成員之間建立一種強烈的相互關注，那麼這一網路上集合了上百萬網友的情感能量就能創造出一個全新的、受到高度關注的社會際遇，每一個人從這個臨時的群體成員身分中都能感受到相互的情感連結和集體興奮感，這種高強度的情感體驗進而會提升每一個人的情感能量水平，為他們投入到下一場互動儀式中去提供足夠的情感能量儲備和更豐富的符號資源，這些都成了促進互動儀式成功的最重要的驅動力。

值得注意的是，在情感交換和符號匹配方面，網路交往表現出和現場交往某些相似的模式特徵，另外，網路上大規模的互動結構和簡便的互動方式促進了跨區域的人們達成廣泛一致的集體意識。在網路上，能量明星之間的頻繁互動並不多，網路上集中了相當一大批情感能量和符號資源都非常稀缺的人群，這使得能量明星和這些被互動者之間會自願形成某種互動。像鄧飛這樣的網路紅人在自己部落格上也會經常轉發或者評論其他社會名流的帖子，這種行為對他來說與其說是明星之間的互動，還不如說是為了和普通網友互動製造更多的關注焦點。作為一位能量明星，鄧更在意的是作為互動場景擁有中心位置，扮演支配性角色，發揮觸媒作用，盡可能使在他個人部

落格上發生的個人際遇的焦點圍繞著他自己，這樣在進一步提升自己情感能量的同時，也使得大批追隨者同樣獲得以前他們所沒有的社會符號資源。網路交往在建立大規模的集體意識和情感方面可以發揮現場交往中難以比擬的影響力，因為波及面廣，一個帖子不經意間就能傳遍網路，大規模的網友互動分享的不僅僅是精神和情感方面的共同價值，同樣也可以實現某種共同利益的分享和交換。網路分享在建立跨地域和跨場景的臨時共同體方面，可以實現大規模的社會動員，從而促進情感能量和象徵資本在不同層級的參與者之間進行流動，並且可以發展為網下實質性的物質利益交換。

作為一個通過網路互動吸引社會廣泛關注的著名案例，「上訴媽媽」唐慧引發的爭議至今餘波不斷。[24] 二〇一三年年底，執行了半個多世紀的勞教條例被廢止，唐慧女兒案普遍被認為是觸發廣大網友要求終結勞教制度的重要源頭；直到本文援引這一案例時，二〇一四年六月十三日，最高法院對於唐慧女兒案的兩名主犯的死刑判絕不予核准，認為案件量刑不當，一些事實審核不夠清晰，要求將案件發回高院重新審理。與此同時，也有媒體和法律界人士呼籲，唐慧女兒案中表現出的一邊倒的輿論傾向會不會導致「受害者通吃」的反法治結果？唐慧對於各種社會資源和文化符號的善於運用，所激發的強大網路輿論壓力是否已經影響到了此案正常的司法審判？在唐慧案的相關描述中，無論是不同媒體的記者、政治態度不同的網路紅人，還是意見不一的普通網友，絕大多數人對於唐慧案進行

---

[24] 關於唐慧女兒案的爭議，可參見《南方週末》的系列最終報導和評論《「永州少女被迫賣淫案」再調查 唐慧贏了，法治贏了沒》、《唐慧案，站穩法治立場》等，這兩篇文章的連結地址分別為：2013-08-01[2014-06-12]，http://www.infzm.com/content/93029；2013-08-09[2014-06-12]，http://www.infzm.com/content/93234

的所有判斷都只是基於各種部落格、通訊軟體和自媒體等有限的訊息拼圖，人們如何才能獲得真相併形成有效的共識？但至少這一案例說明，權力和地位在網路分享中已經讓位於個人聲望，人們在社會層級中擁有的地位的確能幫助他們在社會場景中建立某種優勢，但這並不代表他們能在儀式中一定能獲得每一個表演者普遍的遵從，事實上，每個人在網路交往中善於運用社會資源和文化符號的能力變得更加重要。顯然，網路分享歡迎一種平等性的團結，像唐慧這樣的一個普通人也能透過網路交往成為能量明星，證明了網路通過對於每個社會成員的技術賦權，使得人們在這種有距離的交往中能夠形成大規模的社會共同體，從而實現各社會成員之間個人符號資源的交換和情感能量的刷新。

案例研究二：明星姚晨與「公民」姚晨：建立職業之外的個人聲望

除了企業家群體姿態，網路上另外一個可以充當神聖物的當然是娛樂界的明星。與企業家群體不同的是，娛樂明星永遠是我們這個社會各種世俗化儀式中的關注焦點，從一場普通的新聞發布會到私人情感緋聞以及各種各樣的高端社交聚會上，他們經常以一種超凡脫俗的形象出現在聚光燈下。按照柯林斯的說法，娛樂明星從過去世襲社會中只能接受貴族資助才能生存的依附性人格，發展到當代社會私人領域中唯一廣泛突出的關注點，這一群體較少受到工作性質和權力結構的約束，有時會以一種反正式的隨意風格出現在各種公共場合，成為消費社會流行時尚的典型性符號（柯林斯，2009）。

　　作為一個人造明星，演員姚晨被媒體譽為「部落格女王」，她的微博有著超過一千五百萬粉絲的超人氣。從二〇〇九年九月一日開始，姚晨作為新浪微博的第一批使用者開始使用微博服務，一開始她只是記錄自己生活中的家常小事，關於私生活絮絮叨叨的風格滿足了她的崇拜者的窺視慾望，很快，她在剛剛嘗試使用微博的第一個月裡就贏得了十萬個粉絲的支持。用姚晨自己的話來說，為了滿足網友的「窺私慾」，她一開始的部落格裡充斥的幾乎全是關於個人／私人生活的場景訊息，這種真實又不失生活氣息的記錄風格受到了粉絲們的熱烈追捧，這就像她在這之前演過的兩部電視劇《武林外傳》、《潛伏》的表演風格一樣，姚晨以她直率、親和而幽默的風格奠定了她在演藝界的地位，而部落格是一種個人媒體，比較貼合「我口寫我心」的自然風格，事實上，姚晨作為劇班演員中的表演和微博中的自我表演一樣，體現了某種身分角色扮演時高度的一致性，正像她在演藝界與眾不同的直率風格一樣，姚晨對於自我表演的角色期許與觀眾期待也保持了相當的契合度，這些都是她個人部落格之所以一開始贏得超高人氣的重要象徵資本。[25]

　　在基本上，姚晨在微博中擁有的超級神聖地位也是媒體（以新浪為代表）製造的明星效應。媒體會為了自身的商業利益來製造、推銷和出售明星，通過製造演藝娛樂界演員的著名

---

[25] 關於這一案例的更多內容可參見《一個「部落格女王」的誕生》，載《青島晚報》，2011-08-27，http://epaper.qingdaonews.com/html/qdwb/20110827/qdwb302725.html.；易立競：《姚晨 我被命運選擇走到了今天》，載《南方人物週刊》，2011（28）http://www.nfpeople.com/News-detail-item-1652.html.；《姚晨的壓力》，載《經濟觀察報》，2011-12-29，http://www.eeo.com.cn/2011/1229/218979.shtml，姚晨的個人微博地址：http://weibo.com/yaochen?page=2&pre_page=1&end_id=3419751382955816

身分，形成大多數社會成員都會感興趣的共同關注焦點，這樣一來，一方面，社會明星擁有了更多知名度；另一方面，媒體也有了可以定期的固定內容。到二〇一〇年三月，姚晨在新浪網上的個人微博的粉絲已經突破了六百萬，遙遙領先於其他演藝娛樂明星。二〇一〇年六月，姚晨接受聯合國難民署中國區代言人的身分，開始參與更多的公益、環保和慈善活動。二〇一四年四月十八日，新浪微博在美國那斯達克上市時，姚晨還受邀參加了現場的敲鐘儀式。

姚晨個人部落格的重要轉機發生在二〇一一年。這一年的一月二十八日，她在個人部落格上發表了她唯一的離婚聲明。這個聲明對於她在部落格上的追隨者來說顯得有些唐突，此前，姚晨在個人部落格上總喜歡展示夫妻恩愛的生活場景，這兩種不同的自我表演顯然形成強烈反差。此後姚的個人部落格內容也發生了重要的轉向。除了演員的符號身分之外，她又獲得了新的社會符號：公民姚晨。在二〇一一年社會發生的一連串重要公共事件中，都因為人們在網路上的集體討論和表演者各種不同觀點的相互激盪，網路社會上形成了一波波強有力的輿論風潮，而在這些重要的公共事件中，姚晨並不像其他演員表現得那麼冷靜旁觀，她或作為見證者或作為參與者，不僅積極參與，許多觀點不乏個人的獨立見解，更不缺少她本人的行動能力。從關心強拆、城管執法中的暴力到在微博上幫助農民賣馬鈴薯；從參與救助被拐賣兒童到為旱情重災區捐款，姚晨充分發揮了她作為社會明星的「正能量」作用，設身處地為社會底層人士吶喊和提供幫助。姚晨把這種使命感歸結為自己出身於一個平民家庭面對社會不公時與生俱來的正義感，她在對

一家媒體的採訪中稱自己「看到一些不公不義的事情，我肯定會轉發。轉發出去就會得到關注，有關注就會有行動，有行動就會有改變」。

在姚晨看來，她的平民出身和理想主義性格註定了自己在個人部落格上的表現行為。最有代表性的是二○一一年「七二三動車脫軌重大事故」發生後，她第一時間為她父親的一位朋友，出事的列車司機潘一恆鳴不平。當時大學教授王夢恕在動車事故發生後代表官方表態稱，司機失誤或許是動車追尾原因之一，姚晨連續發表兩條微博進行了有理有據的反駁，在眾口一詞、真相難辨的情況下，她不怕流俗、頂著興論壓力，在從父親那裡了解到潘一恆的相關訊息後，為一名普通列車司機進行辯護，得到了眾多網友的理解和支持，這些部落格發出後，一小時內就被轉發了八萬次，評論多達一萬六千則。微觀社會學認為，利他主義的互動儀式是一種在某一社會場景中為了幫助他人而讓渡某種有價值事物的行為方式，對於姚晨來說，她作為一個網路上的超級明星偶像和社會底層民眾建構起共同的互動關注流，在這一集體討論中她也感受到了一種強烈的社會正義和道德責任。另外，在利他主義者和弱勢群體之間會形成這樣的一種情境結構，即利他主義者通常擁有比救助群體更多的資源和權力。姚晨於二○一一年六月二十四日在其個人微博上稱自己的姨媽因為家中被強制拆遷而服藥自殺，生死未卜，此微博一出，令許多網友愕然，當地政府官員聞訊後立即督辦此事。姚晨在後來因為此事受到父親的嚴厲批評後，不得不將這條訊息刪除。明星擁有的情感能量如此巨大，以至於姚晨有時也陷入困境，面對如此多的情感能量渴求者，她作

為社會明星也無法一一加以滿足。微博服務雖然模仿 Twitter 而產生，但後者更強調個人和個人之間的互動，各種使用者之間不會分成若干社會等級，而微博服務沿襲了過去部落格模式，即刻意強調社會明星在互動儀式中的中心地位，以此來拉動新使用者的進入，這種頗具特色的媒體運作方式，使得明星部落格不再只是屬於個人的私人領地，有時不得不充當了公共平台。姚晨一度也抱怨，有一段時間裡，她幾乎每天都能從部落格中收到四、五千條普通網友的求助訊息，從房屋被強拆到不公的司法審判等，網友的求助內容五花八門，而姚晨發現自己的微博主頁快成了「上訴機構」，以至於她壓力倍增，幾次都想關閉掉自己的微博。

姚晨作為網路上的能量明星對社會底層民眾的關注，產生了一種連續性的、不斷重複的社會互動，她關注得越多，同樣就會得到那些和她擁有相似符號和情感的網友的支持與關注，並逐漸在兩者之間形成一種循環的、強度逐漸增加的共有信任網路紐帶，這種共有信任締結了群體中作為每一個普通個體的社會成員。在從演員姚晨向公民姚晨的符號演進過程中，以公民姚晨符號進行的互動甚至超出了演員姚晨的角色定義。最終，姚晨從過多的網友關注帶來的壓力和遵從感中解脫了出來，從當初的惶恐、被誤解和害怕到坦然接受，她也逐漸理解到自己作為互動儀式「神聖物」的意義，作為群體關注的中心，她也是群體情感的能量之源，不斷累計的情感能量幫助姚晨獲得了某種「超凡魅力」，對於普通網友而言，這種魅力勢不可擋，完全控制了他們的注意力。作為追隨者，姚晨的千萬粉絲們在膜拜自己偶像的同時，也能通過和明星分享其他互動

方式得到某些「神聖」的情感能量。因此，對姚晨這樣的能量明星而言，利他主義的互動同樣充滿了自我關注，可以幫助她建立起同樣的神聖感。普通網友在接受精神或者物質幫助時，不僅會關注社會明星的物質資源，而且會關注他們作為社會群體擁有的權力和地位，姚晨在讓渡物質資本和其他有價值資源的同時，也收穫了新的符號和情感能量。她在回憶「七二三動車事故」中自己為一名殉職的普通列車司機鳴冤時表示：「動車脫軌這個事情，給了我很大的信心，它讓我看到了大部分人心中的正義感，看到大部分人都是嚮往光明的。而且，我現在也漸漸明白了，微博粉絲數第一，其實是老天派給我的一份工作，他選擇了我，我有責任感。」

對於姚晨來說，她的情感能量並非天生而來，而是來自她在此之前一系列非常成功的、能夠幫助她不斷積累正向情感能量的互動際遇。如果說她在電視劇《武林外傳》和《潛伏》中使她擁有了演藝明星這樣的符號資源而容易成為社交儀式中的中心角色的話，那麼，她在各種互動場景中運用物質和文化的能力表面的角色表現，則為她贏得了在儀式中更多的支配性地位。一個典型的例子是姚晨擁有不同於演藝圈同類明星的顯著的寫作才能，她的獨立判斷力、幽默機智的表達風格，加上女性特有的氣質，都使她在個人微博中受到了大量網友的追捧。這一點正如柯林斯指出的，「他們原本並非英雄，但是經常作為英雄出現」，姚晨成為眾多網友仰慕的超級能量明星並非偶然，網路上隨處潛伏著大量的處在儀式邊緣或者缺乏群體符號資源的人，姚晨擁有的高情感能量只會讓更多的普通網友形成焦點關注（例如很多使用者在使用新浪微博服務時會將姚晨作

為第一個加入關注的對象），人們可以追隨她的成功光環而帶動自己的情感能量實現提升，成為這一場景的某一部分，對於這一互動儀式，普通網友保持了高度的遵從感，目光中充滿了羨慕。社會明星們的情感能量也有高漲和起落時刻，在某些特定場景中，有些人是低沉的，在另外一些場景中則顯得自信滿滿。姚晨在接受《南方人物週刊》的採訪中也曾提到自己情感遇到挫敗（離婚）時的低迷：「在輿論最強烈的時候，我反倒讓人覺得很堅強、很淡定，我把自己的氣打得足足的，每時每刻，每根毛髮都是豎著的……那絕對是一場戰鬥。當一切都過去時，我就像個漏氣的氣球，風一吹，嗖，掉在了一個地方，再一吹，嗖，又掉在了另一個地方。有一陣兒，我不太關注民生之類的事情，因為我覺得我連自己都救不了，我能救誰呢。對好多東西都產生了懷疑。我知道自己出問題了，突然覺得自己在微博上嘮嘮叨叨的，很煩，我想如果我是個觀眾，還是希望這個演員去做點正事——好好演戲，別在這裡不停地囉唆，你是個女人，還是個演員，演員是一個沒什麼地位的職業，你有什麼資格來聊公共事件、聊民生。」但當她一旦遇到自己的情感與符合資源相匹配的場景時，為成功互動而對自我表演角色的預期會產生作用提醒她以更加積極的姿態去行動，通過成功的互動來繼續增進自己情感能量的累積。姚晨說她對於自己關注的任何一個普通人都會主動地進行互動溝通，在她看來，「被期待可能也是件好事，你會盡量去做事，這比什麼都不做強」。正是基於對希望能夠支配某種特定類型場景和展現其特定群體成員身分的期望，姚晨把自己的角色描述為：「一個有力量的人，充滿正能量的人。希望沒白活過，能給別人帶來點

什麼。」

在掙脫了地方性聯繫的網路空間中，人們在每一個互動儀式中雖仍然會受到傳統權威、表演者自身的社會地位和權力角色的影響，但這種影響力已經大打折扣。這一點在演員姚晨身上體現得十分明顯，對於她本人而言，演員姚晨和公民姚晨有時不免也會有衝突，她作為演員所擁有的符號資源和情感能量只有在網路空間中進一步延展到作為一位知名的社會公民身上時，進而將個人聲望延伸至娛樂圈之外，幫助她在一個又一個的網路互動場景中扮演支配性的角色。網路交往中兩端的表演者之間儼然充滿了不平衡，情感能量明星姚晨會因越來越多的目光關注（截止到二〇二〇年五月，其粉絲已近八千三百萬人）而感受到更多壓力和遵從，但在網路的另一端，來了又走、偶爾駐足的訪客們投來的也許只是遙遠的注視目光，對於他們而言，和明星姚晨的偶爾際遇也許是一次難忘的情感體驗，或者只是一種在虛擬世界中與他人相遇相知的美妙經歷而已。

第六章
「情感變壓器」：集體意識新流向

在探討了網路交往中的關注流形成特徵之後，本章將繼續探討人們在網路交往中的另一個重要過程——情感流的形成，即以人們如何在網路互動中建立起情感共鳴為研究對象。作為一種集體意識的表達，情感流首先是人們在網路互動中形成了共同的關注焦點之後，表演者雙方進入了相互主體化狀態的一種情感交換方式，經過對等網路特有的超大規模傳播方式，人們在網路交往中形成的情感流會表現出一種所謂的「情感變壓器」效應，集體意識和共同的情緒體驗在網路傳播中被新的加入者不斷放大和延伸到下一個陌生人那裡，進而形成一種令所有共同經歷者終身難忘的、眾聲喧譁的集體興奮場景體驗。本章第一節主要探討人們在現實生活中的權力和地位對於在網路互動中建立情感流的影響，然後在第二、第三節中具體分析人們在網路交往中建立情感流的不同方式，包括了不同的情感類型和形式方面的特點，最後在第四節中總結人們網路交往中建立情感流的特徵和一般性規律，並在此基礎上繼續探討情感流和關注流及符號流三者之間的連結關係和相互作用方式。作為網路交往過程中最重要的一個環節，人們在儀式中達成的情感共鳴不僅是關注流形成後的自然結果，更為符號流的意義生產

提供了必要保證。

權力和地位的影響

　　儀式是人們之間達成情感共鳴的團體生活方式。一個儀式在進行過程中如果不能將人們形成的共同關注流有效轉化為情感流，那它必然就是失敗的、消極的儀式。網路交往中的媒體場景雖然較少受到現場交往中權力和地位所施加的重要影響，但如果從情感流微觀和動態的實現機制來觀察儀式過程，人們依然能發現情境分層的影響，即人們在網路互動中從一個際遇轉向另一個際遇，每個人的情感體驗不斷在這種網路交往中得到增強、減弱或者轉化，一些個體總是比另外一些個體充滿了積極、飽滿的情感能量，在網路互動中總是占據著支配性的位置，不斷變化的、動態的情感能量標識了人們在網路交往中或中心、或邊緣的位置，它既是人們上一個網路交往的自然結果，也為他們開啟下一個網路互動場景提供了情感能量方面的準備。

權力儀式和情感連結

　　網路是典型的缺乏權力儀式的場景之一。人們來自不同的地方，彼此之間沒有群體成員身分的聯繫，在網路上每個人都安享一種平等的交換和互動關係。雖然有人樂於成為儀式中受人關注的中心，他們擁有不平常的情感能量，喜歡在網路分享中擁有支配性的地位，是上文所說的積極互動者；另外一些人則樂於傾聽，畢竟每個人擁有的物質和符號資源都不盡相同，

因此大多數人依然是網路互動中的追隨者和被互動者，這樣的情形在網路交往中也是屢見不鮮，這時人們之間形成的關係依舊是一種水平的連結關係。從本質上講，網路是一個反對權力和精英控制的場所，這從前文分析的網路技術基因中的反主流文化傳統也可以發現端倪。

在一種缺少權力控制的場景中，人們之間的情感連結會維持一種隨意的、可隨時中斷的狀態。人們在網路上漫無目的地遊蕩，就像一個幽靈，吸引他們從一個網路際遇奔向另一個網路際遇，不再是權力儀式中帶有強迫性的控制方式，而是那些擁有或象徵了積極、熱烈的情感能量的人及符號在吸引著關注目光的流動。這種情感連結一開始看上去並不那麼顯眼，但當越來越多的人加入到某一網路互動中時，就像網路上經常爆發出的關於社會熱點事件的熱烈討論，這時大規模的人群在網路上的聚集雖然表演者看不見作為具象的身體，但網路上團結的參與者的龐大數量規模一樣可以彌補人們身體不在場的缺憾，人們在網路互動中有時同樣能感受到一種強烈的情感流，這是一種人們因為被某些情感符號所激發、同樣能產生了大規模人群聚合的集體興奮場景。

有時，人們在網路分享中形成的平等關係也會將這一媒體場景轉化為反對權力的儀式，甚至進一步成為顛覆現存社會權力結構的場所。現實生活中的儀式交往無時無刻不受到權力控制的影響，人們之間在日常生活儀式中總是擁有不對稱的權力，一部分人通過對場景的控制獲得了更多的情感能量，但一些人這種情感能量的增加是以另外一些人的喪失為代價的，這使得相當一大批人群更嚮往網路交往中的平等交換關係。一種

極端的情形是當人們感到在現場交往中遇到了不公正的權力控制時，反而轉向網路尋求來自平等網友的情感能量的幫助，當事人甚至不惜誇大和渲染權力在儀式中過於強大的色彩，像前文提到的「周岩毀容案」和「藥家鑫殺人案」中當事人對於案件中施害人的描述都有一些相對誇飾的成分，事件中的關鍵表演者常常用渲染社會階層對立的方式來簡化問題，過濾細節，這更加強化了網路互動儀式作為「情感變壓器」的作用，當網路上的人群基於某種共同關注和信念達成一種極其廣泛範圍內的身分團結時，一方面，表達出對於自身認同的群體強烈的道德正義感受；另一方面，對於那些被認為是冒犯了廣大範圍內群體團結的做法，一種情緒上的憤怒、羞辱和報復會像潮水一樣在網路中蔓延開來，最終在陌生的人群中聚合成強有力的道德義憤，互不相識的人們聚集在一起，目的就是希望達到懲戒冒犯者的社會效果。

　　網路交往中對於權力的警惕培養了一種廣大群體範圍中的普遍信任和理想主義色彩。相比較於權力儀式中的控制與被控制，人們在網路分享中更偏好一種中性的相互影響關係，既不發號施令，也不願被動接受命令，人們之間渴望一種情感能量的平等交換關係。當隱含的權力關係偶爾出現在網路分享中時，這種互動不可避免地以失敗而收場，當感受到權力控制的一方可以隨時、方便地退出場景，儀式就不再像封閉的場景中那樣可以勉強維持下去，另外一個常見的情形就是每當有人以一種不理性的暴力話語姿態出現在網路互動中時，這種互動儀式很快就會以雙方的相互辱罵或者另一方的立即退出而結束。對於平等至上的網路交往而言，任何一方單純的權力控制慾望

往往意味著表演者之間的網路交往很快就會提前終結。

地位儀式和情感連結

地位儀式是指人們是否擁有儀式活動中的成員身分而決定了他們在儀式中各自所處的位置（柯林斯，2009）。一些人在儀式中總是處於核心位置，充當了互動儀式中的能量明星，另外一些人容易被置於相對邊緣的位置上，只能充當追隨者和被互動者。電視場景中的觀眾總是處在一種尷尬的位置上，表面上他們總是被竭力邀請去參與某一儀式，可實際上因為身體和場景的隔離，觀眾時刻只能感受到作為冷靜的旁觀者的身分，遠遠地觀看表演而無法行動。

網路場景中大量的偶然相遇只能使人們之間維持一種疏離而冷淡的情感連結關係。不再有共同成員身分的約束，一個人在網路上的遭遇始終伴隨著強烈的孤獨感，他既能感受到無所不在的監視目光，有時也會出現自我被放置在一種非常安全場景中的幻覺，與現場交往中的身體相遇比較，網路上虛擬的身體呈現可以瞬間消逝無蹤。網路交往中的人們更關心互動的質量，而非互動的頻率，一般情況下人們也不會在意在一次網路偶遇中所處的是中心或者是邊緣的位置，對每一個個體來說，哪怕一次帶有美好情感體驗的網上交往就已經足夠了，這會激勵他（她）更加自信和熱情地準備迎接下一個網路媒體場景中即將發生的激動人心的社會交往際遇。

網路上到處充斥著陌生人的場景也使得表演者對於局內人／局外人的身分不再遵循嚴格的區分方式。人們在網路交往中總是像潮水一樣來來往往，匆匆忙忙，很少會固定在某一個

場景中。網路上的社會交往來自不同範圍的人群，增大了人們溝通的頻次和社會交往的規模，按照塗爾幹的說法，隨著相互交往的人數越多，人們之間就越容易產生相互作用，社會交往規模的擴大和人們在網路上的聚集，就會催生出種種新的精神生活。以前每個人的精神生活都只是群體成員共有意識的一部分，尤其是在一個狹小的地方性聯繫中，人們的情感生活往往屈從於傳統，每個人看上去非常相似。一九五〇年代，美國社會學家戴維·理斯曼在《孤獨的人群》一書中提出，口語文化、書面文化和技術文化對應著三種不同的社會性格：傳統引導、內在引導和他人引導。在他看來，技術媒體的代表就是操控一切的娛樂文化，人們很難有自由選擇和主動接受的空間，像麥克魯漢一樣，理斯曼覺察到了電子媒體斥諸觀眾感官實現操控的一面，但他未能預見到互聯網技術帶來的文化多元主義，因而顯得保守和悲觀，對於書面文化充滿了留戀和不捨。

事實上，網路交往正成為培養集體意識的新興論場，它促進了每個人精神生活方面的發展，使每個人都成了活力的自發源泉，這種個人之間的頻繁交往在彰顯自我的同時，不忘培養人們之間一種基於相互理解的共同意識，從而改變了整個社會的精神生活面貌，使社會變得更加寬容、自由和博大。塗爾幹把每個人的精神情感視為社會事實在個人意識世界中的延伸，即一種社會情感並非來自人們固有的心理特性，而是依據人數多少和遠近，通過人們相互結合和互相作用的方式產生出來的（塗爾幹，2009）。網路分享促進了一種從未如此強烈的個人意識的覺醒，進而使得整個社會精神面貌的基礎建立在每個社會個體的個人意識之上，多元聲音表達和共識的形成同樣可以達

到某種和諧的平衡狀態，在追求個人意見表達和尋找社會最大公約數的過程中，社會結構的發展越來越複雜的同時，也變得越來越顯得靈活和富有包容性與活力。

從二〇一一年秋天開始，一些網友在關於空氣質量的公共討論中，「PM2.5」（可入肺顆粒物，是指懸浮於大氣中的直徑小於或等於 2.5 微米的固體顆粒和液滴）成了一個熱門詞彙，許多網友援引美國駐華使館在某市檢測到的數據，某市對環保部門進行糾纏不清、窮追不捨的責問。最終這場發源自民間的討論，依賴網路平台不斷擴散，進而引起了報刊和電視台等平面媒體的介入報導，促成了廣大市民、環保人士和知識分子在內的一致共識，立即敦促有關部門盡快發布有關某市空氣質量的準確報告。幾個月後，迫於市民的強大輿論壓力，環保部很快起草了《環境空氣質量標準》，某市表示將「PM2.5」作為考核官員政績的重要指標，國務院總理在隨後的政府工作報告中也公開了「PM2.5」監測項目逐步在範圍鋪開的時間表。在這場網路自由討論中，關於空氣質量的質疑成為共同關注的焦點，所有的參與者並沒有特定的群體成員身分，一些參與討論的網友甚至也不是當地市民，但人們從這種不分等級的參與過程中同樣建立了一種普遍的情感流，這種情感表達雖然並非以言辭激烈的方式出現，但卻顯示了一種堅定的共同信念，那就是每一個普通公民對於政府相關部門不當作為的譴責和對於社會公共問題的高度關注。事實上，網路上人們之間不分地位的社會交往正在建設一種新的社會精神生活面貌，那就是眾人為眾人服務的社會意識，通過將個人意識和群體表達結合起來，網路分享能夠幫助參與者共同建立一個相互理解和扶持、更加

自由、博大和寬容的社會。[26]

　　網路交往這種鬆散而隨意的情感連結方式，使人們對於互動儀式的冒犯者往往持有一種娛樂式的反應和輕蔑態度，像近年來網路上風行的一些流行語如「打醬油」、「神馬都是浮雲」等，都表達了人們習以為常的一種娛樂和旁觀心態，對於那些秩序的破壞者，人們保留了一種有距離感的批評姿態，而非強烈的道德義憤。這種距離感進一步消解了人們在現場交往中地位對儀式的作用力，網路社交中情感流的形成有賴於人們在公共交往中一種不分彼此、平等互助的集體意識和情緒體驗，某種意義上可以說，只有當網路交往人們的地位儀式對情感連結影響減弱之時，新的集體意識之門才得以開啟。

短期情感和長期情感

　　和現場交往中的互動儀式一樣，網路交往同樣會給人們帶來短暫的、強烈的情感體驗，只是網路交往有著明顯的臨時性和非計畫性，身體虛擬在場方便人們輕易地從一個場景轉入到另一個場景中，每個人在網路中的交往其實都在追逐著代表情感能量的那些充滿吸引力的符號，人們在一個場景中產生的短期情感體驗也會通過沉澱和積累，成為其長期情感的一部分，這些儲存起來的不斷累積的情感能量又為表演者投身於下一個網路社交場景提供了源源不絕的驅動力。

---

[26]　參見車海剛：《公布 PM2.5 數據是對民意的積極回應》，載《學習時報》，2012-01-16，人民網，2012-01-16[2012-03-15]，http://theory.people.com.cn/GB/49154/49156/16886539.html

短期情感：作為代償的網路偶遇

任何一種成功的互動儀式建立的情感體驗都是暫時性的，現場交往中聚會的人們一旦散開，人們在活動中釋放出的激情很快就會因為回落到個體狀態而雲消雨散，一種情緒體驗很快就會消失。通常情況下，體驗越強烈，持續的時間就越短，這時除非將這種情感轉化為群體成員身分符號，否則它就很難持久保存下來，這就是人們在社會交往中形成的短期情感。柯林斯認為，互動儀式中這種積極情感能量的瞬間爆發主要是由於儀式中感染性的積累，通常從處在關注焦點的群體領導者流向儀式中處在接受和被動位置的人（柯林斯，2009）。相比與現場交往，人們在網路上的相遇更加頻繁和容易實現，一些人出現在網路交往中時馬上變得充滿熱情，情緒高昂，思維非常活躍，言談海闊天空，但一旦下線回到現實世界時，馬上又發現自己孑然一身，重新回歸到一種慵懶平常的情緒中，這種分裂感加劇了網路和現實的衝突感。一些人成為幾乎具有網路成癮症候群的網路互動愛好者，其實與這種分裂感有很大的關係。在現實生活中，每個人都是情感能量的追逐者，人們根據自己的情感需要往往選擇參與一些社會交往或者刻意迴避某些場景，而網路交往提供了更簡便可行的交流工具，人們可以隨時輕鬆地開啟或者關閉某個社會交往場景，人們對於積極情感的獲得比以前容易多了，這也進一步使得人們在網路交往中的偶遇成了一種現場社會交往的代償性體驗。

人們因網路偶遇而產生的比較強烈的情感體驗是網路上常常發生的場景之一。每當這一場景出現時，人們既沒有心理預期，也並非預先就擁有某些共同的群體成員符號。一些網路交

往方式如社群媒體或者 BBS 雖然已經為人們共同建立了某些共同的身分屬性，如共同的價值或者經歷和利益等，但網路上無所不在的關注流時時刻刻都在變化，一旦人們在網路交往中發現了共同關注的符號，先前積累的情感能量就會發生作用，就像塗爾幹所描繪的那樣，這種情感被符號得以喚醒和刷新，充滿激情的能量開始在人們心中澎湃激盪，人們馬上變得意氣風發，言辭鏗鏘有力，因為他此時已經不再是代表他一個單獨的個體在發言，而是代表了一個社會群體在表達看法。在部落格和部落格中，我們也能經常看到這樣的場景，當人們在網路交往中感受到某種能量的流動時，一些儀式中的群體領導者或者被關注的焦點人物常常表現出非同一般的自信和勇敢，他們和其他人之間似乎建立了某種道德上的高度一致性，社會對他的感情使他自己也產生了同樣的情緒，這種力量內在於每一個人心中，在儀式過程中卻能將潛藏在人們內心深處的那些並非先天就屬於他們的感受充分表達了出來，塗爾幹稱之為道德良心。一旦這種情感被傳遞和感染，群體之間就會產生普遍的集體興奮，人們的情緒表達上體現出某種狂暴的傾向。在人們的網路交往中，這種情感的流動通常表現為一種循環增強的趨勢，一旦個別個體身上代表道德良心的這種力量從群體中被激發出來之後，參與表演者會因為群體領導者發言時所煽動起來的熱烈情感進一步加深和強化這種集體意識及情緒體驗，當然，這種情感能量最終也能回流到發言者那裡，表演者自己的情感也會因為感受到聽眾的規模和支持而得到放大和加強。這也是今天的互聯網為什麼能夠成為重要民意集中表達的場所，每當人們失意於現實社會，無法從日常生活和現實世界中獲得

積極和正面的情感能量時，他們就一窩蜂地湧向了網路。作為一個聚集著大量普通民眾的場所，互聯網上充斥了這種社會集體情感和共同意識的表達，這有些像某些特殊歷史時期的社會形態，在某種強大的社會張力驅使下，社會互動變得比平時更加活躍和頻繁，人們變得熱衷於參與公共討論，整個社會因而充滿了積極求變的群體激情和熱烈討論氛圍。

除了積極的情感之外，網路交往中有時也會產生諸如憤怒、羞辱和恐懼等消極的情感。雖然人們在網路交往中較少受到權力和地位的影響，但人們在現場交往中積累的負面情緒體驗有時也不可避免地會帶到網路交往中來，唯一的區別是網路上的隱身或者匿名提供了情緒宣洩的機會。人們在網路交往中有時會遇到這樣的情形，少數人一旦遇到反對意見馬上就表現出一種激烈的憤怒、羞辱或者恐懼反應，在現場交往中，這種消極的負面情緒的累積會給表演者帶來心理體驗的創傷，就像佛洛伊德的精神分析療法中分析的眾多案例一樣，它和表演者的權力大小以及社會階層高低等所帶來的壓力或者焦慮情緒有關，在網路交往中，這種情緒宣洩對於當事人應該非常有效。作為一種反常的行為，消極的情感體驗一方面提醒我們社會分層的潛在影響，另一方面，對於那些低層次的、消沉的情感能量擁有者來說，網路交往就是實現自我治療的一種有效方式，他們既能從這一交往意識到作為個體的社會存在，同時又能和他人保持一種相當明顯的距離感。

長期情感：情感能量「蓄水池」

與短期情感相比，長期情感是指人們以前參與一系列成功

的互動儀式所產生的長期的情感效果，它們通常以一種情感能量的方式儲存起來，高度的情感能量意味著對社會交往充滿熱情和自信，低度的情感能量則意味著對於社會團結的逃避態度（柯林斯，2009）。與現場交往和基於電視進行的社會交往不同的是，人們遊走在網路際遇中，他們有更多的機會可以方便選擇那些與自己的情感和符號資源相匹配的互動場景，主動提升自己的情感能量。

人們從熟悉的地方性聯繫中進入到網路場景中，又從一個媒體場景快速移動到另一個場景，這種感受就像是一個來自小城鎮的人們進入到了一個完全陌生的大都市。在這裡，幾乎每個人都是陌生人，剛開始人們會主動尋找那些代表了情感能量和相似群體成員身分的符號，唯有這些符號也喚醒了人們的回憶和情感的時候，他們才會主動地與他人進行社會交往，相互了解對方的行為舉止並嘗試進入對方的情感世界。通過社會符號的匹配，人們的情感才會被一次又一次地激發出來或者說被強烈地喚醒，這時人們才能從重要的社會交往中獲得持續增強的情感能量。

因此，網路交往總是意味著人們按照自己的期望在陌生人群中尋找熟悉符號的過程，這種預期引導著每一個人希望在網路互動中能夠成功地與他人的反應相協調，並且持續、順暢地扮演自身角色的行動，只有通過一系列成功的網路互動，人們才能儲存和豐富自己的情感能量。Facebook 的創始人祖克柏稱這種網路交往形式為「開放社交關係圖」（Open Graph Protocol），即以每個個體為中心，人們可以基於共同的經歷、價值、興趣、或者利益編織一張屬於自己的社群網路，

比如每個人可以在 Facebook 和等社群媒體的朋友圈中點「讚」
（Like），彼此分享訊息從而將各自的私人世界整合在一起，進
而擴展為開放的、人與人之間相互關聯的龐大而複雜的世界網
路。在這樣一張龐大而複雜的世界網路中，人們形成的關注流
已經不再侷限於自己生活或者工作等這一有限的地域空間，每
個人的視線會從身邊各種事物中間轉移開去，一旦人們的關注
範圍超出了狹小的地域空間，他和其他人的情感交換也會同樣
突破這一有限的範圍，甚至很多時候來自於遠方陌生的人群那
裡。這時，原來充滿了控制色彩的集體情感就會讓位於越來越
明顯的個人情感。就像塗爾幹指出的，一旦人們享受了自由，
就會越想得到這些自由，因為它們看起來是那樣必須而且神
聖，一旦人們不再習慣受到控制，就會馬上覺得原先的控制本
身簡直無法容忍，而一旦人們在網路交往中獲得了更大的自主
權，就非得去享用這樣的權利（比如一有時間就埋頭刷新自己
微信上的朋友圈消息），而不能再容忍拿著遙控器來回換台也
找不到自己喜歡看的電視內容了。

在高度情感能量的另一端，低度的情感能量則意味著網路
交往中消沉的情緒表達和缺乏驅動力的狀態。一些個體由於缺
少運用物質和文化資源的能力，在網路交往中經常會有被群體
排斥和被控制的情感體驗，如果說網路分享中的成功互動是一
種充滿社會協調的情感流動過程，每個人非常自然和順暢地融
入到互動流之中，並且個人的自我表演由衷地得到別人的讚
美、鼓勵和放大，那麼，缺乏自信、羞辱和消沉的情感表現則
意味著自我表演受到阻礙，甚至於連清晰表達自己言論的機會
都沒有，在互聯網開放的互動環境中，這種情感表現最後常常

以憤怒地中斷互動而結束。

短期情感和長期情感之間存在著轉換關係。人們從過往網路互動中獲得的短期情感體驗都會積蓄在被稱為情感能量池的長期情感中，長期情感成為這種能量的「蓄水池」。為了盡可能增加這樣的情感能量，人們通過相互連結的方式如加為好友或者表示關注等組織成一個虛擬的網路群體，群體成員之間能在第一時間相互分享符號訊息和情感體驗。另外，人們在網路分享中從一個媒體場景迅速轉移到另一個媒體場景，那些擁有高度情感能量的人會表現出更多的自信和對於某一場景的支配能力，因而更容易受到關注或者和他人一起形成共同關注焦點。與此相反，一些低度情感能量的擁有者在開放的網路環境中同樣容易產生較低的情感水平，情感消沉和不受歡迎的體驗往往使他們不得不提前中斷互動儀式，退出這一持續的社交循環進程之外。

強情感連結和弱情感連結

塗爾幹在《社會分工論》中指出，一部社會發展變化的歷史，就是人們社會交往範圍越來越擴大、交往頻度越來越密集的人類交往史。人們一旦離開身邊熟悉的社會場景，置身於網路陌生的人群之中時，網路交往中隱祕的行蹤生涯不僅使網路成為人們新的藏身之所，也是保留私人情感的最佳場所。一般來說，網路交往中群體活動的範圍越大，每個個體和陌生人交流的機會就越多，由此形成的社會集體情感和共同意識就會發生微妙的變化，人們在脫離地方性聯繫之後與他人產生的強情

感連結和弱情感連結等情感連結方式也會隨著媒體場景的不同
而悄然發生變化。

強情感連結：逃避權威的個人空間

強情感連結關係是指一定範圍內的群體成員之間相互維持
的一種穩固的團結關係和對群體成員符號的強烈依賴情感。一
般來說，社會學中的「強連結」著眼於人們之間頻繁的互動頻
率和情感連結強度，而本文中所說的強情感連結意在強調人們
在社會交往中對其所屬群體符號表現出高度的認同感，這種身
分認同也影響了表演者在互動儀式中的情感投入及儀式體驗的
強度高低。當人們在非常狹小的社會範圍中交往時，物質場所
隔離、時間成本和在途花費等諸多原因將他們和社會的其他成
員分隔開來，人們很少有機會能擺脫有限的社會成員之間交往
的圈子，時間精力也大多花費於其中。在這種有限的地域性交
往中，人們的視野變得很窄，時刻處在群體成員之間嚴密的監
視之下，因此，個人意識常常被集體意識所遮蔽，表現出一種
更加同質化的整體社會面貌。

網路被認為是一個缺少集體監控的場所，一般來說，人們
在網路中的交往對象和現實世界中的交往對象往往有著很大的
差異。一位大學教授在個人部落格中評論歷史和人物時，他知
道許多讀者都不再是他自己的學生或者同行。網路交往中陌生
人之間相互冷漠的情感交流狀態削弱了群體對個人的控制能
力，人們在網路交往中不再依附於熟悉的家庭或者工作場景，
也不會輕易順從於某些傳統的權威。當一個人的人格不再受到
外界強有力的控制、不再受到習俗的規範約束時，人們對彼此

之間的行為看法就會變得更加寬容，甚至一些以前被認為是僭越規則的行為有時也被得到許可或者讚賞。在現場交往和網路交往的這兩種不同場景中，每個人都能發現兩個自我：現場交往中的自我人格表現出集體人格的諸多特徵，網路中的自我個性人格鮮明，充滿了強烈個人主義和自由表現色彩，有著更加豐富、多面向的性格維度。網路交往中強情感連結趨於減弱的同時，人們會將目光投向更加遙遠的陌生人群，在那裡，集體控制和共同意識失去了作用力或者這些原先非常顯著的影響開始變得微不足道，柯林斯所說的文明的不關心原則以及只關注自我表達的個人主義占據了上風。

　　另外，人們的網路交往超越了強情感連結的侷限性，建立了一種新的、具有普遍意義的輿論場。強情感連結表現出的都是一種具體而特殊的關係形式，在一種小範圍內的地域性社會聯繫中，每個個體面臨著基本相似的生存場景，由此而形成的集體意識有著明確而具體的特徵。一旦人們的社會交往延伸到廣闊的網路空間，更大規模身體的虛擬聚集就會產生一種新的儀式，這種情形下人們之間共享的情感流不得不超越所有地方性的差異，試圖駕馭更大的虛擬網路社會空間，從而生產出一些更加抽象和具有普遍意義的符號。網路輿論就是一種新的集體情感表達形式，它比傳統的社會輿論有著更普遍的抽象觀念和權威力量。傳統的社會輿論依然具有明顯的地域性特徵，人們在其中會看到關於許多具體和特殊場景的討論，網路輿論由於傳播到了更廣闊的範圍，大規模人群的參與提高了輿論作用的強度和普遍的社會適用性。典型的一個案例是「藥家鑫殺人案」。二〇一〇年十月二十日晚，某音樂學院大三學生、

二十一歲的藥家鑫開車不慎撞倒了受害人張妙，因擔心對方記下自己的長相事後會找他麻煩，慌亂中他連刺張妙數刀致受害人身亡。關於如何懲處藥家鑫，立即在網路上引發了網友的熱烈討論。眾多網友出於對司法不公的擔憂，引發了網路輿論一邊倒的反應，絕大多數網友支持判處藥家鑫死刑以平息民憤。二〇一一年六月七日，藥家鑫被執行死刑。在關於藥家鑫刑罰的討論中，網路輿論給當事人雙方和法院審判都施加了強大的壓力，這種壓力作用於包括每一個網友在內的個體內心時所產生的強度，超越了任何單純私人意識狀態或者在狹小地域空間範圍內集體意識所能達到的極限，這種力量來自於形成它的無數網友的個體表現。與傳統的社會輿論相比，這種力量的聚集，遠遠超出了人們原先所處的固定地域範圍內司法、輿論等各方面的壓力。雖然一部分網友會有不理性的討論，但就案件的整體進程來看，最終的網路輿論依舊體現了普遍的群體理性：認為藥家鑫是一個當代社會、學校和家庭教育失敗的悲劇，他對於張妙這樣一位平民的施害是一種非常惡劣的反人道主義罪行，必須加以嚴懲。這裡面最值得注意的是網路輿論所表現出的權威力量，當廣泛的集體意識達成之後，一些網友對此加以肯定，實際上無非是社會在借他的嘴巴而在言說，而對於任何一種持有質疑的表達，社會都是以譴責和群情壓迫的方式做出激烈的情感反應，每個人彷彿從這輿論中獲得了行動的力量，甚至於那些認為自己沒有順從輿論的人也會有同樣的反應。這時的網路輿論代表了一種普遍的社會道德權威，它激發出了每一個個體的心理能量。正是人們對於當今社會權貴會干預司法這一問題的擔憂，才形成了關於「藥家鑫殺人案」這一

案例如此廣泛而一致的輿論氛圍。[27]

在這種普遍的世界性場景中，表演者和陌生人之間一樣能在網路交往中形成強感情連結關係，交往雙方不必居住在同一個社區或者同一個國家，在活動區域和專業、職業等方面彼此之間可能也沒有任何交集，但這並不妨礙人們在網路場景中一樣可以達成較強的情感連帶關係。人們在網路中的互動都是發生在一個廣大的世界性場景中的、以自我為中心的社會交往，這一社會場景和交往方式不可避免地影響到了傳統權威的失落。傳統權威來自於地方性聯繫中群體成員之間的關係，就像家族場景中內部成員之間的關係一樣，基本上，集體意識都是來自於這一傳統權威，人們在網路中一旦掙脫了這種地域相關的身分侷限，就會奔向任何一個方向去追逐自己的情感能量。網路是當今社會各種流行時尚和進步力量的發源地，孕育著各種新奇的觀念、道德和事物，形形色色的信仰、趣味和情緒都在快速變化中，尤其對於年輕人來說，這是一個主張個人自由表達和促進人格發展的新場景，它可以暗中幫助每一個個體抵抗傳統的社會權威的影響，小心地呵護和培育以自我為中心的個人主義。

弱情感連結：締造更大規模的社會結構

弱情感連結是指人們在廣大而陌生的人群中形成的低度團結關係以及對群體符號相對較弱的尊重情感。網路交往中的人們大多數成員之間相互並不非常了解，彼此處於一種社會控制較弱的狀態，而且他們對於社會控制力量不斷表現出一種

---

[27] 關於藥家鑫案引發的網路輿論，可參見《我們該如何看待藥家鑫案》，網易專題，http://news.163.com/special/reviews/reviewofyaojiaxin.html

反抗和蔑視姿態，人們之間的關係也保持了一種疏遠而簡單的性質。

塗爾幹將按照不同的儀式團結機制而建立起來的社會形態區分為兩種樣式：機械團結與有機團結。機械團結是指一種小的地方性聯繫中個人完全依附於集體，社會團結建立在個人相似性的基礎之上；有機團結是指在大的現代大都市場景中人們之間的團結依賴於不同的社會分工協作，這種合作方式有如一個人身體中各種不同器官之間的緊密合作，即在保持自己個性的基礎上形成了有機的協作。在塗爾幹看來，一個社會中總是存在著兩種力量：向心力和離心力。這兩種力量總是以一種此消彼長的方式出現，當人們傾向於獨立思考和行動時，他們就不會滿足於模仿別人思考和行動的方式；同樣，當每個人都希望追求個人自由發展的理想時，人們就不再以認同他人作為首要的規範（塗爾幹，2009）。

人們在網路中進行的社會交往正是產生獨立的個人意識的新方式。傳統社會結構中個人人格經常被集體人格完全同化，人們都是通過一種高度儀式化的社會交往方式來形成高度的社會團結關係，這種強調地緣和家族的社會結構既不鼓勵人口的流動，也刻意否定了個人人格的培養，人們在高度儀式化的社會活動中保留了對於權力的高度遵從和對於群體的嚴格依附。由於社會團結的紐帶緊緊依靠在相似性的基礎上，人們的社會交往不僅受到很強的牽制，而且時刻感受到圍繞著和凌駕於他們之上的社會傳統壓力，這些壓力克服了每個人的私人慾念，使人成為一種道德動物。傳統的媒體場景中的人們交往方式也充滿了同樣的特徵，像電視場景中的權威人物總是以精心包

裝過的集體意識來嫁接一種個人化的表達方式，目的就是為了說服、教育和同化觀眾的思想，以達到教化和勸服的目的。然而，當人們從地方性空間走向廣闊的網路場景時，個人與家族之間、個人與國家之間、個人和歷史傳統之間以及個人與群體的共同習俗之間原先緊密的紐帶關係變得越來越鬆散和無關緊要。在一個充滿了多樣性的世界性場景中，每個人都容易反思自我意識，變得更加獨立和充滿個性，進而逐步獲得自己獨特的情感體驗和思想意識。社會學家把人的進步過程視為生活不斷脫離物質的過程，即人們的生活越來越「精神化」，精神活動超越了物質的侷限性而變得更加自由和靈活。網路就是一個充滿理想化色彩的精神生活空間，它鼓勵每一個個體做出個性化的獨立意見表達，把人們從每一個小圈子中解救出來，放在一個範圍寬大的社會空間中，讓人們感受到一種自由而充分的精神交往，希望培養出一種以個人意識為主體的新的道德情感形式。在這種新的交往場景中，每個人都會強調尊重個人尊嚴的這樣一種帶有強烈感情色彩的道德標準，要求每個人的行為必須符合他自身的原則以及他與其他人之間的關係，對個體人格的尊重而非對既定傳統意識的遵從和推己及人成為網路交往中一種普遍性的道德情感要求。

換個角度觀察網路上人們對於社會事件的參與方式，可以幫助我們更清晰地了解弱感情連結的特徵。在人們的日常網路交往活動中，每當個別社會事件激發起強烈的集體情感震盪時，人們會通過網路上的聚集進行集體討論來張揚一種共同的信仰，這時經常會看到這樣的現象，一些人在網路表達中顯得非常激動、情緒高昂，人們之間共同的熱情鼓舞和相互激勵，

會顯示出一種遠比平時要密切、活躍和強有力的社會維繫。二〇一一年十月十三日，一位兩歲小女孩王悅（小悅悅）被一輛麵包車撞倒碾軋後，十八個路人先後經過都沒有主動施救，後來又被一輛貨車碾軋，最終悅悅被一位拾荒的阿婆救起。一週後，這個不幸的小女孩在醫院被宣告不治。小悅悅事發時的這段影片錄影被上傳到網路之後，引發了民眾反思。雖然每一位網友對「小悅悅事件」都有著自己的判斷和思考，人們對於這一社會事件參與討論的過程中，在網路上的大規模聚集依舊能感受到一種異常的力量在奔湧，個體會覺得被他本人要偉大得多的道德力量支配而發聲，人們在對「小悅悅事件」的檢視和反省過程中，對於社會和道德等問題都有比平時更多面和深刻的認識，並且從別人那裡獲得了一種觀察事物的不同眼光。這種社會交往不再依賴於以前小範圍群體形成的共同意識的指引，每個人意識中的視野所及都是更加廣泛的社會範圍，由此形成的個人意識比起以往的共同意識更加真實、主動和充滿獨立判斷精神。此時每個人內心被點燃的社會情緒的火花，都被吸引到參與這種集體刷新的活動中來，在這種由無數種個人意識組成新的共同意識中，人們在集體情感的洗滌中再獲新生。小悅悅的遭遇，讓人們不得不重新審視他們所共同面對的社會危機和個人責任，激發了每一個個體的行動能力。[28] 與傳統社會團結方式相比，這是一種新型的社會共同體，雖然人們在平時的網路交往中安享著一種冷靜而鬆散的關係，但通過這種建立在個人意識之上的集體情感體驗，每個人發現自己在網路交往中會更加充滿情感力量，更能全面地了解自己和社會全貌，

---

[28] 參見《小悅悅事件引發全國輿論大反思》，中青在線，http://news.cyol.com/node_21242.htm

而不必再像過去那樣過於依賴小範圍內形成的傳統的集體意識的引導了。

從強情感連結關係到弱情感連結關係的轉換，人們的社會交往方式因為範圍的擴大而變得更加自由和複雜，這一進程有助於促成一種更大規模的社會結構，在這種社會結構中，每一個個體的個人意識和個性的發展與整個社會組織方式的靈活性相互促進，進而推動社會形態向更高等級的文明階段發展。

情感流：四處漫溢的集體意識

情感流作為人們在互動過程中形成關注流之後必生成的情緒體驗，是互動儀式中情感達到最高潮的巔峰狀態，人們在成功的網路交往中積聚的飽滿情感，就像盛滿水的圓形羅馬噴泉一樣，向四下流溢開來，有時如涓涓細流潤人心田，有時如洶湧洪流席捲一切。與之相反的情形是，人們在社會交往中形成的共同關注如果不能及時有效地轉化為集體情感，那必定是一種失敗的儀式，而網路交往中人們建立起的情感流與現場交往和基於以前任何一種媒體交往都表現出諸多截然不同的特徵，例如人們在網路上出於追逐情感能量的需要可以方便靈活地從一個媒體場景切換到另一個媒體場景，以及人們之間通過網路中的平等交往行為形成一種充滿個人自治色彩的純粹情感連結關係等等。在網路交往中，每個人猶如行走在一個巨大的場景王國中，除了非常有限的個人身分符號外，幾乎沒有什麼資源可以促進自己和他人產生團結關係或者對權力地位、或者傳統權威顯現出遵從態度，從這個意義上講，每一個在網路上遊蕩

的幽靈都是情感能量的俘虜，對於表演者而言，情感能量的獲得和失去，決定了一個個特定的網路際遇中人們社會交往的發生、演變、中斷或提前終結。

追逐情感能量的新場所

塗爾幹把情感解釋為社會群體團結的基礎時，的確有循環論證的嫌疑（胡春光，2010），對於人類目前有限的認知能力而言，情感活動的發生機制依舊是一個待解之謎。在現場交往中，人們對於情感能量的追逐就像飛蛾撲火一般，需要不斷隨時隨地尋找和調整行動際遇的方向，那麼當這一幕發生在網路交往的媒體場景中時，人們追求情感能量的方式會有何不同？

人們在網路交往中建立起來的感情連結都是發生在一種臨時性的、不穩定的場景中，這種情感連結有著瞬時和間斷性的特點，網路場景建構了一種平等交往的方式，這一區別於現場交往的場景具有強烈的理想化色彩，使網路成為人們追尋情感能量的最佳場所。在網路交往中，所有人都不知道場景中的觀眾是誰，他們有著怎樣的後台表現風格等，除非被特別的符號吸引，網路上的人群關係默認了一種心照不宣的場景平等性，維持著一種冷漠的、各不相擾的平等關係，每個使用者都在觀察和瀏覽別人留下的符號訊息，此時如果沒有特別的吸引和關注，人們之間都不會產生哪怕是虛擬的身體接觸（如視訊通話）。一般來說，人們在日常生活中不得不參加一些充滿權力和地位的社會交往，這其中許多都是高度儀式化的場合，一部分人因為擁有控制權力或者在儀式中處於支配性地位獲得了更多的情感能量，另一部分則處於從屬和邊緣位置而產生了情

感的流失和消耗，互聯網作為一個可以為人們提供情感能量的新場所，每個人都可以從一個場景中輕易地游弋到另一個場景中，通過不斷變換場景來發現適合自己的特定交往對象和場景。在這裡，權力、財富和職業等傳統的社會屬性都不會得到發生在原子社會中的那樣一種遵從，人們之間也很少會擁有地方空間中那種緊密的群體成員身分，一種顯示了相當輕鬆隨意禮儀的公眾互動構成了主要的場景風格。因此，每當人們從現場交往中掙脫出來投入網路交往中時，都會把這一虛擬世界視為不同於現實世界的理想社會，網路中的交往充滿了集體興奮，尤其是當大規模的身體在網路上虛擬聚集時，人們的交往變得更加頻繁，感情變得更加積極，每個人感覺身體內充滿了能量，甚至只有此地此時此刻才有的特殊情感體驗，只有在這一時刻，他才能感到自己因為環境的改變而發生了變化，變得活力四射、激情洋溢，一種新的精神力量讓他也能面對日常生活中的平庸和沉重而重新獲得生活的勇氣和情感能量，但這些特質都是他在日常生活中所不具備的品質和力量。人們把網路世界建立在現實世界之上，認為每個個體在其中都應該擁有一種更高的個人尊嚴，不管從哪個角度看，它都更像是一個理想世界。這種集體理想體現在每一個人身上時，所有個體都會以自己的方式去理解、豐富和實踐它，讓這一集體理想成為個人和社會整體行動的動力之源。

　　網路社會中的理想色彩還表現在人們在網路交往中的反權威傾向。與電視擅長表現權威人物的欄欄行為不同，網路交往為人們展示了一個更加廣闊的視野，它認為組織社會的道德應該經得起每一個個體的檢視，人們不應該成為某些權威人物的

臣僕，所有的道德規範都不應該是強制性的，恰恰相反，它們應該受到全社會的監督。事實上，自從互聯網在社會發生影響時，很多傳統的社會偶像都在網路世界中坍塌了。其實，人們揭穿虛假權威的過程，也是樹立新的神聖性的情感過程，這種新的神聖性植根於每一個人心中——人們不再從過往的集體判斷中作出個人判斷，而是從每個個體內心湧起的道德需要去重新認識社會權威。一方面，是傳統權威影響力減弱；另一方面，新的道德情感亟待建立起來，這意味著在社會急遽的變化過程中，與原先社會類型相適應的道德情感正在失去活力的同時，新的社會規範並沒有完全建立起來，網路社會和現實世界衝突加劇，顯現出一種日益明顯的不協調感。而正因為看到這一強烈對照，失意於現實世界中社會交往的人們紛紛湧向了網路，希望從網路交往中尋找獲得新的情感能量。

從一個高度儀式化的、不平等的現實社會交往方式向隨意而平等的網路交往方式的轉變，本身就是一種社會理想的顯現。現場交往中充滿了權力控制和地位的不對等，人們的情感能量處於隨時可能被削弱的危險中，人們希望通過網路交往建立這樣一個社會：每個人都能在其中獲得應有的儀式地位、獲得相應的積極情感能量，所有人之間能夠以一種自然平等的方式開展合作。畢竟一個社會人們之間的合作理想狀態應該是一種有機的協調一致關係，而不再基於個體完全相似性的機械疊加。正如塗爾幹所指出的那樣，社會從低級形態向高級形態演進的魅力正是在於如何處理社會整體關係中個人和集體的關係，在全體社會成員保持分工協作的前提下，社會演進的方向就是每一個個體的人格逐漸從社會集體人格中不斷分離出來、

走向更加獨立和自由狀態的蛻變、演化過程。

可隨時中斷的純粹關係

　　網路交往建立在一種理想化的社會場景之中，這種理想化的場景假定了人們之間的一種純粹關係：人們在網路交往中基於共同關注形成的情感連結關係與特定場景有關，這種關係沒有受到外部其他條件的影響，它只會在雙方都對這種關係協商一致的場景中才能產生和繼續下去。在現場交往和基於以前任何一種媒體場景的交往中，人們或多或少會受到權力和地位的影響，尤其在一些帶有強迫性的儀式中，人們情感能量水平的高低總是難免受到在儀式中扮演的角色（控制與被控制）及地位（中心或邊緣甚至排斥）的影響。純粹關係和忠誠或從屬的情感無關，它體現為自我發展和管理的能力，且緊緊維繫於某種特定的場景，一旦這種場景發生了變化，這一純粹關係就可能隨時中斷。

　　一種可隨時中斷的純粹關係意味著人們在理想社會中締結的是自由而平等的情感連結關係，它有著如下幾個特點：

　　（1）建立在個人人格的充分發展之上。塗爾幹學派認為，人們的社會交往範圍越大，人們之間交往越頻繁，個人人格就會越容易從集體人格中分離出來，這種分離越徹底，一個人的個性就在獨立自主程度上就能得到更加充分的發展，反過來又能促進更大規模社會的形成。網路建構了一個無邊界的社會，人們之間因為簡便的交流方式更容易接觸到日常生活中不可能接觸到的人群，網路交往中常常充滿了一種充沛的、四處漫溢的感情流。與此相反的一種情形是，當個人人格只能表現為集

體人格時，一個人就很難獲得獨立自主的行動能力，只能在一種充滿了集體強制色彩的狀態下亦步亦趨，不可能去踰越任何邊界，因而很難在網路交往中和他人開啟一種積極、成功的情感交換關係。

（2）不濫用經濟、權力和地位優勢。人們在現場交往和以往的任何一種媒體場景中不可能不受到這些因素的影響，對等網路的技術策略有著和民主政治領域的一人一票相類似的原則，即每個人參與網路中的自由交往享有同等的地位。網路分享中的人們剝離了這些因素的影響，一個人在現場交往中所擁有的物質、權力以及文化等資源很少會在網路交往中得到公開的遵從，一部分人在專業領域或者大眾那裡建立起來的個人聲望也只取決於他在以前的網路際遇中積累的情感能量的多寡。

（3）協商一致的情感連結條件。網路交往中的大量對象是陌生人，人們之間並沒有某種共同的群體成員身分，而是建立在一種普遍的信任基礎之上，這時當人們出於對情感能量的追求而聚集在一起時，對於某些符號的共同關注促進了這種情感連結，人們之間基於寬容的討論才能達成共識，這是一種對於社會多樣性和多元主義的褒獎和認同，通過討論協商一致，彼此之間的社會視野才得以相互擴展，促進一種更大規模社會的形成。

（4）通過分享擴大機會，特別是精神交流的機會。人們在網路分享中形成的純粹關係基於這樣一種理念：人們分享得越多，社會就越開放；社會越開放，人們就分享得越多。人們在網路交往中的人數越多，人們之間就越容易產生相互作用，這種作用力極大地拓展了人們精神生活的範圍，如果我們把自

由和複雜的精神活動視為人類生命的最高形式，那麼，每個人都會從網路交往中重新發現一種新的精神生活方式，在一個沒有邊界的、寬容而自由的網路社會裡，人們的思想和觀念可以超越種族、地方和國家的侷限，被賦予更博大豐富的眼界和心胸。

（５）寄託了一種自我管理式的社會烏托邦理想。網路交往中的生產者同時也是使用者，這種文化強調使用者的自我管理意識，即尊重自我也尊重他人，並注意恪守這種交往的邊界，人們在網路中建立起來的相互信任和依賴關係不再以帶有強迫性的權力色彩，甚至包括了交往雙方中的一方在某些特別的情境下都可以中斷這種關係，這時，任何一種對於長久關係的承諾對於網路交往中體現出的自由平等原則都是有害的，這一鮮明的烏托邦色彩凸顯了網路交往中個人意識和集體理想之間的矛盾，當共同理想必須建立在每一個複雜而多元的個體意識基礎之上時，自我崇拜和集體意識之間也會始終維持著一種微妙、和諧而平衡的張力。

一種可隨時中斷的純粹關係顯現了塗爾幹所預言的一種世界性的場景：人們在以自我為中心的網路交往中充滿了個人主義行動方式，在一種臨時性和間斷的互動場景中，人們情感能量的獲得和失去都取決於這種純粹關係能否發生、繼續和維持下去，每一個個體在這種充滿自我崇拜的交往模式中帶有一種炫耀式的疏離，它不僅是對階級、權力和地位等地方性聯繫中社會結構的逃逸，也是個體試圖在網路上建立起的各種臨時共同體和自由流動的公眾在互動中希望獲得積極的個人情感的一種努力。

情感流的形成規律

在對權力儀式和地位儀式對情感實現方式的影響分別進行了詳細的分析之後，本章第二節通過對情感流形成過程的動態機制的研究，區分了短期情感和長期情感兩種不同的情感表現形式，並在第三節對人們在網路交往的情感連結方式進行了考察，指出人們在網路交往中強情感連結被弱情感連結替代的發展趨勢。這四種情感形式常常貫穿作為核心的情感流微觀動態機制的整個網路交往過程中，組成了不同社會交往中的情感實現方式，並受到不同媒體場景建構方式的影響，因而形成了人們在不同媒體交往中的情感流特徵。

人們在網路交往中形成的情感流都是發生在一種臨時性的場景中，人們在網路交往中能夠輕鬆地從一個媒體場景轉換到另一個媒體場景，正是出於追求情感能量的需要，這時代表群體成員身分的社會符號不再發揮重要作用，那些具有集體情感的普遍而抽象的象徵符號此時往往發揮了情感紐帶的作用。另外，人們在網路際遇中產生的短期情感轉化為長期情感的過程中，關注流突破了地域的限制，人們之間的情感交換也從一個原先較小的範圍擴展為更大範圍的社會空間，尤其是來自陌生人的相互情感作用，人們得以從充滿社會傳統權威控制色彩的集體情感中解放出來，一種非常鮮明的個人情感在網路交往中占據上風，它進一步驅使每一個人從陌生的群體中獲得積極的情感能量。

網路作為表面似乎缺少集體監視、但事實上監視又無處不在的社會新場景，人們在網路中的交往對象和現實社會中有著很大的差異，一旦人們超越了現場交往中的強情感連結關係，

場景在時間和空間上的延伸，就會催生新的儀式。在廣闊的網路空間範圍裡，大規模身體的虛擬聚集使得人們之間共享的情感流不得不突破所有地方性的差異，網路輿論就是一種新的集體情感形式，其更廣的傳播範圍和大規模人群的參與提高了輿論作用的強度和普遍適用性。本文不只停留在對於強情感連結和弱情感連結的區分上，而是深入到這兩種不同情感實現形式的作用機制中，考察弱情感連結如何促進了網路分享中個人意識的變化以及個人意識和集體情感之間的新型關係，這些變化和新型關係又如何影響了網路交往中情感流的形成規律的。

網路交往中情感流形成過程中表現出來的第一個特徵是，一旦人們在網路交往中建立共同關注之後產生情感連帶關係，這種情感就會四處漫溢，甚至能夠在廣大的範圍中擴展成擁有無上權威的網路輿論。這種力量和權威主要表現在：（1）從網路輿論中共同意識和個人意識的相互關係來看，網路輿論之所以有著比傳統社會輿論更普遍的抽象觀念和權威力量，具體表現為這是一種建立在每一個個體意識之上的集體情感，而不再像以前的傳統社會那樣基本上是以集體情感來引導或者代表個體意識。這種社會交往中產生的道德情感不再依賴於以前小範圍群體形成的共同意識的指引，每個人意識中的視野所及都是更加廣泛的社會範圍，由此形成的個人意識比起以往的共同意識更加真實、主動，並充滿獨立判斷的精神，每個人內心被點燃的社會情緒的火花，都被吸引到參與這種情感刷新的活動中來。在這種由無數種個人意識組成新的共同意識中，人們在體驗集體情感的過程中再獲新生的力量；（2）從人們產生集體情感時相互作用的方式來看，一個人的精神情感是社會事實在個

人意識世界中的延伸，根據塗爾幹的社會學研究發現，一種社會情感並非來自人們固有的心理特性，而是依據人數多少和遠近，通過人們相互結合和互相作用的方式產生出來的。網路上的社會交往來自不同範圍的人群，溝通的簡便性加大了人們溝通的頻次和社會交往的規模，相互交往的人數越多，人們之間就越容易產生相互作用，社會交往規模的擴大和人們在網路上的聚集，就會催生出各種各樣的嶄新的精神生活。個人之間跨越不同階層的頻繁交往不僅有助於培養人們之間一種基於相互理解的集體情感，通過借鑑他人的眼光，尤其是來自不同群體成員的視野，整個社會的精神生活面貌得以改變，社會變得更加寬容、自由和博大。

其次，人們在網路交往中形成的情感連結關係是一種基於自由平等原則的純粹關係。這種純粹關係帶有明顯的烏托邦色彩，只產生於特定的媒體場景中，而不再依賴於其他外部條件，因此它是不穩定的、變動不居的，甚至是可以隨時中斷的一種關係。在網路交往臨時性和間斷的互動場景中，人們情感能量的獲得和失去都取決於這種純粹關係能否發生、繼續和維持下去。

最後，網路分享之所以成為人們尋找情感能量的新場景，這種交往方式是一種被賦予了理想化的團體生活。在現場交往和網路交往的這兩種不同場景中，每個人都能發現兩個自我：現場交往中的自我人格表現出集體人格的諸多特徵，網路交往中的自我卻是個性鮮明，充滿了個人主義和自由色彩。網路交往中強情感連結趨於減弱的同時，人們將目光投向了更加遙遠的陌生人群，在那裡，集體控制和共同意識失去了作用力或者

這種影響變得微不足道，個人主義占據了上風。人們把網路世界建立在現實世界之上，認為每個個體在其中都應該擁有一種更高的個人尊嚴，這種集體理想體現在每一個人身上時，表現為所有個體都會以自己的方式去理解、豐富和實踐它，讓這一集體理想成為行動的動力源泉。

綜上所述，塗爾幹所關注的集體情感從社會交往中被生產出來的方式在網路交往中是通過不斷擴大的社會交往範圍和循環增強的交往頻次實現的。個體通過在網路交往中通過實現獨立自主的個人人格、建立自由平等的純粹關係和將共同意識形成於每個個體意識之上等多種情感建構方式，從而確立個人主義和集體意識之間的新型關係，將每一個複雜而多元的個體意識納入到一種新的社會集體理想中，試圖在一種世界性的場景中實現人們的自我個人崇拜和尊崇群體意識之間新的平衡關係。

案例一：「華南虎造假事件」與道德義憤

二〇〇七年發生的「華南虎造假事件」是迄今為止互聯網上引發網友關注度最高的公共事件之一。二〇〇七年十月十二日村民周正龍拍攝到了一組在當地已經絕跡近三十年的華南虎照片。周正龍拍攝的華南虎照在網路上被轉載後，網友很快就質疑其照片有明顯的造假嫌疑。隨著越來越多的網友被捲入到討論中來，更多的證據得以被發現，顯示除了虎照本身有若干疑點外，農民周正龍和當地政府部門也都有作假動機，最明顯的莫過於以虎照來擴大當地自然區知名度，吸引投資，為當地發展贏得各種物質利益。周正龍所在的縣市長年以來是國家

級貧困縣，二〇〇一年被升格成為自然保護區，周正龍拍攝的老虎照片面世前六個月，該保護區又被命名為國家級自然保護區，而且最近十多年來，當地政府官員一直在組織專家等對當地的華南虎進行實地調查和尋訪。周正龍的虎照被披露一個月後，一名網友發現該老虎照片的原型即為《老虎臥瀑圖》中的臥虎畫像。很快地，網路中不同聲音的表達，分裂成了所謂的「挺虎派」和「打虎派」無休止的爭論，隨即政府部門也不得不回應社會壓力，開始介入調查。二〇〇八年二月四日，在強大的輿論壓力和證據面前，政府發布《向社會公眾的致歉信》，稱作為政府部門自身草率發布發現華南虎的重大訊息不妥。二〇〇八年六月二十九日，周正龍以造假涉嫌詐騙被捕，與此事相關的兩位官員被免職。二〇〇八年十一月十七日，周正龍以涉嫌詐騙罪和非法持有彈藥罪被判處有罪，獲刑兩年六個月，緩刑三年執行。周正龍在訴訟過程中認罪態度一直反反覆覆，在「華南虎造假事件」的整個發酵過程中，從引發網路關注到最後以司法機關介入，相關當事人受到懲戒，網路輿論的波及面之寬，參與討論人數之多，公共討論時間之長（歷時一年有餘），至今依舊有不斷的爭論，而部分真相還是如同石沉大海 [29]。

從網路交往中感情流的形成過程來看，「華南虎造假事件」之所以獲得如此多的關注度並引發眾網友強烈的情緒反應和社會反響，至少與以下三個主要特徵有關：

首先，這一事件是在每一位參與者的見證和相互作用下發生、發展而不斷演變的，這種相互作用的影響和效果突出表現

[29] 更多關於「華南虎造假」的報導，可參見新浪網專題：華南虎照片疑雲，http://news.sina.com.cn/z/hnhzhpyy/index.shtml

為各個參與者的獨立判斷力和鮮明的個人意識。無論在爭論早期，還是「挺虎派」和「打虎派」的分立，再到後來輿論一邊倒的公共討論中，每一位參與者都是在基於有限的訊息認知的前提下提出了自己的看法，一些網路交往場景中的能量明星如學者傅德志、律師郝勁松雖然因為以有力證據質疑虎照而受到了眾多網友的追捧，但網友的這種追捧並非以犧牲個人獨立判斷為前提，正是公共討論參與者一波又一波的證據發現，最後才從一種全社會成員的集體合力中拼湊出了這一事件有限的真相版圖。在這一討論過程中，一位網友關於年畫《老虎臥瀑圖》中老虎照片原型的發現是一個重要的轉折點。這一點恰恰是網路分享的魅力所在，一個普通參與者的發現也可以改變整個事件的進程，即便他並不是「汗牛充棟」、「學富五車」的知名學者，也沒有顯赫的專業背景，一個普通公民的振臂一呼，也使更多的參與者得到鼓舞，從而進一步肯定了每個參與者的自我行動能力。值得注意的是，在虎照真假問題的討論中，雖然一部分參與者有娛樂化的傾向，但在整個事件發展過程中，無論是「挺虎派」還是「打虎派」，網友之間鮮見人身攻擊的方式，每個參與者的有限認知都在不斷擴大的視野中得到了擴充和補救，人們從不同的視角和觀點中發現了觀察這一事件的不同眼光，在廣大範圍內人們網路交往中維持的這種冷靜和理性的情感態度進一步促進了全社會成員個人意識的覺醒和獨立人格的培養，這種個人意識和獨立人格正是網路交往中情感流的典型特徵，從這一點上看，人們圍繞「華南虎造假事件」開展的網路交往在社會中是一種有著重要意義的民主討論，它顯示了網路分享中發展的獨立人格和鮮明個體意識正在成為促進

大規模社會團結的重要基石。

其次，人們在這一事件中參與者之間形成的情感連結是一種超出了地域、行業和職業等群體成員之間類似的鬆散型關係，各種表演者之間維持著一種動態的、臨時性的純粹關係。這種情感連結方式意味著人們彼此之間不再有著地方性聯繫中的權力從屬關係或者支配／被支配關係，來自不同地域、行業和從事不同職業的人們出現在廣闊的網路場景中時，意味著他們之間只能維持一種鬆散而疏離的關係，對於「華南虎造假事件」的關注，實質上是眾多參與者完全受一種痛恨一些政府部門官員作假成風的集體情感驅使所致，而真相隨時不斷被發現的過程，確認和強化了這種集體情感的道德正當性。人們在這一事件中結成的這種純粹關係充滿了高度的情境性，一旦關注焦點不再，人們又會各自奔向感興趣的下一個場景，而不再享有某種固定的、緊密的情感連結，上一個儀式場景中所賺的情感能量為他們從一個網路際遇轉向另一個網路際遇提供了準備度。人們在網路交往中形成這種充滿自由平等色彩的交往方式，會催生出一種新的社會精神，它在促進每一個個人人格充分發展的同時，也以一種理想化的風格賦予整個社會的集體合作邁向更高層次。

最後，人們通過這一事件形成的共同意識聚合了每一個參與者的個人意識，這種建立在每個參與者個人意識之上的網路輿論比起傳統社會輿論有著更大的影響力和傳播範圍。在關於華南虎照片是否造假和周正龍造假動機及方式的討論中，儘管參與者的態度和觀點都是不盡相同，但這種集體情感的表達都指向了政府部門作假和縱容作假的普遍道德義憤，尤其在

二〇〇八年六月二十九日周正龍以涉嫌造假詐騙被捕之後，人們的情感焦點發生了微妙的變化，即從對周正龍照片作假的責備轉向了隱藏在政府部門背後的操縱者的憤怒。必須指出，在這一事件中，更高一級的權力部門並沒有過多干預每一位普通參與者的網路交往行為，而是希望借助於這一輿論本身壓力平息社會群體中普遍瀰漫的道德義憤情緒。在整個輿論發生過程中，人們在網路交往中形成的個人意識並沒有受到傳統的共同意識引導或者被代表，正是由每一個參與者具體而鮮明的個人意識表達而聚合成的集體情感，才顯現了一種洶湧而可觀的進步力量，使得社會中的每一個成員從普通參與者到社會管理者都不得不正視和面對來回應這種集體情感的籲求，以團結廣泛的社會成員，這也是互聯網為什麼成為了政府和民間之間有時既有權力博弈關係，有時又充滿了民主協商色彩的一個複雜而多元的新輿論場景的真實原因所在。

案例二：「鄧玉嬌案」中的社會情緒表達

和「華南虎造假事件」一樣，「鄧玉嬌案」也是近年來因網路介入而產生了廣泛影響的一個社會公共事件。二〇〇九年五月十日，一家賓館的服務員鄧玉嬌因拒絕當地幾位政府官員鄧貴大、黃德智、鄧中佳等提出的色情服務要求而發生衝突，衝突中鄧玉嬌拿起水果刀防衛，刺傷其中的兩人，鄧貴大在送醫院搶救無效後死亡。鄧玉嬌自首後旋即遭羈押。這一案情被一名網友偶然關注到並發送到網路上，立刻引發了全社會成員的關注和普遍憤慨，人們圍繞鄧玉嬌是否為正當防衛、是否有罪等展開了熱烈討論。五月十四日，有網友在網路上自發發起了

救助行為，並親赴當地為鄧玉嬌聘請了律師。隨後，關於鄧玉嬌在醫院的影片和消息開始在網上流傳後，這一事件吸引了大量平面媒體的報導。到五月底，鄧玉嬌所處的深山偏僻小鎮已經成為社會的輿論風暴中心，「鄧玉嬌案」受到的前所未有的關注，使當地政府甚至一度關閉了事發地的交通和通信設施，政府有關部門也不得不開始介入案件調查。六月十六日，法院公開審理此案，認定鄧玉嬌屬正當防衛，但防衛過當，構成故意傷害罪，鑒於其自首和當時患有一定程度的精神病，決定對其免於刑事起訴並當庭釋放。這一案件中涉及的其他兩位當事人黃德智、鄧中佳被開除黨籍、解除公職，包括原當地局長一批官員都受到牽連而被調離。[30]

和「華南虎造假事件」一樣，「鄧玉嬌案」所暴露出的官民衝突和對當地政府的不信任態度，經由網路輿論的放大，最終使案情發生逆轉，讓每一位參與者看到了社會底層地方吏治的複雜生態和底層民眾令人生憂的生存狀態。事發後一個多星期的五月二十日，當時的局長楊立勇面對網路上的眾多質疑，並沒有意識到網友之間的這種情感連結一旦突破了地方性群體成員關係之後所表現出的影響力，雖然他對媒體一再強調：「從整個情節看，確實是一件很普通的命案。」但事實上，人們在網路分享中相互作用、相互結合的方式如果超出了地域的限制，就會打破一個小範圍的地方性聯繫中局內人／局外人之間原有的櫃檯／後台關係，在一個被洶湧而入的網友破「門」而入的網路交往場景中，當地各色人等盤根錯節的複雜關係原

---

[30] 更多關於「鄧玉嬌案」的報導，可參見賀莉丹：《鄧玉嬌，一個標本》，載《新民週刊》，2009（25），2009-06-26[2012-03-20]，騰訊網，http://news.qq.com/a/20090625/000459.htm；新浪網專題：女服務員刺死官員，http://news.sina.com.cn/z/dengyujiao/

來只是一種屬於「後台」的場景（如幾位地方官員鄧貴大、黃德智、鄧中佳的私人關係），在網友的高強度和大範圍的關注下，逆轉成為時刻受到監視和關注的「櫃檯」行為。在這樣一個最普通的社會基層治理區域，人們之間的關係原本維持著一種高度的團結關係，這種關係是以地方政府權力為中心形成的小社會形態，成員之間保持了對權力符號的高度遵從和一致性認同，這種封閉的「後台」場景，也保證了以地方政府部門治理為中心的某種權威的產生和內部成員意識的高度一致性。但隨著網路這一更大的社會範圍內各種不同群體成員之間的密切交往、合作和互相作用，原先封閉、統一、均衡的種種「後台」場景被一一放大為「櫃檯」場景，具體表現為眾多外地網友除了網上的奔走呼號之外，一些外地參與者和媒體從業者在事發後從各地立即趕赴當地，給予鄧玉嬌父母從請律師等物質幫助到道德情感上重要的精神支持。大規模的社會成員參與在一個廣大範圍內高強度的互動，這種情感作用方式催生了一種新的集體意識，那就是塗爾幹所形容的不計較個人行為得失和任何利弊後果的道德尊崇感，一種對社會底層弱者的同情和對社會地方吏治腐敗的痛恨激發了這種普遍的帶有尊崇色彩的道德情感，它借助於網路廣泛作用於每個個體內心的意識狀態中。這種大規模的個人意識基礎上形成的集體情感超越了任何個體力量，像塗爾幹所形容的那樣，讓人感覺全部社會儼然以一個聲音在說話，實際上是這一被普遍激發出來的社會情感借助於每個人的嘴巴表達了出來。這種社會情感的強烈程度和影響力，一開始並沒有被當地政府部門察覺到。

人們在網路空間這一更大範圍的社會中形成的情感流呈現

出一種四處漫溢、循環增強的表現形式，它集中體現在陌生人之間情感意識的相互作用、相互結合和相互影響，這種社會情感因為人們交往範圍的不斷擴大而變得更加豐富和博大，隨著越來越多的參與者加入到這一事件進程中，對於該鄉鎮的人們來說，原先想都不敢想的一些事情如：質疑政府權力機關都不曾在他們集體意識範圍之內出現過，這些作亂犯上的極端想法是被排斥在個體意識之外的，現在在外部社會成員的情緒感召下，它們卻變成了集體意識的一部分，取代了簡單的諸如殺人償命和政府權力主宰一切等所有原有的、樸素的、傳統的集體意識。此外，生活這一狹小地域範圍內人們的行動經常會受到諸多物質條件的制約（包括地方上的權力關係以及打官司的成本等諸多因素），群體成員之間受到地方性緊密的社會關係的牽制和影響，無形中大大限制了他們的行動能力，通過與外部世界社會成員的網路交往，和此案件相關的局內人 / 局外人這樣的界限被徹底打破，在一種空前團結一致的社會場景中，每個參與者無論是本地人還是外鄉人，既是情感能量的源泉，也是受到這種情感能量感召和鼓勵的接受者。人們在網路交往中進行的社會交往聚合了每一個具體而特別的個體意識，形成了一個由概念、意像（鄧玉嬌作為一個受侮辱和損害的少女形象）和情感（對弱者同情，對權貴痛恨）綜合形成的社會情緒表達，這些概念、意像和情感一旦被從其他社會情緒中分離出來，就會按照網路交往中形成的情感流自身獨特的規律流動，它們之間相互組合、吸引和相互作用，隨著外部參與者的不斷湧入而持續得到豐富和擴充，這種情緒流動難以受到現實條件的控制和指引，它體現出了集體情感作為一種精神生活的獨立

性：「鄧玉嬌案」引發人們在網路交往中的社會情緒表達是一種充滿了高度儀式化體驗的集體情感瞬間爆發，這種社會情緒表達是不帶任何個人企圖心理和功利色彩的集體意識宣洩，就像是人們與生俱來的不經思索就能感知的正義之心，平時如同沉默的火山而難以察覺，只有等到網路交往的神聖儀式來臨時，這種集體意識才會以激情爆發的方式噴湧而出，並且成功的社群交往中一次次被刷新，進一步轉化為各成員賦予正義性質的一致行動能力，它的淋漓表達僅僅是為了讓生活在廣大範圍內每一個社會成員都能感受到這種崇高精神生活所帶來的道德滿足感和精神愉悅。

第七章
符號流：更大社會範圍中的新群體成員身分

在討論網路交往中的關注流和情感流時，本書已經涉及儀式中的符號流和關注流及情感流之間的相互關係，例如在關注流的形成過程中，人們對於作為群體成員象徵的社會身分符號的依賴和識別，以及在情感流的建立過程中符號作為凝聚了人們集體情感標誌物的意義。在以上兩章的討論中，符號流被認為是社會成員之間互動儀式發生的誘因以及做為儀式的最後結果。本章將進一步延展前面討論中所討論的話題，以符號流的流動方式為分析對象，深入探討做為儀式重要結果的符號流表現特徵以及這些符號所代表的意義和秩序的生成機制。對於網路交往這一特定的媒體場景而言，符號流直接標誌著個人身分、群體成員關係以及作為社會共同體的集體意識等一系列非常重要的社會關係。如果關注流和情感流分別做為儀式實現過程中的起始階段和高潮段落，那麼符號流則是儀式實現過程中生產社會意義象徵系統這一具有根本意義的最終結果。社會學家通常把人視為唯一會使用符號的高級社會動物，這從一個側面強調了符號流在人們日常社會交往中的重要性。因此，本章的內容既是前面兩個章節的延伸，也是本書議題的一個初步研究結論。

吳越民對社會互動中的符號流進行了基於符號學理論的分析，並以不同民族的符號文化背景對這一理論和方法進行了進一步闡釋（吳越民，2007）。本章的研究對象聚焦於人們在網路中的社會互動產生的符號流，以及這種符號流所代表的社會情感和集體意識。在符號學對於文化符號的表徵和意義進行研究的基礎上，一些學者們對於符號流的文化研究的分析方法主要應用了語言學、結構主義、原型批評和精神分析等理論，對符號本身的表徵、象徵功能和解碼方式進行文字分析。本章的研究首先建立在社會學的理論框架下，尤其是對網路交往儀式中媒體化的社會場景特徵的充分認識，網路交往的符號流既不同於人們現場交往中的群體成員符號表現方式，也不同於人們基於其他媒體進行社會交往時生產社會意義的方式，這在本書第四章中已經有所討論，這些論述同樣適用於本章的分析。互動儀式理論和情緒社會學是本文主要的理論工具，應用互動儀式理論和情緒社會學來分析人們在網路交往中生成意義符號的機制和方式，使整個儀式的實現機制得以完整展示，這也是本章的研究路徑。考慮到文化研究作為一種重要的輔助視角，尤其可以用來解釋特定時期的社會歷史背景對人們交往方式的影響，本章將在案例部分就人們的性別符號、社會階層符號等身分標誌與他們在網路交往的特定場景建構方式等方面的關係進行探討。

和網路交往中的關注流、情感流一樣，符號流生成於人們在網路交往中不穩定的和隨時變化的特定社會場景中，在不同的時間和空間條件下，做為儀式的組成部分，其關注流、情感流和符號流以及三者之間的相互作用方式都是在不斷移動和變

化著的。本書的第五章和第六章對關注流和情感流的研究都結合了特定的媒體場景建構方式和互動儀式理論的情境分析方法，以探究人們基於互聯網進行社會交往時在這一特定媒體場景中互動儀式的發生條件和實現機制。

相比於關注流和情感流，網路交往中的符號流有著更重要的社會功能和更複雜多元的表現系統。首先，網路交往中的人們置身於一個被割斷了地方性聯繫的廣大場景中，權威退場，原先儀式中作為神聖物的符號也已不再靈驗，人們更容易退縮到自己的內心世界中，自我崇拜取代了傳統的神聖物，成了新的神聖符號；其次，網路交往催生了一種記錄電子部落社會中人們情感的新符號系統，這一符號標記系統雖然有時缺乏原子社會中人們發生緊密聯繫時的情感體驗強度，但它有著更加普遍和抽象的社會象徵意義，標誌著更大範圍內人們之間建立一種新的冷靜而普遍信任的情感連結關係；最後，符號特徵的演變反映了不同儀式場景的變遷，人們網路交往預示著在現有的社會基礎上建立了大規模社會團結的可能性，這需要新的集體意識的支撐，一種由每一個具體而且非常特別和個性化的個體意識組成的社會意識有著規模化的強度，人們在網路上大規模的虛擬身體聚合時產生的儀式化交往行為，生成了比過往任何一個社會場景都要大很多的群體團結，這一儀式往往生產出代表了極其廣大範圍內群體成員的新身分符號，它表示著人們對於一種狹隘和緊密的小範圍地方團結的侷限性的超越，寄託了人們對於未來企圖建立更加博大、寬容和平等的社會形態這一集體理想的嚮往。

根據符號流形成過程中不同符號代表的社會功能和意義特

徵，本章將首先討論不同符號的特徵，尤其是神聖物符號在網路交往中的變化；而作為集體情感標記的符號和作為凝聚社會共同意識的符號最能體現符號的社會建構特徵；接下來則討論網路交往生成符號的社會意義，即這些新的符號形式對於建立社會信任、滿足情感體驗和促進群體團結的作用；在這些討論中，新的符號語言對於分析電子部落社會的特徵有著特別的意義，網路流行文化作為一種新符號形式，對於建立一種新的社會共同意識有著非常重要的意義；最後，本章還分析了網路交往中的女性符號和最新的網路流行語符號兩個案例，作為闡釋網路交往儀式中符號流形成規律的佐證。

作為意義的符號的變遷

儀式是生產情感和意義的過程，符號就是這些情感和意義的結晶體。塗爾幹曾經形容人們的意識之流像一條河流，每一種感受只有在瞬間才是完整的，如果沒有符號留住它們，那麼，這些意識都只能化為稍縱即逝的混沌或者烏有之物。我們需要追問的是，作為一種新的社會交往方式，網路分享是如何生產意義符號的？和其他媒體場景中的符號生成過程相比，在人類社會交往歷史中有著怎樣一種延續和變遷？

神聖物符號的消失

在原子社會中，一切神聖性都並非某一事物所固有的特性，而是被人為附加在某一對象之上的，塗爾幹稱之為是一種社會情感投射到某一事物之後的對象化結果。原子社會人們之

間的緊密團結要麼依賴於神聖的權威，要麼依賴於這一神聖權威延伸出來的權力。權威是權力之源，一種權力如果不能被神聖化，轉化為具有神聖的道德感召力的權威，那麼它隨時就可能被僭越、傾覆和逆轉。

符號就是將權力轉化為權威的完美工具。人們只有借助於符號化的社會交往才能建立起真正的溝通，包括被喚醒起某種共同的集體情感和意識，另外，一旦神聖符號被附加在了某一個事物之上，那麼，這一事物和符號就有著無法分離的整體性，它的任何一部分都會等同於神聖物本身，就像國旗的碎片和國旗一樣象徵著國家，而一位偉人的遺物和身體同樣代表了某種神聖性一樣，了解這種作用機制，就能理解神聖性符號如同靈魂附體一樣如何被成功地附載在某一普通事物之上的。

人們交往範圍的擴大和交往方式的變遷，逐漸減弱了神聖物符號的影響力。一個人遠離故土，來到一個陌生的大城市，意味著他必須告別過去的權威，他一切的利益和情感都會擺脫原先生活的那個小群體的侷限，當初的社會輿論和集體控制力隨著權威的不復存在而大大減弱；在交往方式上，一個人在狹小範圍內每天和熟人的交往和在一個廣大範圍中與陌生人頻繁發生交往會產生完全不同的社會場景。在偏僻的鄉村，人們對陌生人保持著高度的戒備和好奇，這一幕如果發生在大都市，兩個陌生人之間的關係要麼是冷漠的不關心，要麼就是非常隨意性的非正式交往，等到這一幕移植到網路交往中時，陌生的人群之間充滿了一種普遍的信任感，每個個體都難以感受到外部因素的控制，更不願再接受傳統的神聖物及其符號的約束，在那裡，就連對於傳統社會權威的僭越（如惡搞和無厘頭的反

諷）也成了一種人們趨之若鶩的時尚之舉。

　　傳統神聖物及其符號的衰落乃至消失，預示著人們對於凡俗事物和神聖事物的傳統劃分方式正發生著激烈的變化。就像後文討論的關於性場景符號中的案例所揭示的，神聖愛情這一傳統神聖理想消解的同時，就是以前的凡俗事物開始僭權的過程，當裸露的身體、白描的性愛場景和炫耀的乳房賦予了新的意義象徵時，凡俗和神聖之間就發生了直接的逆轉，原先的神聖傳統被嘲笑、奚落，被直接扔進了象徵了落後時代意識的垃圾桶，而新的凡俗卻以一種挑釁性的姿態登堂入室，為自身賦予一種和以往完全不同的神聖符號意義。這種符號表達顯然和人們在網路交往中的社會場景相關：互聯網普遍被認為是一個缺少群體監視的新場所，當人們離過去的道德權威越遠時，個人在場景中的自由度越會顯著加大，這種自由帶來的滿足感會日益取代傳統權威，成為新的神聖之源。

　　電子媒體的發達，幫助人們從傳統社會的緊密共同體和正式儀式活動中脫離出來，這一被稱為去魅化的過程，也是社會從高度儀式化生活方式向低度儀式化生活方式轉變的過程。通訊和電話方便了人們在更大社會範圍的流動和溝通需求，電視暴露了權威人物相當多的後台場景，並且使家庭越來越小型化和方便流動，互聯網上虛擬的身體連結使人們可以實現自由的跨地域流動，建立一種以個人為中心的交往方式，團體生活進一步分裂成更小的單元，原先複雜而緊密的社會網路顯著分化，每個個體從對於權威符號的高度遵從中解放出來。非正式儀式意味著人們喜愛更加隨意性的交往方式，當人們的共同關注視線從原先高度集中的團體生活中移開時，一種偏向於內向

的自我人格開始浮現，占據了網路交往的中心位置。

　　神聖物及其符號的沒落和自我崇拜符號的浮現是一個平行發生的過程。傳統權威誕生於層級化的監視手段，在這一金字塔最高處的人物往往有著最高程度的自由，而底層人物則處在無所不在和無時不在的集體監視之中。在消費社會，這種神聖性表現在明星身上的媒體光環，崇拜者創造了自己的膜拜對象，媒體則樂於發揮合謀作用，一方面，媒體每天有了固定的關注焦點和內容；另一方面，明星崇拜一樣可以幫助媒體提高發行量，賺取更多利潤。神聖物充當了一種集體意識的標誌，就像人們在部落格中想方設法接近一位社會明星，希望從他（她）那裡獲得一些標誌符號，以獲得一種類似宗教圖騰中的超自然的神奇力量一樣，雖然這種互動中充滿了平等性，不再像傳統儀式中那樣對神聖物及其符號表現出高度的遵從，但對於大多數普通人來說，明星及其符號象徵了他們的集體情感，代表了他們生活的部分或者全部意義，也是他們在日常平凡生活中獲得精神動力的源泉，這種儀式不管是否充滿了隨意和平等的性質，人們依舊從明星中發現了他們真實的自己，明星就是他們的另一個自我，理想化的自我，這與充滿了權威色彩的傳統儀式有著鮮明的差別，後者首先強調的是自我和神聖物的區別及距離感，前者則是著迷於自我和神聖物之間的類同和親近感，相當於塗爾幹描述在宗教生活中積極的崇拜儀式。網路中的交往首先拋棄的就是傳統儀式中的正式性，人們普遍認為，一種更加隨意性的儀式風格更符合電子部落作為理想社會的特徵，甚至連那些歷史上從來沒有獲得特權的普通人同樣可以擁有某種自我迷戀的屬性，其他人都必須小心翼翼地對待

他，不能忽視他的存在價值，自我崇拜第一次和作為充分自主的充分發展的個人人格聯繫在了一起，自我看上去不是被社會建構起來的，而是擁有一種天生的、至高無上的自然屬性。

塗爾幹認為神聖物符號只是變形的、人格化的社會而已，人們崇拜神聖物體本質實際上就是崇拜自己。人們從這一儀式過程中重新獲得他們所需要的精神力量，我們製造了神聖符號，而神聖符號作為一種人造物，也只能存在於社會中。從神聖物及其符號的膜拜到自我崇拜，不僅僅是人們交往儀式風格的變遷，更揭示了一種社會意識的變遷，人們正從傳統的團體生活中游離出來，新的個人主義符號意味著在一個更大的媒體化的社會場景中人們渴望獲得更多自由和自主參與的交往機會。

從集體情感符號到個人情感符號

符號不僅是人們溝通時達成相互理解的工具，也是人們儀式活動中情感的象徵，通過把一個被代表事物的觀念和這個符號的觀念聯繫在一起，一方引發的情緒就能夠迅速擴展和感染到另一方。相比於儀式活動中不穩定的、時而強烈時而微弱的情感而言，符號穩定而且持久，它凝結了當時產生的集體意識，也為人們投入到下一個儀式場景時保持了其集體情感意識的一致性、穩定性和持久性。

在傳統的媒體交往如電視建立的儀式中，人們一般都只會選擇和自己擁有相似符號的對象進行互動，這種交往充滿了支配感和被支配感。一些擁有較高情感能量的明星總是居於共同關注的中心，旁邊圍繞著大批的追隨者，而一些只擁有很低情

感能量的人處在非常邊緣的位置或者根本被排除在外。這種交往方式表現出現實生活中人們的社會分層，圍繞著一種中心結構，個人僅僅依附於家庭、地方性群體和傳統力量，個人人格被吸納進集體人格，集體情感符號也代表和壓制了個人情感符號。一些學者（尹鴻，2004）在研究電視傳播中的「家國同構」現象時發現，國家符號的運用，事實上是巧妙建立在關於國和家這兩個抽象符號的關係結構基礎之上，無論是通過表現一個模範人物捨身報國的典型事例，還是通過一位歌唱演員去演繹有國才有家的整體和部分關係，或者通過電視劇中某一位忍辱負重家庭女性成員形象的塑造來表現一個人忠貞於家庭的社會意義，國和家的符號關係都充分表現了集體情感和個人情感的內在連結，這種情感結構著眼點在於代表共同意識的符號對於代表著個體意識的符號的完全覆蓋，揭示了傳統權威社會的集體情感邏輯——為把家庭牢牢維繫在國的範圍之內，與國家相關的一系列社會符號塑造了一種完全標準化和同質化的家庭單位，通過單一的溝通和傳播手段，代表了集體情感的國家符號希望把每個個體緊緊束縛在家庭這一單位中，就像每個人被緊緊束縛在原先的鄉土環境中一樣。這種建立在同構基礎之上的家國關係象徵了鄉土社會中穩固的血緣和宗法關係，每個個體都通過這種被附加上去的家國感情連結獲得了某種力量，並建立起共和國子民的集體成員身分，成為驅使他們進一步愛國行動的情感來源，在個體情感被集體情感代表和完全同化的基礎上，統一的、整齊劃一的集體情感連結了一個龐大、緊密而機械團結的原子社會整體。

在網路互動中，一旦將人們區隔在不同地域的界限被打破

之後，原先的平衡狀態就消失了。當人們不再侷限在原來的地方性空間時，網路中的自由廣闊天地無時無刻不在吸引著他們四處遊蕩，樂而忘返。這種無疆界的流動，就像一個來自狹小鄉村的農民來到了浮華高貴的大都市，「茫茫人海，最易藏身」，不再有熟悉人們的親密監視，這一媒體場景的變化進一步削弱了傳統的集體情感的力量。在傳統的社會結構中，年齡表現出的權威就是代表著集體情感的權威符號，年輕人生活在這樣的環境裡，每天耳濡目染這些傳統的共同意識和習俗，每天見到同樣的人，受到他們的影響，他們被要求必須緊緊跟隨祖先的腳步，各種各樣的變革力量都因此受到了束縛。今天活躍在網路上的一代是年輕人代表的新銳力量，他們喜好一個不受束縛、渴望變化的社會交往空間，其中時刻孕育著各種新的觀念、情感、時尚和符號，個人很容易擺脫集體情感的控制，隨著網路交往範圍的擴大，陌生人之間的交流越頻繁，集體情感符號所代表的社會意義就越會更加渙散。在現場交往中，只有當某人所代表的集體成員符號吸引了人們的關注或者喚起某種情感時，別人才會主動去接近和了解他，如果人們的情感意識總是這樣被頻繁和強烈地喚醒，這種交往的慾望也會更加熱切。在網路交往中，每個獨立的個體和很多相識或者不相識的人進行交往，對於其中許多陌生人所代表的陌生的群體成員符號，人們既不想了解他先前的任何遭遇，也不會去仔細觀察分析他的任何舉動，在這一情境下，人們之間產生的情感符號象徵著一種疏遠而簡單的連結關係。

　　網路流行語「打醬油」是可以幫助我們觀察網路交往中個人情感符號如何產生的一個非常好的案例。二〇〇八年電視台

的記者採訪一位市民，徵詢他對演員陳冠希豔照被洩漏一事的看法，這位小青年當即表示這不關他事，他只是「出來買醬油的」。由此，「打醬油」一詞風靡網路，用以形容一種路人不關心和不合作的態度。「打醬油」隱喻了人們在網路交往中獨立的個人情感表達方式。在傳統的集體情感占據上風的社會中，絕大多數人的情感狀態都是依靠極少數人來代表的，當這種代表了集體的精神生活越是貧乏和失去活力時，這些代表者的人數就越少，個別人的意志和權威就顯得越加重要和突出。在網路互動中，個人情感符號越來越擺脫集體情感符號的影響，傳統的集體情感符號所代表的控制力和決定人們行為的能力正在逐步衰減。網路中「打醬油」這一流行語的頻繁使用，正是表達了人們對於許多社會事件的獨立意識，也暗示了一種對於某些社會負面現象消極的、不合作的態度，這種態度比起「文明的不關心」原則更進一步，它顯示了人們建構集體情感意識的新趨勢：即個人情感符號在網路交往中的大量出現，正在改變著集體情感和個人情感之間的關係。集體情感不再像過去那樣意味著一種對個人情感的吞噬和完全同化，恰恰相反，只有建立在各種不同的個人情感之上的集體情感，才能擴展社會的規模和容量，使得人們之間的連結紐帶建立在一些更加普遍和抽象的基本道德原則之上。

　　從集體情感符號向個人情感符號的變遷，顯示了人們在網路交往中對於個人自由和變革力量的追求，個人在追逐情感能量方面不僅享有更大程度的自主權，而且整個社會合作是建立在個人和個人之間類似一種有機體器官之間的新型合作關係，而不再是傳統的、僵化而缺乏彈性、機械團結的社會結構。

做為儀式成果的符號

儀式是人們之間實現社會團結的過程。任何一種高度儀式化的活動都會伴隨情感體驗的高潮而最終走向終結，這一過程中的情感體驗就像波濤洶湧的激流，永遠處在變化不居的狀態，而經歷儀式活動之後的人們在經歷了新的情感體驗之後，每個人都會感覺到自身發生了某些變化，被賦予了某種在日常生活狀態中所無法達到的超凡力量和品質。成功的儀式總是能給每一個參與者帶來被刷新的情感能量和群體成員身分符號，這些也是人們再次投入到下一個儀式中去的資源儲備。在情感跌宕的最深處，作為情感標記的符號得以沉澱下來，它棲息在每一個個體內心的最深處，相對於起伏多變的情感而言，做為儀式成果的符號，代表了人們理解世界的一種相對固定的思維方式，就像它所象徵的一整套社會化的概念體系一樣，它們顯得穩定而缺少變化，即便在很長的一個時間段中有所改變，這種變化也非常緩慢。網路交往發生在人們通過虛擬身體的自由連結實現大規模社會整合這一場景中，此時儀式所產生的社會符號無論是在標示著參與者之間的相互信任程度還是其社會團結水平和方式上，都和以前的社會交往方式表現出許多截然不同的特徵。

普遍的社會信任：烏托邦圖景

社會信任是指一些個體由於共享某些相似的符號和情感因而不斷產生重複性的社會互動行為時形成的一種持續而穩固的社會關係。在傳統的社會形態中，人們基於地域而形成的社會

信任體現出緊密的局部團結關係，對於群體成員符號表現出高度的遵從，內部成員之間保持相當的一致性，同時嚴格區分所謂的局內人和局外人（在劇班表演中分別對應著後台和櫃檯兩種場景），兩者之間有著牢固的壁壘，並對局外人及其符號抱有一種強烈的警惕感和不信任心理。網路交往中的人們來自四面八方，在每一個臨時性的互動場景中，人們之間不再共享帶有強烈地方色彩的群體成員符號，對於任何一種群體符號都不會表現出明顯的遵從感，雖然人們之間維持著一種冷靜而疏離的關係，但他們不會再沿襲局內人／局外人這樣的人群區隔方式，並且隨著交往範圍的擴大和陌生人交流機會的增加，來自不同區域的人們彼此間開始共享著一種普遍的信任態度。

　　網路社會中對於共有信任的推崇，的確與早年的網路技術發明者對於自由主義和烏托邦社會理想的追求有關，這種內在的精神根源可以追溯到一九六〇年代的反主流文化傳統。（卡斯特，2006）現實社會中一些人比另一些人總是擁有更多的符號資源和情感能量，他們在社會互動中擁有支配性地位或者處在儀式的中心，較容易建立起成功的互動，為自己贏得新的社會符號和情感資源，在這一過程中，社會分層必然區隔了人們在互動中的不同地位和位置。對於網路互動而言，任何一個擁有電腦技術知識和個人電腦工具的人都可以發起一場成功的社會交往，人們可以暫時脫離地域、符號資源和情感能量等方面的限制，投入到一個理想化的交往場景中去。傳統的現場交往中的社會信任往往表現出每個人不同的社會成員身分，這些共有的集體符號不僅充滿了地域性，而且與社會分層密切相關。在網路交往中，這種充滿了平等主義的水平溝通方式帶來了一

種新的團體生活方式，人們隨著跨越地域、階層等種種限制的社會交往範圍的擴大，一種更加廣大的社會成員的共享情感也隨之擴散，進而帶來了群體成員身分的改變。在發源於網路上的眾多社會公共事件討論中，人們因為這種新的團體生活所帶來的狂熱，常常會改變和影響每個人心理活動的參與條件。二○○三年，從這一年初的「SARS 風波」到這一年五月分的大學生孫志剛因無暫住證在收容所被毆打致死，在這兩起社會公共事件的討論中，每一個網友的熱烈參與都會激發更多的人們加入進來，集體情感進而維持在一個新的強度上，這時，每個成員的生命意識異常活躍，情感強度變得更加熾烈，參與慾望超越了常態，每個人在意識到自己得到改變的同時，也使他周圍的社會環境發生了改變，在全社會關於「SARS 風波」和「孫志剛事件」的討論之後，社會突發公共衛生事故的預警和披露制度得以建立，舊的社會收容制度終於被廢除，不斷增強的社會信任範圍在擴大，也容納了更大範圍內的人群（包括此前被社會歧視和收容的流浪者），人們由此獲得了一種新的社會視野，在他超越日常生活經驗的視域之上，熱愛網路交往的人們獲得了標誌著更大社會範圍內群體成員的新符號。

網路交往作為理想化的社會交往方式，人們通過身體的虛擬聚集促進了一種新的集體精神生活的誕生。普遍的社會信任就是這一系列理想化的精神理念的一部分，在一個世界性的場景中，人們的社會交往正在不斷擴大，集體意識的視野也變得越加廣闊，社會也不只是人們所能想像或者理解得到的一個小範圍內的唯一整體，它的規模可以不斷得到擴展，通過新的符號創造，社會因此更加完善，得到循序漸進的演化，成為規模

更大的整體的一部分。就像麥克魯漢比喻的「地球村」所描述的那樣，這一新的社會整體中並不存在明確的地域疆界，它可以無止境地向外擴展開來，創造出更大地域範圍和社會場景中不同人們之間的身分認同。

從小範圍內群體成員符號中涇渭分明的身分區隔，到世界性場景中人們共享普遍的信任關係，網路交往創造了一個由符號、情感和意像組成的理想世界，它們在不斷的意義擴充過程中變得日益豐富和獨立，不再受到現實世界物質條件的侷限和制約，由此產生的集體精神生活有著相當的自主性、包容性和理想色彩，就像部落格、微信等網路空間裡人們對於理想社會圖景的熱烈討論一樣，它可以不帶任何物質企圖和利益地表現自己，僅僅是為了讓參與者體會到純粹的集體精神生活的快樂。

從機械團結到有機團結

塗爾幹在《社會分工論》中曾經區別了兩種不同的儀式團結方式：機械團結與有機團結。前者是指一個社會中各個社會成員平均具有的信仰和感情的總和，形成了集體意識，這種社會團結建立在個人的相似性基礎之上，因此，它服務於較小地域範圍內擁有共同群體成員符號的人們之間形成社會維繫；後者是指建立在社會分工基礎之上的社會團結方式，每個人之於社會的關係就像每個器官之於整個生命有機體之間的密切合作關係。塗爾幹認為，不同的社會團結方式表現出個人和社會之間的不同關係，前者是完全相似的個體機械重疊聚合而成，後者則是建立在部分和整體的有機聯繫基礎上，個人享有更大的

自主權和自由活動空間（塗爾幹，2009）。

從塗爾幹的機械團結、有機團結到麥克魯漢想像中的電子部落，同樣是關注儀式和媒體對於社會整合的影響，塗爾幹的樂觀主義和麥克魯漢的悲觀主義卻有冰炭之隔，如水火不容。儘管塗爾幹是堅定的社會建構論者，在他看來，一切社會分類，從時間、空間、社會類別到因果關係都是基於形成社會這一目的而進行的符號創造，同樣地，基於社會合作進行的個人分工也體現了社會自身合目的性的要求，在塗爾幹看來，這種社會進步而帶來的現象就像生命有機體中部分和整體的關係一樣清晰明了而且非常重要，這也是他不願意更多討論社會的反常形式並且其觀點過於樂觀的重要原因，在他看來，這些都是不證自明的客觀規律。但是，這些合目的性的看法在麥克魯漢那裡卻不免出現了搖擺，雖然麥克魯漢和塗爾幹一樣堅信社會建構倫，他認為媒體就像芒福德筆下的城市一樣，不僅是一種社會交往的方式、場景和工具，也是一種容器，它直接塑造了行為和思想本身，另外，麥克魯漢在本質上又是一個富有浪漫情懷的古典人文學者，他不可能像塗爾幹那樣是社會進化論的堅決信奉者，道德判斷經常會令他感到痛苦，就像他對電子部落的浪漫憧憬同時也必然意味著對於文字形成的社會割裂的憎惡一樣，他在一九六四年出版的《理解媒體》中這樣總結道：

「語言被認為是——過去和現在都是如此——人的一種技術，它損害並削弱了集體無意識的價值觀念。柏格森認為，如果沒有語言，人的智慧會全部捲入其注意的客體。語言之於智慧猶如輪子之於腳和人體。輪子使人的肢體更輕盈、快速地在事物之間移動，而捲入卻日益減少。語言使人延伸和拓展，可

它又使人的官能割裂。人的集體意識或者直覺，由於言語這種意識的技術延伸而被削弱了」（麥克魯漢，2007）。

在麥克魯漢看來，拼音文字和後來出現的許多技術與媒體一起，加劇了人和外界的割裂，以服務於機械化的專業分工之上的大規模化的「中心—邊緣」式社會，這種割裂產生的痛苦不僅僅是不斷出現的技術專業化發展帶來的個人異化，還有社會的分裂和動盪。他甚至天真地設想一個伴隨著電腦技術出現的大同世界，用代碼去繞過語言來實現一種普遍的寰宇意識的傳播，開創永恆的集體和諧和太平。麥克魯漢的天真想像和他的悲觀意識，與塗爾幹過於自信的樂觀主義形成了強烈而鮮明的對比。麥克魯漢在一九六九年接受《花花公子》的那篇著名的訪談裡談到自己即使面對悲觀的預測，聲稱自己也要「避免道德義憤的奢侈，避免象牙塔中穴居人似的安穩。我要沉下去，置身環境變化的破爛堆中，鏟出一條路，弄清其內容和力線——以便搞清楚它如何、為何在使人發生變化」（麥克魯漢，2006）。

符號在促進社會團結方式上表現出的差異，顯示了不同媒體技術的兩面性。當文字標記了集體情感，凝聚了共同意識的同時，它不可避免帶來了個人主義和專業化，包括形成更大規模、高度集中的「中心—邊緣」的社會結構，隨著麥克魯漢當年想像的無中心的、個人不再呈現同質化發展面貌的「電子部落」社會正成為現實，網路交往突破了文字交往的機械化的社會團結方式，前者無遠弗屆、不分彼此的理想社會團結方式在允諾更大個人自由空間的同時，內向的充滿自我崇拜色彩的個人主義開始大行其道。

符號流：被更新的身分

在網路交往中，符號的流動一直追逐著情感流動的方向，符號有時是不同群體成員的身分標誌，記錄了儀式中的集體情感和共同意識，也是人們之間達成社會團結的重要工具。從物質標記、形象呈現、神聖物到固定的程式，甚至包括紋身等，都是人們分享某種共同道德生活的重要符號體系。符號不僅是人們能夠進行溝通的前提條件，它在顯現人們在上一次成功互動儀式中達成的精神狀態的同時，也為人們在未來的儀式活動中創造出同樣的精神狀態提供了準備。人們在網路互動中總是尋找有著相似的符號和情感的對象，並通過成功的社會交往不斷創造出新的群體符號，這些符號記錄了時代精神和群體生活面貌，儲存了人們穿梭於不同的網路互動場景時所積累的珍貴情感能量。

世界性場景與新身分符號

人們在儀式中相互關注的事物往往最後演變成了群體代表的符號。群體之間一旦形成了共同關注，人們之間這種互為主體性的情感只有固定在某一具體對象上時，才能獲得長久、穩定的概念一樣的特質，就像旗幟象徵國家、徽章代表了某種貴族身分一樣，社會只有通過符號表達才能建立其分類和標準化，這些符號因為人們的儀式化參與而被賦予了新的思想感情，從一個場景到另一個場景，人們每當聚集在一起共同關注他們的情感對象時，一些新的符號也會由此被創造出來。對於社會儀式而言，不斷產生的符號給人們帶來了被經常刷新的情

感能量。

在網路交往這一充滿世界性的社會場景中，符號超脫了特定的群體成員身分關係，大多數時候，符號是來自不同群體的陌生人承載的。人們在網路交往中時常會遇到許多不期而遇的陌生人，他們從一個場景很快切換到另一個場景，追逐的已經不再是代表了某一特定群體成員的符號或者情感，基本上，這是一種更加抽象的符號和情感，它和地域無關，甚至和具體而特定的人群無關。在上文分析的「鄧玉嬌案」中，就在鄧玉嬌刺死意欲強暴她的地方官員事發後第四天，一位名叫「超級低俗屠夫」的網友吳淦悄悄來到事發當地，伸出援手，說服鄧玉嬌父母聘請律師，並探望了在醫院正在接受鑒定的鄧玉嬌本人，並將其在醫院的近照發布於網路。像網友吳淦這樣的陌生人的介入就像當時一大批網友的奔走呼籲一樣，他們和鄧玉嬌本人、其他幾個案件相關人以及負責案件偵查審理的諸多機構成員之間並沒有任何群體成員身分上的連結關係，吸引他們關注的是對鄧玉嬌作為社會底層弱勢群體的深切同情，但正是這些陌生人的介入對於鄧玉嬌後來的命運逆轉施加了相當重要的影響，這些影響是當時案件各方相關人都遠遠沒有想到的。在越來越多來自陌生人群體的壓力下，警方在事發後的五月十二日、十三日和十八日接連三次通報案情，案情報告一次比一次詳細並接近事實真相。這其中網友吳淦延攬的兩位律師夏霖、夏楠的介入對於案件也造成了重要的影響，五月二十一日他們在探望看守所中的鄧玉嬌後大呼「喪盡天良、滅絕人性」抱頭痛哭的畫面被定格、上傳至網路，再次在網友中強化了對鄧玉嬌的同情。很難想像，「鄧玉嬌案」如果沒有廣大網友代表的

陌生人群體的介入，最後的判決將會是什麼結果（進一步的分析參見本章最後部分關於「鄧玉嬌案」的討論）。「唐慧案」同樣如此，我們無法想像，如果沒有鄧飛等一批網友的熱心支持，很難想像「唐慧案」會得到如此大的社會關注度，甚至成為推動國家廢除勞教制度的最後一擊。正是在這一幕世界性的場景中，陌生人代表的更加廣大範圍群體的道德義憤將當地人們之間的地方性群體成員關係一一破解，使這種相對狹隘的群體成員關係符號（後台場景）被曝光在整個社會成員的監視之下（成為櫃檯場景），在這一過程中，鄧玉嬌所代表的被侮辱和被損害的弱勢群體成了一種抽象而普遍的符號，它連結了無數普通社會公民的道德情感，而涉案另一方的鄧貴大等為富不仁的地方官員則是作為一種處在對立面的抽象符號，遭到了全社會的譴責。

　　網路交往產生的新群體符號代表了廣大範圍內社會全體成員的情感和意識，因此，網路交往中的人們對於原先每個人所必須遵從的群體符號總是保持著一種敬而遠之的不屑，甚至拋棄。在伴隨部落格而出現的一批女性主義者那裡，她們在網路交往中表現出的身分和現實生活中有著天壤之別，在她們看來，現實交往中的女性總是處在男人和他們所代表的權威目光的監視之下，女性的器官、身體、慾望、感情和身分都是由男人來定義的，因此經常被貶損和放逐到無邊的黑暗之中，因此，在網路場景中，女性乳房、身體展示連同性愛行為本身都成為向傳統權威宣戰的符號，這些符號雖然看上去曾經出現在以前的一些女性文學作品中，但在網路場景中以如此直接的暴露和挑釁的姿態出現，還是第一次。

在世界性的網路場景中誕生的新群體成員符號標識了人們之間一種新的集體情感和關係，地域消失連同精神生活對物質世界的超越一起締造了電子部落作為大同世界象徵所追求人和人之間一種平等、和平和博愛的全新純粹關係，「技術產生的普世理解和同一，對宇宙理性的濃厚興趣。這種狀況可以把人類大家庭結為一體，開創永恆的和諧與和平」（麥克魯漢，2006）。

網路流行語與一個社會的集體精神狀態

語言符號是集體情感最好的標記物。在語言出現之前，人們之間的交流只能寄託於心靈的感應，如果不能將情感附加在一個具體的符號對象上，任何一個個體都無法將他的感覺從自己的意識中分離出來，並傳送到他人的意識中去，任何情感都是與一個人的肌體和人格緊密聯繫在一起，無法分隔，除非人們之間能夠面對同樣的符號對象，否則就無法進行概念的交換。在網路交往中，人們的社會交往不再受到地域和時間等諸多限制，這種大規模的虛擬身體聚集方便了人們之間進行自由而不受約束的社會交往，在這種不分時空的交往中新的符號一旦形成，就成為了比任何一種媒體場景中傳播都要廣泛得多的網路流行語。

網路流行語記載了一個社會的集體精神狀態。與傳統流行語的生成和傳播機制不同，網路流行語通常都是自下而上產生的大眾文化符號，經過瞬時傳播和網狀擴散，有著廣泛的使用者基礎，往往代表了社會普通民眾對於一個特定時期社會的集體情感記憶。二〇一一年「七二三重大動車事故」發生之後，

時任鐵道部新聞發言人的王勇平在第二天的新聞發布會上面對記者的追問時巧舌如簧，當有人質疑鐵道部的救援措施是否得當時，該發言人辯稱，鐵道部相關部門在事發之後的救援並無不當，至於最後一名獲救者小依依的被發現，稱：「這只能說是生命的奇蹟，至於你信不信，我反正信了。」等云云，這一含糊其詞的詭辯表態激起了網友們的群體憤怒，許多人用「至於你信不信，我反正信了」造句，以表達對於某些不負責任的政府機構及其官員的嘲諷和不滿情緒。與以前書面傳播中沉默的讀者相比，網路交往為每一個人提供了個體發聲進而促進公共輿論形成的平台空間，這種公共輿論源自每一個網友的參與和共同構建，公共生活在人們內心中所激發出來的力量，最後表現為符號所凝結的一個完整的觀念和情感世界，人們感受到的這一內在的集體精神壓力時所產生的尊崇心理，都是任何單純的私人意識狀態所無法比擬的，這一力量來自於形成它的無數個體的精神表現。一些人在網路交往中紛紛援引這樣的符號，實際上只不過是社會在借助於他在發聲而已，人們在傾聽這些聲音時會發現，全部聲音彷彿來自同一個口吻。網路上形成的公共輿論借助於符號將全社會成員激發的尊崇擴展到每一個個體身上，使人們感受到任何一種個人精神狀態都無法享有的權威和尊嚴。從近年來流行的「伏地挺身」、「躲貓貓」、「打醬油」等網路流行語中可以發現，網路流行語反映了人們在網路交往中對於特定人物和社會事件的關注，這些符號中標記的關注流強度和激發出來的感情流最後都會凝結為代表了一個極其廣大範圍內群體成員的集體記憶符號。

　　除了承載一定社會時期的集體精神狀態外，網路流行語也

是標記參與者新群體成員的身分符號。符號標記是區分不同群體成員的重要方式，就像宗教圖騰將不同的事物賦予唯一的本質一樣，符號在其對應的社會成員中激發出來的情感，得以被固定在標記及其標記所反映的事物上。現實交往中，人們總是從屬於不同的社會群體，這些群體成員之間因為地域、種族、職業和社會等級等各自享有自己專屬的身分標誌，當這種社會交往轉移到網路場景中時，人們紛紛從具體的地域、種族、職業和社會等級等原先的群體屬性中抽離出來，網路交往中每個人被賦予的抽象平等身分產生了一種集體精神生活的狂歡狀態，每個人得以擺脫狹隘而庸常的日常生活經驗，投入到另一種充滿了不同體驗的精神歡騰中去，這是一個類似所有參與者狂歡的場所。在這一公眾廣場的狂歡中，人們以最近的身體距離，親暱、友善、平等的對話完成了對自我主體的重新構建。「狂歡節就其意義來說是全民性的，無所不包的，所有的人都需要加入的親暱的交際。廣場是全民性的象徵。狂歡廣場，即狂歡宣泄的廣場，增添了一種象徵的意味。這後者使廣場含義得到了擴大和深化。在狂歡化的文學中，廣場作為情節發展的場所，具有了兩重性、兩面性，因為透過現實的廣場，可以看到一個進行隨便親暱的交際和全民性加冕脫冕的狂歡廣場。「這種人人平等、友善開展的對話，是一個完全快樂和無畏的話語，是一個自由自在、坦白真摯的話語」（劉康，1985）。「囧」「杯具」「屌絲」「白富美」等許多網路流行語就是網友以一種非常口語化、帶有粗鄙色彩以及自我卑賤化風格的自我身分象徵，它不僅表達了普通民眾在一個轉型社會中精神上的苦悶和憤懣，網路流行語中這一隨意化、非正式的語言

風格也暗喻了作為小人物生存狀態的無奈，更大程度上，正是在這些符號的使用上，人們在網路交往中實現了相互之間的身分認同，通過一種不平常的、充滿個性和自我解嘲風格的語言符號運用，它標記了網友這一獨特的社會群體與其他群體之間的邊界。

網路流行語是觀察人們在網路交往中如何生成符號的一個窗口。大量陌生人在網路上通過身體的虛擬集合創造了一種新的集體精神活動形式，網路分享中生成的符號記載了人們在一定歷史社會時期獨特的集體精神面貌，也是符號使用者自身標識其新的群體成員身分的新標記，作為一種集體精神生活的狂歡節記憶，網路流行語揭示和解釋了當代人們日常生活中許許多多的內心困惑、無奈和矛盾等諸多複雜的社會集體心理狀態。

符號流的形成規律

自我崇拜的出現伴隨著傳統神聖物符號的衰落，建立在個人情感之上的集體情感符號，社會交往範圍得到極大擴展之後各成員之間的普遍信任和無中心、充滿了個人主義的電子部落社會，都是網路交往中生成的符號流的典型特徵。雖然這還只是浮現中的理想社會圖景，但這些符號的出現都揭示了展現中的人們之間一種新的社會交往方式。無論是通過一種世界性的場景建構賦予每個參與者新的群體成員身分及其符號，還是通過網路流行語這樣的新符號去記載特定歷史時期的社會精神面貌，人們在網路交往的社會交往催生了新的符號系統，從標記群體成員身分、記錄集體情感到達成社會團結，這些符號系統

展示了人們在理想社會交往中的集體精神狀態。

在人們的日常社會交往中，符號本身就是人們競相追逐的關注焦點，它記錄了人們在以往成功的互動過程中的思想、情感和意識，人們就是通過尋找具有相同符號和情感的對象，為開啟新的社會交往準備條件。另外，當人們再度聚集在一起時，一旦發現了可以寄託他們集體情感的對象時，這種共同關注就會創造出新的符號。網路交往發生在一個範圍廣大的網路場景中，人們潮水般地聚集在一起，很快又會像潮水般地退去，這時符號流在形成過程中體現出如下幾個規律性特徵：

首先，人們在網路交往中生成的符號不再是代表著某一特定群體成員身分的情感和意識，而是表現了類似世界公民這樣的更大範圍內的集體意識。在現場交往和以前的任何一種基於媒體進行的社會交往中，人們都不得不受到某種特定的群體身分成員的限制和影響，這種限制和影響或來自於地域、階層、職業等，或來自於人們在之前的社會交往中積累的符號資源或者情感能量水平，人們用這種群體符號來區分和界定誰是局內人，誰是局外人，內部成員緊緊團結在這種符號代表的群體之中，對於不享有這一符號的局外人則保持著高度的警惕和不信任。網路交往取消了這些符號形式所標示的區隔，用麥克魯漢的話來形容，人和人之間從原先一個條塊分割、功能區隔的社會變成了一個人人參與、有機整合的新型部落，即便是陌生人之間也充滿了普遍的信任和團結關係。這一新的符號體系反映了理想化的世界大同時的社會成員關係，幫助人們從原子社會中同質化的、分化的和疏離的關係中脫離出來，形成一個相互連結的、複雜多元而又高度整合的電子部落。

　　其次，網路交往中所產生的符號流其流動方式呈現為無中心的均等流動，充分體現了理想社會交往中的無差別分享原則。人們在傳統的社會交往方式中產生的符號流動方式都是金字塔式的層級流動和大規模的層級制的社會結構高度吻合，這方面依靠文字傳播實現群體團結的社會有著某些典型特徵。人們依賴文字進行的社會交往不僅劃分了不同的群體，而且訊息傳輸的範圍大小也分隔了不同的社會層級，所謂的上下有別、內外有別等切割了不同的社會群體，製造了諸多不平等的社會參與條件，這一套依賴層級化的自下而上的訊息傳播方式造就了一種僵化的、龐大而同質化的社會機構，加深了個體相對於社會而產生的疏離和異化。網路分享鼓勵非集中化的社會交往方式，訊息在網路中以非連續性、多樣化和個性化的方式自由流動，人們因為共享符號而充分領略到自由人的自由聯合所帶來的新型社會團結關係。

　　最後，符號流一旦在人們的網路交往中形成，它就不再是封閉的、固定不變的符號系統，它會在人們的不斷參與中得到豐富、發展並發生變化。近年來網路流行語的廣受歡迎就是一個例子。大量的網路流行語並非源於個人創造，之所以流行，恰恰是因為這些符號折射出了社會群體成員內在的心理能量和精神狀態，在每個參與者的演繹和豐富之後，它們獲得了更廣大的傳播範圍和更持久的生命力。網路語言的常變常新反映出每個個體參與社會符號創造的力量，通過這一符號創造過程人們之間得到了相互理解，每個人有限的局部視野得以擴展，整個社會也更富有包容性和活力。相比較而言，人們基於文字或者電視這樣的媒體進行社會交往時所產生的符號流只能在一個

相對封閉的、有限的範圍內流動，個體不僅沒有參與的機會，而且這些符號被賦予的意義往往充滿了社會權威的強力控制色彩，因而不可能在一個開放的場景中被不斷地加以豐富、演繹和發展。

案例一：三位女性部落格中的性符號表達

性符號一直是各種社會場景中最隱蔽、也是最富有爭議性的符號系統。二〇〇三年前後，部落格作為一種新的社群媒體被引入，迅速在互聯網掀起了一場「我手寫我口」的部落格運動。由於以部落格為代表的 Web 2.0 傳播形態特別強調網路上傳播主體的身分屬性、主動性和互動性，很快就獲得了許多熱愛寫作、傳播思想和喜歡網路交往的網友的擁戴，也就從這一時期開始，從二〇〇三年到二〇〇五年，「竹影青瞳」、木子美、木木、芙蓉姐姐、流氓燕等一批女性部落格話語文字的出現（包括木木的仿女性文字），促成了互聯網上流傳的一種鮮活的女性草根話語的「眾聲喧譁」現象，每一個文字都是社會轉型中光怪陸離現實的深度指涉符號，更深刻瓦解了男性神話背後潛在的被神聖化、巍然不可侵犯的內在性別秩序，昭示出一種轉型期文化激變的鮮明特徵。巴赫金認為，人類話語史上的每一次「眾聲喧譁」，都是「非常重要和極端的革命性變化：文化語言與情感意向從單一和統一的語言霸權中獲得了根本的解放，從而使語言的神話性趨於消失，語言不再是思想的絕對形式」（劉康，1985）。

對於像「竹影青瞳」、木子美和木木這樣一群喜愛網路交往的人來說，互聯網無區隔的社會場景體現了個人最大的自主

性。「竹影青瞳」在接受週刊採訪時所說的一席話有著相當的代表性，她說：「我的文字有大量前衛、赤裸裸的性描寫（這一點受平面媒體出版限制），但是對性的反思又是沉重和嚴肅的（這一點受讀者思考水平限制），如此就導致了我的文字的尷尬和爭議：一方面，不能被平面媒體坦然接受；一方面，被膚淺表面地接受為色情文字和下半身寫作。文字被怎麼接受和理解對我來說不重要，文字出現在眾人面前就是公器，別人怎麼評說那體現他們的修養和水平。我需要寫，我需要表達對人生和世界的體驗，然後有一個地方可以讓我公布我的體驗。你可以隨便砸我的文字，但你不能禁止我發表我的體驗。所以在網路上，你只要不刪我的文字，對我說什麼我都能接受。我已經有網路可以讓我充分展現我自己的文字，所以平面媒體對我不具有很大的誘惑。而且倘若在平面媒體發表，我的文字肯定會被大大地改觀，這是我不喜歡的。這也是我不願意向平面媒體投稿的原因。除了詩歌，我也沒有作品在平面媒體上發表過。」[31]

由於把網路上的部落格視為一種個人化的寫作體驗，與二〇〇〇年前後出現的衛慧、棉棉等高舉「身體寫作」的那一批作家不同，「竹影青瞳」、木子美和木木都是網路上的「隱形人」，帶有更少的寫作功利性和更真切的個人化體驗。正因為如此，這三位部落格作者在展示自己的文字同時，都喜歡張貼一些暴露私人身體的照片，而「竹影青瞳」、木子美更是因為公開展示自己真實的、裸露的身體照片而在網路上引發了震

---

[31] 「竹影青瞳」接受《北京青年》週刊的採訪：《裸露，我憑什麼感到羞恥？》，2005-06-10[2012-03-21]，網易女性，http://lady.163.com/lady2003/editor/sight/050610/050610_238704%281%29.html

動。「竹影青瞳」解釋這樣的做法時說：「展示別的物體可以，展示身體則不行；展示別人的身體可以，展示自己的身體則不行，奇怪的邏輯。我在自己的屋子裸露身體，他們興致勃勃地遠道前來觀看，看完後唾棄一番。口水與良心原本潔淨，他們把它踐踏，奇妙的挑逗……是什麼阻止我們的身體傾向於他人的身體如此長久？什麼迷霧繚繞著我們的眼睛？是什麼使我們喪失用我們自己的身體去親近別的身體的能力？物體與物體本然親密：風和花，雪與大地，水流和石頭，孩子與母親。這親密無間的物體正如我們與我們自己身體的親密。這最初最純淨的親密被我們丟棄在了何地？」[32]

在這位自我命名為「人間妖孽」的「竹影青瞳」看來，互聯網不僅是自由展示文字、思想和身體的場所，也是一個關於傳統歷史記憶、重新界定女性身分和進行權力抗爭的戰場。在關於性別政治的社會場景中，女性的身體是最受到嚴格監視和忽略的部分。「竹影青瞳」所挑戰的，正是基於個人壓抑記憶中的女性身分的「集體無意識」，而在互聯網這樣一種較少受到審查和被監視的場域中，這樣的個人化表達和抗爭方能如此淋漓歡暢、一瀉千里。「正是這身體對於存在的根據特徵，讓我覺得身體的原初表情（沒有因為社會規約和文明的禁忌而掩藏和抑止的真實表情）才是一個人最為真實的表情，回歸身體原初表情的存在才是最本真的存在。回歸身體首先要有身體的覺醒。傳統社會理念認為：精神是高貴的，身體是卑賤的，而尤其女人的身體，又更卑賤。精神對於身體的鄙視，使身體

---

[32] 「竹影青瞳」的部落格文章：《靈魂熄滅・身體開始表情——將部落格裸體進行到底》，天涯社區，http://1home.hainan.net/new/TianyaDigest/TianyaArticleContent.asp?idWriter=0&Key=0&strItem=no16&idArticle=178488

不可能抬頭表達自己，而男人對女人的社會優勢，使女人的身體在不能抬頭表達自己的同時，還不得自主選擇自己的存在方式。比如女人嫖男人不道德，男人嫖女人卻是道德。值得說明的是，我的回歸身體不是倡導女權，更不是對傳統男性價值的回歸或獻媚。也是為了避免陷入這兩種不同的價值觀，我倡導身體的覺醒，首先是讓身體回歸物體，也就是把身體當作自在的物體來對待。這自在的物體正如自然界的植物和動物，有大自然賦予的美麗色澤和構型。我提出的問題是：為什麼大家能夠以純淨的心觀賞自然界的其他物體，卻不能以純淨的心來觀賞我們自己的身體？」[33]

女性的個人化話語表達和方言一樣，不僅是人們的一種廣場化語言和大眾表達，在某些特別時刻（如狂歡節），像俚語、土語更因為其「革命性」成為一種新話語的生產方式。巴赫金在分析拉伯雷當時用法語方言和口語創作《巨人傳》時指出，在十六世紀，方言和口語與官方和天主教神權使用的拉丁文有著強烈的衝突和對立，在互聯網上，大量民間話語文化的流行（尤其在部落格、BBS 社區和社群網站中），旗幟鮮明地表達了女性主義文化和官方文化及男性精英文化之間的衝突、對立、激盪和相互影響。如果說，當年法國的兩種文化——官方文化和大眾文化——的分界線是沿著拉丁語與方言的界線展開的，那麼，今天互聯網上女性主義民間話語的流行，顯示也是一種自覺的女性主義文化對於主流的官方和男性精英話語的直接抵制、迂迴包抄和主動侵入。

---

[33] 「竹影青瞳」接受《北京青年》週刊的採訪：《裸露，我憑什麼感到羞恥？》，2005-06-10[2012-03-21]，網易女性，http://lady.163.com/lady2003/editor/sight/050610/050610_238704%281%29.html

以這一場性別戰爭的「焦土問題」——身體為例，「竹影青瞳」率直乾脆地張揚了這面最具標誌性的旗幟。「我把我自己的裸照貼在文字後面，我不覺得羞恥，因為我只把我自己的身體當成自然界中的某種物體來觀賞，而我這麼做也是希望讀者能夠領會我的意圖，把身體當作清潔的物體來對待。但是人的身體又不可能是自在的物體，因為人有精神，而且精神確實高於身體（但這並不是說精神可以鄙視肉體的存在）。精神與身體的裂縫隨處可見，比如：我不喜歡我自己的身體，我的內心那麼腐敗，而我的身體看起來卻那麼鮮嫩；比如：與親愛的人親暱越深，越覺得精神的孤獨和空虛。這些裂縫是我不願意看到的，我想至少在某一個瞬間，精神是可以逗留在身體裡，與身體合一的，我要尋找和表達的就是這樣的瞬間。但是精神一貫傲慢地高高在上，為了那融合的瞬間，我要求高高在上的精神俯身，或者暫時停歇自己的仰望，去遷就肉體，對肉體關心，讓自己的華麗色彩能夠被肉體承納，並自由流溢。也正如那位先知所預言，世間千千萬萬的竹子無非青色瞳孔裡的影子，清澈的是瞳孔，照見千姿百態。妖在心裡狂笑」。[34]

以互聯網為戰場，部落格是一種可進可退、自由無拘的戰鬥工具。「竹影青瞳」、木子美、木木等一批女性部落格在這一特定時期的集中浮現並非偶然，和先前女性主義知識分子們的大聲疾呼不同的是，她們或為大學普通的教師，或為媒體記者，或為非主流寫作者，只是在隱蔽的個人之一隅，借助於部落格這樣一靈活的個人化工具，從事極具個人化的寫作表達和

---

[34] 「竹影青瞳」接受《北京青年》週刊的採訪：《裸露，我憑什麼感到羞恥？》，2005-06-10[2012-03-21]，網易女性，http://lady.163.com/lady2003/editor/sight/050610/050610_238704%281%29.html

情感書寫，雖然後來在網路上暴得大名，但作為一種民間的女性表達，恰恰見證了一種真正的普通社會女性意識是如何「浮出堅硬的歷史地表」的。

從「竹影青瞳」、木子美、木木的三個文字 [35] 可以發現被賦予了不同社會意義的性符號：作為革命的性話語、消費主義的性話語和對性政治批判的性話語，這三者之間時有交織和雜糅，呈現出社會親密關係變革的複雜交錯特徵；與此同時，在不同的情境下，三種話語之間有時也會借助其中的內在連結機制獲得其功能的相互實現，雖然各有側重，但存在轉化可能性，像木子美後來從社會批判向消費主義的迅速轉向和切換。

在互聯網上關於性關係變革話語的「眾聲喧譁」現象中，首先我們看到的是青年人對一元、主流的男性獨白話語告別的同時，也凸顯出話語和現實的衝突時的無奈。這種無奈突出表現在：由於社會所處的特殊市場情境，「消費的性」和「革命的性」之間常常會實現某種合謀：對政治的逃逸很快就為消費主義所捕獲。

另外，在各種不同和相互交錯的性話語場景中，我們也不難窺見吉登斯所指出的某種逆向的「現代性」：在互聯網這樣的民間話語場域，私人的性話語（場景）開始大肆侵入並占領公共空間；同時快速發生中的一個現實是，當原有社會中的激情被窄化為「性」，並從公眾生活隱退到個人空間（客廳）時，一種人們之間親密關係變革的逆轉就不可避免地發生了。從「芙蓉姐姐」現象中性景觀的商品化堆積、性與商品的完美結

---

[35] 這三個文字可分別參見，木木的部落格：一個影片舞女的身體日記，http://wunv6.blogcn.com/index.shtml.；木子美的部落格，http://muzimei.51da.com/.；竹影青瞳的部落格，http://zyqt.blog.sohu.com/

合，使性主題成為消費主義最有效的催情劑，到「竹影青瞳」
和「流氓燕」那裡的性關係變革作為一種理想——在促進個人
生活民主化的同時，性革命也不可避免帶來了公共性的沒落和
信仰分裂。

性親密關係的變革，只是我們洞察社會快速轉型中的一個
經典場域。透過互聯網上性話語革命所構建的男性與女性之間
一種平等、尊重、自主的嶄新關係，同時也是一種可隨時中斷
的純粹關係，「竹影青瞳」們的現實窘境，映射了現實社會中
依舊強大無比的權力話語宰治；而橫亙在政治的性到革命的性
之間的巨大鴻溝，註定這場始於文字和民間話語的性革命，依
舊只是一種場景化的想像性實驗和文字展示而最終不具有任何
可持續性。

案例二：從「我爸是李剛」看社會符號的生成機制

二〇一〇年十月十六日晚，李啟銘酒駕在某大學內超速行
駛，將在學校生活區走道上玩滑輪的兩名女大學生撞飛，造成
一死一傷的慘劇。司機肇事後置若罔聞，試圖逃逸，後在校門
被學生和警衛攔下時，聲稱「我爸是李剛」。這一則社會新聞
事發當晚被發表在網路上後，引發了關於「我爸是李剛」的熱
烈討論，很快有網友發現，這名叫做「李剛」的父親即是某分
局的副局長。輿論的進一步發酵令大學校方保持了緘默，而肇
事者的一句「我爸是李剛」似乎刺痛了所有網友最敏感而脆弱
的情感，當肇事者冷血而驕橫的言語行為和不受控制的權力被
網友畫上等號之後，人們的道德義憤紛紛指向了被稱為「官二

代」的特權身分和權力腐敗引發的社會失範。[36]

　　隨著李啟銘酒駕肇事逃逸案的細節在網路上受到了前所未有的關注，人們開始將注意力轉向了「李剛」這個神祕人物的身分及其他所代表的社會符號意義。李剛和該大學校長有什麼關係，名下有多少房產，是否參與過刑求逼供等，隨著事件的進一步推演，網友設置的這些中心議題越來越脫離了原先的交通肇事案，李剛本人甚至超越了作為肇事者的他兒子本人，逐漸成為輿論的關注焦點。在這一事件中可以發現，一旦人們在網路上通過身體的虛擬聚集發現了共同的對象，這一對象本身也就成了某種符號，人們試圖賦予這一符號以新的情感意識和社會意義。對於廣大網友而言，李剛的符號意義最後脫離了具體的人（一個年輕、魯莽而驕橫的肇事者的父親，某分局副局長等），成為千夫所指的濫用特權的某一社會權貴階層的代名詞。這種憤怒激發的強烈情感強度進一步造成了所謂的道德優勢，每個參與者以前心中積聚的對於不公正的社會權力的憤怒借助於這一符號得以充分釋放出來，這也是為什麼事發後李剛作為一位父親現身電視台時痛哭流涕懇請原諒時卻不為公眾諒解和同情的原因所在，人們指責他虛假、作秀，是為了逃避責任等等。另外，這一符號激發的社會輿論借助於每個個體的發聲建立起無上的權威，就像塗爾幹所說的那樣，輿論成為所有的社會權威之母，對於任何一個反對者，社會成員都以一致的譴責做出帶有強暴色彩的反應，以至於那些認為自己並沒有順從輿論聲音的人事實上也很快被捲入其中。這種輿論所造成的精神狀態的強度表現為群體成員高度集中的激情迸發形成的集

---

[36]　參見鳳凰網專題：河北大學車禍引發「李剛門」，http://news.ifeng.com/society/special/ligangmen/

體決斷，它將「李剛」這樣一個抽象的社會符號永遠釘在了歷史的恥辱柱上，符號的意義和寄託的集體情感演變到這一步，「李剛」已經不再是一個具體的某個兒子的父親，或者是某一位分局副局長，他成了社會所有成員宣洩集體憤怒的符號對象。這種憤怒情感表達如此強烈，以至於李剛本人一度欲以辭職來平息眾怒，但未獲上級機構批准。

在關於「我爸是李剛」這一社會符號的討論中，人們的關注焦點從肇事者到肇事者的父親，再到抽象的權力以及這種特權引發的一系列社會問題，一系列相關的新符號如「拼爹」、「四大名爹」等得以產生。這些新符號都被賦予了社會特定時期人們的集體情感和精神意識，「拼爹」表現出人們對於不受限制的權力橫行的社會現狀的擔憂，一個社會因為權力延伸而導致的社會流動板結化，既有人們對於社會現狀的不滿和無奈，也隱約透露出社會底層民眾作為小人物對於權力的渴望和得不到這種權力庇護而產生的憤怒；「四大名爹」則是人們將近年來各種濫用特權的現象進行聚合的一種調侃和諷刺。

人們在網路交往中無處不在的關注，將個人視域擴展到社會生活的各方各面，這種大規模的虛擬身體聚集得以形成了共同關注對象的產生，這些被關注的對象常常被人們賦予了新的社會意義和集體情感，進而成為標誌一個特定歷史時期社會集體精神狀態的符號。

「我爸是李剛」這一符號的生成過程揭示了社會交往的儀式化特徵，通過賦予這一符號一開始所代表的具體人物以某種特殊的社會意義和集體情感，符號本身獲得了某種獨立的抽象性特徵，並且在不斷的發展和演變中其意義進一步得到擴展和

豐富。在當下的互聯網正成為人們聚集在一起引發精神歡騰的新場所，這一網路交往儀式中所產生的精神情感是我們這個時代的「道德良心」，它標示了一種時代精神，也賦予了每一個普通的個體獲得集體情感能量補充以超越庸常生活的力量和勇氣。

第八章

結論：理想化的社會交往——純粹關係

　　本書引言部分在介紹了對網路交往進行實現機制研究的背景、意義和文獻綜述之後，重點討論了互動儀式理論／情緒社會學以及技術文化研究的方法。第二章通過對做為儀式的傳播這一重要概念的釐清，在互動儀式的理論框架下探討了傳播和儀式的關係及其類型以及不同時期媒體儀式的場景建構方式對傳播的影響。第三章首先提出了網路交往實現機制的根本目的，論證了從原子社會向電子部落的過渡是如何通過網路交往的技術形式和物質特徵進行預先設計的，並為本書的主體內容部分確立了基本的敘述分析框架。第四章到第六章是本書的主體研究部分，通過對於網路交往場景建構的分析和三種不同的儀式組成要素的討論，具體闡述了網路交往對於電子部落場景的建構是如何通過關注流、情感流和符號流等若干要素及步驟加以實現的。

　　在結論部分，將首先對網路交往的實現機制過程進行基本的總結，並從原子社會與電子部落的本質區別來分析網路交往對於理想社會圖景的建構方式，並討論本研究所發現的人們在網路交往中集體儀式實現機制的一般性規律特徵，尤其是作為理想的網路交往方式中人們之間純粹關係的形成。

網路交往中集體儀式的場景建構方式

媒體場景中的社會交往

通過對傳播和儀式之間關係的探究，特別是不同媒體傳播中的儀式化特徵的分析，本研究發現，網路交往作為一種新的媒體場景，之所以區別於物質場景和之前出現的其他媒體場景，在於用一種分享技術來構建理想社會圖景中人們的社會交往方式，實現無中心的群體團結和個人全面發展的烏托邦夢想。這種分享技術的特徵主要體現在如下兩個方面：一是建立一種取消了中心和邊緣區分的水平化網路，方便了每一個個體無差別地參與社會交往的機會；二是運用各種形式的符號系統，從文字、圖像、影像到超連結的連結方式，使網路交往成為人們參與條件最低、互動最方便實現的社會互動形式。

在本書的絕大部分篇幅內一直避免受到「技術決定論」的影響，主要原因是這一概念所帶來的判斷的簡單性，另外一種原因是很多人將這頂帽子戴在了理論過於粗疏宏大的媒體生態學頭上。但是，對於研究互聯網、尤其是人們通過電腦和互聯網進行社會交往的方式和影響來說，這一話題都是無法繞開的。在一些「左翼」的馬克思主義文化研究者看來，一種新媒體身上表現出的技術特徵並非是獨立的社會存在，它只不過是社會「意圖」的實現結果（Williams，1974），或者像塗爾幹所形容的那樣，它們都是社會的理想化的產物。梅羅維茲則拓展了高夫曼對於社會場景的定義，指出媒體構建出的場景和物質場所一樣，是人們進行社會交往的一種新方式。

　　媒體生態學派關於不同歷史時期的媒體文化研究有時也被表述為關於媒體的文化環境研究。把媒體看成是文化和意識的主要塑造者這一觀點進行進一步研究需要解決的問題是，媒體如何影響到了社會結構和人們社會交往方式的變化，這勢必涉及到關於媒體場景的兩種假設。第一種假設認為，人們進行社會交往的儀式本質上是一個身體經歷的行為，包括互聯網在內的許多媒體都排除了參與者身體的直接接觸，人們透過這些媒體進行的社會交往能否產生物質場所中的儀式化強度依舊是一個疑問。而媒體理論的文化研究則認為，任何媒體傳播都是促進社會維繫並生產意義的符號化過程，這一點和任何物質場所的社會交往儀式一樣，都有著本質上完全相似的特徵。第二種假設則將媒體創造的訊息場景和物理場景劃為一類，都是可以區隔不同群體並創造社會身分的社會交往方式，研究者的使命就是要探究這種不同的場景構建方式對於社會結構和人們社會行為的影響。

　　本研究試圖運用「理想的社會交往方式」這一概念來闡釋人們透過網路進行社會交往時場景建構方式的影響。在對關注流、情感流和符號流等儀式實現機制的具體研究過程中，均借鑑了媒體生態學中的技術/文化研究理論的某些重要表述和思想觀念，認為媒體理論中的文化研究直觀、感性地傳達了媒體對於社會文化和人們意識的影響；然而，文章的主體部分則用來分析網路交往中場景的建構方式以及儀式實現機制。正是在儀式化過程的實現機制中，社會維繫和符號系統得以產生，並形成了與物質場景完全不同的、由網路場景所建構的社會交往方式。對於「理想的社會交往方式」與媒體生態學相關理論之

間的討論，將是結論第二部分的主要內容。

場景建構：原子社會和電子部落的不同社會交往方式

麥克魯漢根據不同媒體對於集體文化和個人意識的影響區分了兩種不同形態的社會：拼音文字導致的原子狀態的社會和電子媒體導致的重新部落化的社會，並結合不同媒體的特徵對這兩種社會形態面貌進行了細緻的辨析。如果將這一「範式」視為對不同時期媒體文化的認識方式，這一在文化研究中出現的分析思路在本書對於網路交往的社會學研究中得到了借用。

本書在第三章通過對媒體生態學和社會學研究成果的借鑑，分析了不同歷史時期的媒體文化和人們的交往方式，提出了「原子社會」和「電子部落」這兩種透過不同媒體進行的社會團結方式，並在網路分享技術的典型特徵以及網路交往的物質形式特徵的研究中，初步論證了從原子社會到電子部落的變遷如何通過網路交往中的集體儀式來實現的。在本書的主體部分，進一步發現了原子社會和電子部落之間的緊張衝突關係，以及人們在網路交往中如何運用不同的組成元素和實現步驟促進了從原子社會向電子部落的社會變遷。除此之外，在從原子社會向電子部落的變遷和延續過程中，人們通過網路交往中創造性的符號運用平衡了兩種不同社會團結方式之間的衝突。

來自社會學的互動儀式理論和情緒社會學已經成功解釋了社會交往儀式實現社會團結的方式。通過身體的虛擬聚集，形成超越狹隘地域性的共同關注，建立一種更大範圍內的群體身分認同和集體意識，這些均體現在網路交往的實現過程中。本書尤其強調了情緒社會學的情感能量理論。社會交往儀式能夠

產生情感能量，人們在成功的社會交往中產生的團結感和道德感是因為情緒的捲入，這種情感能量水平的變化決定了參與者的社會交往方式，這也解釋了為什麼網路交往成了社會最受人們歡迎的社會交往方式之一。

從原子社會到電子部落：網路交往中的儀式實現機制

儀式實現機制的要素：關注流、情感流和符號流

在運用互動儀式和情緒社會學中的情感能量規律實現從原子社會向電子部落的變遷過程中，網路交往有著一套完整的實現機制，建構了一種理想化的社會交往場景。在互動儀式理論和文化研究的路徑指引下，這一整套儀式實現機製為研究人們通過電腦和互聯網進行的社會交往行為提供了重要的分析框架。

網路交往中儀式實現機制的第一個要素是人們在網路上通過身體的虛擬聚集時形成的關注流。這時形成的關注流脫離了狹隘和固定不變的地方性場景，表現出一種無處不在的超越時空特徵。陌生人之間的相互關注和身體連結，意味著人們彼此之間不再享有地域性聯繫中小範圍的共同群體身分成員符號，當人們之間不再享有某種地方性場景的群體成員身分時，陌生人之間形成的關注流表現出一種新的特徵：隨著作為英雄符號的神聖物的退場，一些象徵著更大範圍內人們集體情感的符號成了臨時性的關注焦點，人們通過臨時性的網路際遇獲得了一

種更大範圍內社會成員的歸屬感。應該說，網路交往中形成的關注流表現出參與者們更加寬闊的社會視野。

作為關注流的產物，情感流是指人們在網路交往中相互關注或者形成共同關注焦點之後建立起的集體情感和意識。人們在網路交往中建立的情感流不再像以前的媒體場景中那樣侷限於一種封閉範圍內的單向或者雙向流動，網路互動中的瞬時傳播和深度捲入使得這種情感流呈現出一種四處流溢並且在擴散中不斷循環增強的特點，最終在廣大的範圍中擴展成擁有無上社會權威的網路輿論。

符號流始終追逐著情感流的流動方向，它表現為一種凝結著集體情感和群體意識的對象，是任何一種成功的互動儀式中生產意義的符號化過程。網路交往中最終生成的符號流標誌著人們從原先一個充滿條塊分割、功能區隔明顯的社會變成了一個人人參與、有機整合的新型部落，即便是陌生人之間也充滿了普遍的信任和團結關係。這一新的符號體系反映了理想化的世界大同時的社會成員關係，幫助人們從原子社會中同質化的、分化的和疏離的關係中脫離出來，形成一個相互連結的、複雜多元而且是實現社會成員之間有機整合的電子部落。

原子社會的儀式實現：權威中心與集體性

在第三章中，本研究已經對「原子社會」的場景建構方式進行了闡述，論證了原子社會和平面媒體場景之間的關係，這體現了不同的媒體條件下社會團結方式的差異。通過媒體場景建構一種原子社會的人們交往方式，「原子」顯示了個體在社會交往中必須依附於中心而存在的儀式中的位置關係，同時它

也表現出了個體與集體、部分與整體的一種關係，充滿同一性的個體意識在集體意識中無足輕重，只是被同化了的集體意識的一部分而已。

原子社會是在互聯網媒體出現之前，通過其他媒體符號實現社會團結的方式。以一種社會學的眼光來看原子社會的特徵，它包含了個人之間的社會關係正在減弱和人們熱衷於追求個人利益而不再是群體利益等，個人之間的社會維繫緊緊依靠一個權威中心加以實現，人和人之間的直接聯繫變得越來越簡單化和日益衰退，在整個社會層面，人們對於利益的追求只是服務於個人動機，而不再是群體利益（孫立平，1996）。表現在媒體對於人們社會交往方式的影響上，中心—邊緣的傳播方式造就了龐大的社會規模和僵化的社會組織結構，人們之間維持著一種冷漠而疏離的關係，每個人在個人化、部門化和專業化的分隔中越來越異化，成為大機構和科層制機械鍊條中毫無特色的一分子而已。

原子社會的儀式實現方式首先表現在媒體場景的建構方式上。媒體作為一種特別的溝通方式，在消除了諸如牆壁類似的隔離場景的物質形式的同時，取而代之的是用新的訊息系統區分不同的社會場景，將特定的人們吸納進來或者排除在外。以電視為例，電視部分恢復了口語溝通的場景，人們不需要複雜的知識和讀寫水平就能接觸到一樣多的訊息，但電視溝通中訊息的發送者和接受者並不是同一類人群，從這樣的意義上講，電視只是借鑑了口語溝通的形式，其中心邊緣的技術架構事實上已經將絕大多數普通觀眾排斥在了某些特定的場景之外，因此，電視中的場景融合事實上只是一種假象，電視攝影機的

鏡頭在溝通中模擬了電視機前觀眾的存在，觀眾卻永遠不知道電視圖像之外發生了什麼，這與網路溝通中的場景有著天壤之別。封閉的場景方便了媒體製造如塗爾幹所說的「神聖物」及其符號，而且更有助於維持一種社會的中心權威的存在。

本書的主體部分通過儀式實現機制中的若干要素，分析了平面媒體儀式中的關注流、情感流和符號流這三類是如何建構原子社會的。平面媒體中的關注流侷限於人們有限的地方性聯繫範圍之內，表現為對於共同的群體成員符號高度的遵從感；在情感流的建立過程中，集體情感和意識完全覆蓋、同化了個體情感及意識，集體控制和共同意識完全占據上風，而個人情感和意識失去了作用力或者這種影響變得微不足道。

此外，人們在基於平面媒體進行的社會交往或者現場交往中總是處於一種不平等的儀式位置中。在一種充滿封閉色彩的場景中，人們因為權力和地位的差異在儀式中處於或中心或邊緣的截然不同的位置，權威和群體身分帶來的壓力甚至使許多人被排除了社會交往之外，階級、地位和權力壓倒了個人聲望，少數個體雖然在一個有限的地域、專業或者行業的圈子裡享有有限的個人聲望，但不可能將之延伸至大眾領域，這時形成的社會互動往往表現為一種帶有某種強迫性、充滿了權力控制的消極儀式，人們在儀式中所處位置的差異阻礙了共同關注焦點的形成，或者只能使這樣共同關注維持最新一個非常有限的時間和空間範圍內。

網路交往儀式實現機制中的符號流是平面媒體儀式中建構原子社會的重要方式。首先，符號標誌了不同社會群體成員的身分關係，在原子社會中，做為儀式中心的神聖物及其符號是

最重要的儀式組成部分。其次，符號也是集體情感和群體記憶的固化的對象，原子社會的集體情感特徵也通過許多完全淹沒了個人情感和意識表達的集體符號表達了出來，在這些符號的使用過程中，個人的鮮明感情色彩和獨特意識幾乎被全部抹除。

從不同時期媒體建構的社會場景來看，書面傳播時代的儀式第一次分隔了不同的場景，個人從集體中分離出來，社會得以依靠統一的集體符號第一次實現大規模社會成員的機械團結，另外，文字建構的封閉場景不可避免地製造了權威，這種集中化趨勢不可避免使得集體意識凌駕於個人意識之上，個人意識的被同化和個人異化得以出現。曾經被麥克魯漢寄予厚望的以電視為代表的電子媒體也沒有衝破原子社會的根本特徵，雖然電視口語化的呈現和跨地域的傳播方便了人們的社會交往，電視的瞬時傳播促進了更大範圍的社會整合，但電視系統依賴的中心—邊緣的技術架構使得它依舊只能使人們止步於電子部落的門前。

電子部落的儀式實現：純粹關係與個人性

如果將電子部落視為一種理想的社會交往場景而表現出相當明顯的烏托邦色彩的話，那麼原子社會則更多體現了整體社會集體意識的階段性。電子部落的儀式實現主要表現在對於人們在交往中形成的社會關係純粹性的強調上，並引發了人們社會關係在原子社會和電子部落之間的衝突，用塗爾幹的話來說，這種衝突與其說是理想和現實之間的衝突，還不如說是兩種不同社會理想的衝突。

　　理想的社會交往方式將個人的權力和地位視為電子部落平等社會的對立面，以區分「原子人」和「部落人」。但是，網路交往中呈現的「部落人」是以強調個人的多樣性和創造力為前提的，這與原子社會裡缺乏個性的機械社會團結形成了鮮明對比，如果說「原子人」比喻了個體在一個大規模的社會組織中的機械化、標準化和非人性化，那麼，「部落人」形成的社會團結首先是建立在個人的豐富性、創造性和獨特性基礎之上的。網路交往首先是以對人們在網路交往中形成的純粹關係來實現對電子部落的場景建構的。

　　首先，關注流和情感流對電子部落的呈現主要是通過場景中對平等的主體身分和變動不居的成員關係的強調來完成的。這種方式典型地體現在與平面媒體儀式建立的情感流的對比中，雖然一些傳統的媒體儀式刻意營造一種人們之間平等交往的社會場景，就像人們經常在電視中看到的主持人絞盡腦汁想方設法和觀眾拉近距離、平等溝通一樣，但事實上，人們基於電視進行的社會交往中獲得情感共鳴時都充滿了不平等感，這種情感交換常常是一種自上而下的，或者是單向的，對方畢竟無法看到觀眾的反應，節目製作者有時也並不在乎觀眾的情感表達。

　　除了強調平等的主體身分和變化的成員關係外，網路交往中的關注流還常常通過和陌生人建立共同關注來建構電子部落場景。和陌生人的相互關注一方面意味著更加廣大的社會範圍內成員之間的普遍信任關係，一方面則顯示了人們之間抽離了具體身分屬性（如職業、權力、地位等）之後基於自由平等原則建立的純粹關係。在這兩種情況下，電子部落的場景建構不

僅僅通過再現社會交往主體之間的平等身分關係來完成，而且還通過儀式的關注流中對陌生人不再實行平面媒體場景中進行的局內人／局外人、後台／櫃檯這樣的身分劃分來實現。

雖然圍繞社會公共事件討論中的人頭攢動和群情激奮表現出來的強烈的情感流動常常是電子部落的典型圖景，但網路交往對於電子部落的儀式實現，其核心還是對於個體在社會交往中體現出的個性化和多樣性的呈現，這一點在儀式的符號流中尤為明顯。人們在網路交往中基於自由平等原則形成的純粹關係體現了最本質的民主精神，並激發出了個人更多的創造力。變化不居的成員關係人們在網路中建立起來的相互信任和依賴關係不再以帶有強迫性的權力色彩，甚至包括了交往雙方中的一方在某些特別的情境下都可以中斷這種關係，這時，任何一種對於長久關係的承諾對自由平等原則都是有害的，人們之間可以維繫一種更加充滿多樣和複雜的社會關係，人們的自由交往還建構了每個參與者被更新了的身分邊界，通過每個人有創造力和個性化的參與，人們之間得以共享一種更廣大社會範圍的共同身分關係，整個社會變得更加寬容而富有活力。

從時間的維度來看，口語時期的社會交往有著和電子部落許多相似的地方。口語場景中的即時傳播和深度捲入和電子部落社會一樣都實現了有機的社會整合，用麥克魯漢富有詩性的語言來描繪，口語時代的人們有著豐富的聽覺、觸覺、味覺、嗅覺和視覺，這種有機和諧和複雜的通感能夠進行整體、深刻和公共的社會互動。唯一的區別在於，口語傳播的範圍有限，無法容納更大的社會場景，只有等到互聯網將整個星球連結在一起時，更高社會形態的電子部落才得以顯現其作為理想社會

交往方式的初步的大致輪廓。

理想的社會交往方式：純粹關係

在實現從原子社會向電子部落的變遷過程中，網路交往的實現機製表現出一定的規律性特徵，這些規律豐富了對於媒體儀式的認識。對於儀式實現機制的規律，其關鍵問題是意義的生產方式。在微觀社會學的範疇裡，這一問題可以表述為「意識是如何通過人們的相互結合和作用的方式而產生的」；在文化研究的範疇內，這一問題可以表述為「一種媒體如何影響了個體及其文化環境」。不論是微觀社會學還是技術文化研究，都需要回到儀式產生社會團結的方式來發現意義的生產方式這一答案。

作為一種生產社會意識的方式，網路交往本身就是人們利用新的媒體場景生產意義的過程。人們在網路上身體的虛擬聚集行為，追隨相互關注和共同關注形成的焦點而移動，在這一過程中建立起集體情感和共同意識。因此，儀式的實現過程首先為人們設置了一種基於新媒體的社會交往場景，並將媒體場景中身體的虛擬聚集行為轉化為生成新的集體意識和情感潛在的意義空間。媒體場景的這些屬性包括了身體的區隔方式、感知方式、時間和空間等，而對應的集體情感和意識也被賦予了疏離／完整、分割／有機、線性／非連續、同一性／多樣性等多種潛在的意義特徵。在文化研究領域，人們不同的社會交往方式受到特定的媒體場景的影響，體現在本書中，人們特定的身體聚集方式來自於網路交往所建構的特別社會場景。

　　網路交往實現機制中生成意義的方式反映在媒體場景對於社會交往方式的建構過程中，表現出麥克魯漢所說的「創造性麻木」這一現象。在一種新的媒體技術對社會文化和人們的意識施加影響之前，人們已經習慣於某些平面媒體場景中的社會交往方式。接下來，在本書所研究的這一特定的媒體場景中，新的媒體已經誘發了完全不同的社會場景，人們身體聚集的方式、形成共同關注的方式和產生集體情感的方式都發生了顯著的變化時，人們把新技術對個人心理和社會意識帶來的影響依舊維持在無意識的狀態，就像魚對水的存在全然不察一樣，這時，創造性的麻木就顯現了出來。對這種麻木的克服，就意味著對於媒體儀式建構人們社會交往方式的再發現。

　　在網路交往的實現過程中，這一克服創造性麻木的過程並非只是通過簡單地改變身體的狀態或者是匿名甚至是隱身得以完成的，而需要整個儀式實現機制中各要素的變化，以改變人們相互關注或者共同關注的方式，或者賦予集體情感以新的符號系統。媒體場景通過靈活多樣地重新組織人們聚集的方式，並從網路交往中發展出新的符號系統，使人們的集體情感和共同意識在無所不在的關注流中獲得了更新，最終完成了人們理想的社會交往方式的場景建構。

　　網路分享技術理念中關於非集中化的網路邏輯的強調影響了儀式實現機制的一般規律，是儀式生成意義的重要部分。雖然人們在媒體場景中的社會交往不可避免地受到權力和地位等因素的影響，但人們在網路分享的參與方式依舊是多種多樣和充滿變化的，在不同的身體呈現方式和聚集方式下人們的精神生活也表現出不同的儀式化特徵。在二十世紀末流行的網路交

往中，BBS（電子布告欄）系統讓人們體會到在虛擬網路中的暢所欲言和潛水之樂，二十一世紀初發展出的人際網路尤其是部落格、社群網路（SNS）和 Twitter 等新的技術服務網路，讓每一個個體都參與了集體意識的再創造過程。但是，除了促進人們跨地域的交往之外，網路交往對於非集中化的特別強調使人們為了尋找理想的社會交往方式而發展出了一整套獨特的場景建構方式。這正是網路場景與其他媒體場景的區別所在。在非集中化技術邏輯的指引下，網路交往促進了從原子社會向電子部落的社會變遷，通過對平面媒體場景建構方式的改變，發展新的媒體場景中關注流和情感流的形成方式，為人們的集體情感和共同意識生產了相應的符號系統，從而完成了麥克魯漢所嚮往的「理想的社會交往方式」的實現——人們之間一種純粹關係的形成，實質上是為了服務於更大範圍內（地球村落或者大同世界）的社會團結。技術和社會意圖通過人性化的原則相互結合和作用的過程，將社會理想和技術邏輯連結在一起，並為人們在網路中的社會交往賦予了超越其他媒體場景的多樣性和理想化特徵。

綜上所述，雖然網路交往作為人們在現實社會之上設置的另一個理想社會而體現出明顯的烏托邦色彩，但由於任何一種理想概念都是社會意識的體現，網路交往的實現過程並非只是簡單地通過非集中化的技術邏輯來完成理想社會交往場景的建構，恰恰相反，由於微觀社會學所揭示的人們在社會交往中相互結合和相互作用的方式，以及技術邏輯和社會意圖之間的合作，網路交往的實現機制是通過對人們身體虛擬聚集時形成的關注流、情感流和符號流的改變促成了人們交往方式從原子社

會向電子部落的社會變遷，並通過對非集中化原則的強調初步
確立了人們理想社會交往的方式——人們在透過網路進行社會
交往時形成的一種純粹的社會關係，並以這樣的意義生成方式
來完成儀式過程對於理想社會交往方式的場景建構。

文化與媒體研究的再探索

在本書導論部分，網路交往對於當代社會文化和媒體變革
的影響已經得到初步的論述。在對網路交往實現機制進行系統
研究的基礎上，作為本研究結論的重要部分，這一節將更加深
入地對網路交往在文化環境塑造和媒體進化中的作用和影響進
行討論。

首先，正如本章第二部分所言，網路交往通過促進從原子
社會向電子部落的社會變遷，為人們提供了一種理想化的社會
交往方式，並促進了新的社會團體生活和精神面貌的出現。這
是網路交往為何在當代社會中成為最重要的文化塑造力量和媒
體形式的原因所在。在這一意義上，網路分享通過儀式化的實
現促進了新的社會團結方式誕生，在更加寬廣的社會範圍內幫
助群體成員之間完成身分認同，從而在文化環境塑造的意義上
實現了一種基於普世價值的更大規模社會整合。

其次，由於網路交往的場景建構特性，在呈現人們理想社
會交往方式的過程中，網路分享的儀式實現並沒有滿足於服從
單一的技術邏輯，而是在某種程度上實現了媒體技術和社會意
圖之間的互動。在這一過程中，網路交往除了完成理想社會交
往場景的構建外，在儀式實現過程中體現出了媒體形式和人們

交往方式的多樣化。雖然這種多樣化依然處在不斷的探索和完善中，但是由於網路交往中每個人既是符號的生產者又是符號的使用者，這使得網路媒體一直處於急遽變化和不斷更新的發展過程中，這一自我完善的媒體演進方式為人們的社會交往提供了各種各樣的可能方式，最終使一個人人參與的社會共同意識得以形成，人們之間結合成一個更加豐富和具有創造力的有機社會整體。

但是，由於社會觀念自身的歷史傳承性，以及特定時期不同社會力量的牽制，網路交往同樣不能脫離產生它的特定的社會歷史背景：

一方面，隨著社會儀式從高度儀式化向低度儀式化轉變，意味著傳統神聖物的退場，自我崇拜成為每個個體內心的新神聖物；權威隱退之後，人們之間只能形成一種更加鬆散和疏離的身分連結關係，從而導致了原子社會漸趨解體。與此同時，網路交往作為人們之間一種新的社會交往方式，其自身的發展依然處於持續的變化和完善之中，原子社會重視大集中模式和個人之間同一性的文化開始分崩離析，新的電子部落文化正在形成之中，這種文化更替帶來的社會混亂和權力失衡正在加劇。

另一方面，跨越地域的虛擬身體聚合目前還遠未促成更大社會的形成，原子社會和電子部落之間的不協調感正在加劇，表現在新舊媒體的交替和融合上，舊的媒體形式及建立在這種媒體場景中的社會交往方式正在走向衰落，而新的網路媒體依舊需要時間來進一步鞏固和確立自身在促進人們社會交往方面的支配性地位。為了平衡新舊媒體之間的衝突，一些舊的媒體

形式正在積極蛻變並借鑑網路媒體的技術特點，而網路媒體也開始試圖整合和重組舊媒體。隨著原子社會進一步走向解體，標誌著更大規模社會的電子部落才有可能形成，人們在網路交往中形成的一種全新的純粹關係反過來也會作用於社會形態，與此同時，新的媒體也會發展出與電子部落社會文化和人們意識相適應的相對固定的社會形式。

未來研究之展望

本書在開頭部分提出，將網路媒體的發展變化視為社會制度、文化和技術三種力量相互作用、相互影響的場域，並以此為基本的分析框架為網路社會人們的交往方式研究提供堅實的語境。但由於本研究是以人們網路交往中的互動儀式為核心研究對象，因此對於社會制度、文化和技術方面僅僅從不同時期的媒體場景特徵的角度論述了其對互動儀式的影響，這還不足以將三方面的力量進行充分的闡釋，而缺乏對這一相互作用的場域的理解也會妨礙對網路社會人們交往方式的深入研究。因此，未來這方面的進一步研究也應該對互動儀式與社會制度、互動儀式與文化、互動儀式與媒體技術的關係進行更具體和細緻的社會學考察。

塗爾幹把社會視為來自個體的各種物質力量和精神力量的「最強勁的組合」，而其中最直觀的創造物就是人類根據自身理想塑造並不斷完善的社會形態本身。從這一意義上看，從原子社會向電子部落的社會演進趨勢，勢必將是不可阻擋的滔滔洪流，它們本質上都是人們在不同歷史階段關於社會形態的烏

托邦理想，最後借助於不同媒體這樣的技術工具來加以實現。在一九八〇年代初期，蘋果電腦的發明人賈伯斯就希望當時的個人電腦這樣的技術工具能被賦予一種新的社會角色：破解舊的社會權威，讓每個公民獲得自由的個性發展。今天這樣的社會理想正在一點一點地被實現，網路共產主義寄託了人類的終極夢想——在技術賦權的背後，人們終將發現，技術作為人造物，即非麥克魯漢筆下難以馴服的萬能神話締造工具，也不是人們輕易就能駕馭的「奇技淫巧」，技術的尺度應該按照人的尺度來刻畫，而人類能夠駕馭並且制服技術這頭怪獸，同樣取決於其自身的意志和智慧，塗爾幹在許多場合不止一次指出，雖然我們的生活方式完全是從社會中分離而來，並且在社會之外，我們將一無所獲，但是，在作為人類意識和智慧成果的技術和產生它們的諸多要素之間的作用和反作用，最後改變的將是人和人類的創造物——社會自身。

眼下，我們就在一個新的十字路口。八十年前，美國著名的人文學者劉易斯·芒福德曾試圖為我們指引方向。這位時時刻刻關注技術對人類文明影響的預言者在他《機器所演的戲》一文中反覆提醒人們不光要關心機器和技術的實際用途和心理根源，更要考察「機器水域美學和道德的影響」，因為以長遠眼光去看，技術對於周圍物質環境帶來的變化，遠不及它們在「精神方面對於文化的貢獻」。就像我們作為親歷者目睹社會正在發生的一幕，雖然它註定很快也會成為歷史的一幕，但我們首先要做的，就是關注包括互聯網這樣的媒體技術給我們「精神」和「文化」層面帶來的深刻影響。互聯網不是美國人賞賜給我們的特殊禮物，更不是什麼「上帝送的大禮包」，我們需

要做的就是要仔細研究它所施加給社會的長遠影響和未來可能的發展方向。中文的互聯網應用未來也有可能超過英語世界最大的網路文化（中文內容）提供者，而與之形成鮮明對照的是，歐美國家擁有眾多龐大的互聯網研究機構，基於互聯網的社會文化研究也是其學術研究的最前線領域，而我們對於互聯網在對文化、精神和社會研究方面的學術研究成果卻是少得可憐，鑒於此，本書第一次以社會學視野來檢視互聯網對社會的影響研究也當被視為是一種探索，期待與諸同好一起開拓未來互聯網研究新的疆界。

參考文獻

阿倫特，極權主義的起源，林驤華譯，北京：生活·讀書·新知三聯書店，2008，420～421

阿什德，傳播生態學：文化的控制範式，邵志擇等譯，北京：華夏出版社，2003

埃默里，美國新聞史，展江等譯，北京：新華出版社，2001

艾倫，重組話語頻道：電視與當代批評理論，麥永雄等譯，北京：社會科學出版社，2008

安德森，想像的共同體——民族主義的起源和散布，吳睿人譯，上海：上海世紀出版集團，2008

巴雷特，媒體研究的進路：經典文獻讀本，汪凱等譯，北京：新華出版社，2004

白淑英，基於 BBS 的網路交往特徵，載社會學，2003（02）：3～10，

鮑德里亞，消費社會，劉成富等譯，南京：南京大學出版社，2009

班尼特，新聞：政治的幻象，楊曉紅等譯，北京：當代中國出版社，2005

貝斯特，凱爾納，後現代理論，張誌斌譯，北京：中央編譯出版社，1999

班雅明，技術複雜時代的藝術作品，胡不適譯，杭州：浙江文藝出版社，2005

波德維爾，世界電影史，陳旭光譯，北京：某間大學出版社，2001

波茲曼，娛樂致死，章豔譯，南寧：

廣西師範大學出版社，2004

波茲曼，童年的消逝，吳燕莛譯，南寧：廣西師範大學出版社，2006

波茲曼，技術壟斷：文化向技術投降，何道寬譯，北京：某間大學出版社，2007

布爾迪厄，關於電視，許鈞譯，瀋陽：遼寧教育出版社，2000

蔡騏，論媒體事件的儀式化，[碩士學位論文]，長沙：湖南師範大學，2011

車淼潔，高夫曼和梅洛維茲「情境論」比較，載國際新聞界，2011（06）：43～47

陳青芳等，網路聊天室中的人際溝通狀況，載青年研究，2001（05）：30～35

崔保國，媒體是條魚——理解媒體生態學，香港：中國傳媒報告，2003（2）

戴元光，互聯網與文化重構及社會分化，載上海大學學報：社會科學版，2002（02）：5～10

丹尼爾·戴揚，伊萊休·卡茲，媒體事件：歷史的現場直播，麻爭旗譯，北京：北京廣播學院出版社，2000

德波，景觀社會，王昭鳳譯，南京：南京大學出版社，2007

迪爾凱姆，自殺論，馮韻文譯，北京：商務印書館，2012

迪克，作為話語的新聞，曾慶香譯，北京：華夏出版社，2003

費斯克，電視文化，祁阿紅，張鯤譯，北京：商務印書館，2005

菲斯克，解讀大眾文化，楊全強譯，南京：南京大學出版社，2006

費斯克，關鍵概念：傳播與文化研究辭典，李彬譯，北京：新華出版社，2004

佛洛伊德，圖騰與禁忌，文良文化譯，北京：中央編譯出版社，2009

高夫曼，日常生活中的自我呈現，馮鋼譯，北京：某間大學出版社，2010

格拉斯哥媒體研究小組，獲取訊息：新聞、真相和權力，張威等譯，北京：新華出版社，2004

苟天來，左停，從熟人社會到弱熟人社會——來自皖西山區村落人際交往關係的社會網路分析，載社會，2009，（01）：142～161

郭慶光，傳播學教程，北京：中國人民大學出版社：2009，78～81

郭鎮之，中國廣播電視史，上海：復旦大學出版社，2008

赫斯蒙德夫，文化產業，張菲娜譯，北京：中國人民大學出版社，2007

胡春光，社會秩序如何可能——塗爾幹論社會分類，載重慶師範大學學報：哲學社會科學版，2010（05）：83～90

黃少華，網路空間中的族群認同，[博士學位論文]，蘭州大學，2009

黃華新，徐慈華，符號學視野中的網路互動，載自然辯證法，2003（01）：55～59

胡誌毅，現代傳播藝術——一種日常生活的儀式，杭州：浙江大學出版社，1997

黃榮貴，互聯網與抗爭行動：理論模型、中國經驗及研究進展，載社會，2010（02）：178～197

霍爾，表徵——文化表象與意指實踐，徐亮等譯，北京：商務印書館，2003

卡倫，媒體與權力，史安斌等譯，北京：清華大學出版社，2006

卡斯特，認同的力量，夏鑄九譯，北京：社會科學文獻出版社，2003

卡斯特，千年終結，夏鑄九譯，北京：社會科學文獻出版社，2003

卡斯特，網路社會的崛起，夏鑄九，王誌弘等譯，北京：社會科學文獻出版社，2006

卡斯特，網路星河：對互聯網、商業和社會的反思，鄭波，武煒譯，北京：社會科學文獻出版社，2007

凱爾納，媒體文化，丁寧譯，北京：商務印書館，2004

柯林斯，互動儀式連，林聚任等譯，北京：商務印書館，2009

凱瑞，作為文化的傳播：「媒體與社會」論文集，丁未譯，北京：華夏出版社，2005

孔飛力，叫魂1768年中國妖術大恐慌，上海：上海三聯書店，1999

拉斯韋爾，世界大戰中的宣傳技巧，張潔等譯，北京：中國人民大學出版社，2003

拉什，批判理論，北京：生活·讀書·新知三聯書店，2006

萊文森，數字麥克魯漢，何道寬譯，北京：社會科學文獻出版社，2001

蘭色姆，新批評，王臘寶譯，南京：江蘇教育出版社，2006

利貝斯卡茲，意義的輸出：《達拉斯》的跨文化解讀，劉自雄譯，北京：華夏出版社，2003

李宏利等，互聯網對人的心理影響，載心理學動態，2001，9（04）：376～381

李黎丹，社會變遷與央視春晚演變：一個文化儀式的歷史閱讀，[博士學位論文]，北京：清華大學新聞與傳播學院，2010

李普曼，公眾輿論，閻克文等譯，上海：上海人民出版社，2002

李特約翰，人類傳播理論，史安斌譯，北京：清華大學出版社，2002

利文森，軟邊緣：訊息革命的歷史與未來，熊澄宇等譯，北京：清華大學出版社，2002

聯合國教科文組織世界交流委員會，多種聲音，一個世界，北京：中國對外翻譯出版公司，1981

劉禾，帝國的話語政治，北京：生活·讀書·新知三聯書店，2009

劉康，對話的喧聲——巴赫金的文化轉型理論，北京：中國人民大學出版社，1985，211

劉瑛，楊伯漵，互聯網與虛擬社區，載社會學研究，2003，（06）：1～7

劉宗迪，圖騰、族群和神話——塗爾幹圖騰理論述評，載民族文學研究，2006，（04）：14～18

林文剛，媒體環境學：思想沿革與多維視野，何道寬譯，北京：某間大學出版社，2007

陸弘石，中國電影史 1905—1949，北京：文化藝術出版社，2005

魯迅，幫忙文學與幫閒文學，魯迅全集，第七卷，北京：人民文學出版社，1995，382

呂新雨，解讀二零零二年「春節聯歡晚會」，載讀書，2003，（01）：90～96

呂新雨，儀式、電視與國家意識形態——再讀二〇〇六年春晚，載讀書，2006，（08）：121～130

路揚，王毅，大眾文化與傳媒，上海：上海三聯書店，2000

路揚，王毅，文化研究導論，上海：復旦大學出版社，2006

洛厄里，德弗勒，大眾傳播效果研究的里程碑，劉海龍等譯，北京：中國人民大學出版社，2004

羅傑斯，傳播學史，殷曉蓉譯，上海：上海譯文出版社，2004

馬爾尚，麥克魯漢——媒體及信使，何道寬譯，北京：中國人民大學出版社，2003

馬特拉，世界傳播與文化霸權：思想與策略的歷史，陳衛星譯，北京：中央編譯出版社，2001

芒福德，城市發展史——起源、演變和前景，宋俊嶺等譯，北京：中國建築工業出版社，2008

芒福德，技術與文明，陳允明譯，北京：中國建築工業出版社，2009

芒福德，城市文化，宋俊嶺等譯，北京：中國建築工業出版社，2009

芒福德，劉易斯·芒福德著作精粹，宋俊嶺等譯，北京：中國建築工業出版社，2010

麥奎爾，大眾傳播模式論，祝建華譯，上海：上海譯文出版社，1987

麥克魯漢，機器新娘，何道寬譯，北京：中國人民大學出版社，2004

麥克魯漢，1969 年花花公子訪談錄，麥克魯漢精粹，何道寬譯，南京：南京大學出版社，2006，306 ～ 307

麥克魯漢，理解媒體：論人的延伸，何道寬譯，北京：商務印書館，2007，115 ～ 116

麥克魯漢，麥克魯漢如是說，何道寬譯，北京中國人民大學出版社，2007

梅羅維茲，消失的地域——電子媒體對社會行為的影響，肖誌軍譯，北京：清華大學出版社，2002

孟威，網路互動，[博士學位論文]，北京：社會科學院，2002

莫利，羅賓斯，認同的空間——全球媒體、電子世界景觀與文化社會，司豔譯，南京：南京大學出版社，2003

莫利，電視、受眾與文化研究，史安斌譯，北京：新華出版社，2005，294 ～ 317

穆爾，賽博空間的奧德賽，麥永雄譯，桂林：廣西師範大學出版社，2007

穆爾紮，論意識操縱，徐昌翰等譯，北京：社會科學文獻出版社，2004

莫斯可，傳播政治經濟學，黃典林譯，北京：華夏出版社，2000

尼葛洛龐帝，數位化生存，胡泳，範海燕譯，海口：海南出版社，1997，274

潘忠黨，傳播媒體與文化：社會科學和人文學研究的三個模式，載現代傳播，1996，（04）：8 ～ 14

佩里賓諾索夫，電視、廣播和網路的節目編排，王強譯，北京：人民郵電出版社，2009

彭凱平，探究《正義之心》：正義與道德是人的靈性，載新京報，2014-05-14

彭蘭，從社區到社會網路——一種互聯網研究視野與方法的拓展，載國際新聞界，2009（05）：87 ～ 92

彭小川，毛曉丹，「BBS 群體特徵的社會網路分析」，載青年研究，2004，（04）：39 ～ 44

錢德勒，科塔達，訊息化改變了美國，萬巖等譯，上海：上海遠東出版社，2008

屈小平，電視傳播與社會互動研究，[博士學位論文]，北京：中國人民大學，2001

盛若菁，網路流行語的社會文化分析，載江淮論壇，，2008，（04）：119 ～ 121

斯道雷，文化理論與通俗文化導論，楊竹山等譯，南京：南京大學出版社，2006

施拉姆，大眾傳播媒體與國家發展，金燕寧等譯，北京：華夏出版社，1991

施拉姆，人類傳播史，遊梓翔等譯，臺北：臺灣遠流出版社，1994

斯特勞巴哈，今日媒體：資訊時代的傳播媒體，熊澄宇等譯，北京：清華大學出版社，2002

宋強，郭宏，電視往事——中國電視劇五十年紀實，桂林：灕江出版社，2009

孫立平，「關係」、社會關係與社會結構，載社會學研究，1996，（05）：20～30

孫玉勝，十年——從改變電視的語態開始，北京：生活·讀書·新知三聯書店，2004

孫帥，神聖社會下的現代人——論塗爾幹思想中個體與社會的關係，載社會學研究，2008，（04）：80～104

塔爾德，傳播與社會影響，何道寬譯，北京：中國人民大學出版社，2005

唐傑，互聯網發展對社會抗議的影響研究，載社會科學輯刊，2007（06）：63～66

塗爾幹，社會分工論，渠東譯，北京：生活·讀書·新知三聯書店，2009，303～309

塗爾幹，宗教生活的基本形式，渠東，汲喆譯，北京：商務印書館，2011

田毅鵬，呂方，社會原子化：理論譜系及其問題表達，載天津社會科學，2010，（05）：70～75

王鵬，林聚任，情感能量的理性化分析——試論柯林斯的「互動儀式市場模型」，載山東大學學報（哲學社會科學版），2006，（01）：158～163

威廉斯，文化與社會，吳松江，張文定譯，北京某間大學出版社，1991

威廉斯，電視：科技與文化形式，馮建三譯，臺北：遠流出版公司，1994

威廉斯，現代主義的政治——反對新國教派，閻嘉譯，北京：商務印書館，2004

翁，口語文化與書面文化，何道寬譯，北京：某間大學出版社，2008

吳越民，象徵符號解碼和跨文化研究，載浙江大學學報（人文社會科學），2007，37（02）：166～173

熊澄宇，新媒體與創新思維，北京：清華大學出版社，2001

熊澄宇，西方新聞傳播學經典名著選讀，北京：中國人民大學出版社，2004

陽光，網路英雄傳，北京：作家出版社，2000

楊揚，空間、儀式與社會記憶，[碩士學位論文]，南京：南京師範大學，2007

伊格爾頓，文化的觀念，方傑譯，南京：南京大學出版社，2006

易前良，美國「電視研究」的學術源流，北京：中國傳媒大學出版社，2010

尹鴻，世紀轉折時期的中國影視文化，北京：北京出版社，1998

尹鴻，陽代慧，家庭故事·日常經驗·生活戲劇·主流意識——中國電視劇藝術傳統，載現代傳播，2004，（05）：59～67

英尼斯，傳播的偏向，何道寬譯，北京：中國人民大學出版社，2003

英尼斯，帝國與傳播，何道寬譯，北京：中國人民大學出版社，2003

張國良，二十世紀傳播學經典文字，上海：復旦大學出版社，2003

張海燕，電子媒體、場景與社會行為，蘭州大學碩士學位論文，2007

張玉萍，文化大革命中政治儀式的失靈，張旭東，李楊譯，載湖南科技大學學報（社會科學版），2009，（06）：22～28

鄭中玉，何明升，「網路社會」的概念辨析，載社會學研究，2004（01）：13～21

Andrei Jezierski.2010.Television Every-whereHow Hollywood Can Take Back the Internet and Turn Digital Dimes Into Dollars.iUniverse.com

Andrew Sparrow.Film and Television Dis-tribution and the Internet.Gower Publish-ing Co.2007.

Barry R.Litman.The Motion Picture Me-ga-Industry.Needham Heights.MAAllyn & Bacon.1998.

Barry Wellman.The Glocal Village：Inter-net and Community.Idea&s.2004.1(01)：26～29.

Bo Xie.Multimodal Computer-Mediat-ed Communication and Social Support among Older Chinese Internet Users. Journal of Computer-Mediated Communi-cation,2008.13(3)：728～750.

Bruce M.Owen.The Internet Challenge to Television.Boston,MAHarvard University Press.2001.

Bruce M.Owen and Steven S.Wildman.

Video Economics.Boston,MAHarvard University Press.1992.

Carey J W.「A Cultural Approach to Communication」.In J.W.Carey ed.Com-munication as Culture：Essays on Media and Society.Boston,MA：Unwin Hy-man.1988.

Dan Hunter.Cyberspace as Place.in Cran-orand S.Wildman.Rethinking Rights and Regulations.The MIT Press：2003.4～27.

David Kurt HeroldPeter Marolt.Online Society in China.Routledge.2011.

Dewey J.Democracy and Education.New YorkMacMillan：1916.5.

Donald L.Miller.Lewis MumfordA Life. Grove Press.2002.

Doris A.Graber.Processing PoliticsLearn-ing from Television in the Internet Age (Studies in CommunicationMediaand Public Opinion).Chicago：University Of Chicago Press.2001.

Douglas A.Marshall.BehaviorBelongin-gand BeliefA Theory of Ritual Practice. Sociological Theory2002.20(3)：360～380.

Dushan Wegner.Online Video.Dpunkt. Verlag GmbH.2007.

Eli M.NoamJo Groebel and Darcy Gerbarg. Internet Television (European Institute for the Media Series).Routledge.2003.

Eric Havelock.Preface to Ploto.Cam-bridge,MAHarvard University Press.1963.

Erik Barnouw.Tube of PlentyThe Evolution of American Television.Oxford University PressUSA.1990.

Erving Goffman.Behavior in Public PlacesNotes on the Social Organization of

Gatherings.New YorkFree Press.1963.

Guobin Yang.The Power of the Internet in ChinaCitizen Activism Online.Columbia University Press.2011.

Harold Innis.Empire and Communication. OxfordOxford University Press.1950.

Jean BurgessJoshua GreenHenry Jenkins and John Hartley.YouTubeOnline Video and Participatory Culture.Polity.2009.

John C.BertotPaul T.JaegerJustin M.Grimes Using ICTs to create a culture of transparencyE-government and social media as openness and anti-corruption tools for societies Government Information Quarterly,2010.27(03)：264 ～ 271.

John Fiske & J.Hartly.Reading Television. London & NYMethuen.1978.

John Fiske.Television Culture：Popular Pleasures and Politics.London & NYMethuen.1987.

Joshua Meyrowitz.「Images of Media：Hidden Ferment and Harmony in the Field」,Journal of Communication1993.43(3)：137 ～ 145.

Jupiter Research Corporation.Online Video.(Sep 92002).DownloadPDF.2002.

Machavel KackmanMarnie BinfieldMatthew Thomas PayneAllison PerlmanByran Sebok.Flow TVTelevision in the age of media convergence.Routledge.2011.

Manfred TscheligiMarianna Obrist and Arthur Lugmayr.2008.Changing Television Environments6th European ConferenceEuroITV 2008SalzburgAustriaJuly 3 ～ 42008Proceedings (Lecture Notes in Computer ...ApplicationsInc.Internet/Weband HCI).Springer.

Marshall Mcluhan.Understanding Media：the Extension of Man.NY：Mcgraw-Hill.1964.

Michael Strangelove.Watching YouTubeExtraordinary Videos by Ordinary People. University of Toronto PressScholarly Publishing Division.2010.

Neil Postman.Television and the Teaching of English.NY：Appleton-Century-Crofts Inc.1961.

Newcomb Horace.Television：the Most Popular Art.NYAnchor Press.1974.

Pablo CesarKonstantinos Chorianopoulos and Jens F.Jensen.2007.Interactive TVA Shared Experience5th European ConferenceEuroITV 2007Amsterdamthe NetherlandsMay 24 ～ 252007Proceedings (Lecture Notes in ...ApplicationsInc. Internet/Weband HCI).Springer.

Phil Leigh.The Future of Television by Phil Leigh.(Oct 192010).Kindle eBook.2010.

Pierre LiénardPascal Boyer.Whence Collective Rituals? A Cultural Selection Model of Ritualized Behavior.American Anthropologist2006.108(4)：814 ～ 827.

PugsleySima.The rise of a 「Me Culture」 in postsocialist ChinaYouthindividualism and identity creation in the blogosphere. Communication Gazette2010.72(3)：287 ～ 306.

Raymond Williams.「Culture is Ordinary」.Robin Gable.1989.Resoures of HopeCultural,Democracy,and Socialism. Verso.1858.

Raymond Williams.Television：Technology and Culture Form.London：Fontana,1974.19 ～ 22.

Robert Clyde Allen.Speaking of Soap Operas.Chapel Hill：University of North

Carolina Press.1985.

Robert Clyde Allen.Channels of DiscourseReassembledTelevision and Comtemporary Criticism.Chapel Hill,NC：University of North Carolina Press.1992.

Robert Niemi.History in the MediaFilm and Television.ABC-Clio.2006.

S.Wildman and C.Ting.「Cost and Capability Drivers of Differences between Old and New Media」in A.AlbarranP.Faustinoand R.SantosThe Media as a Driver of the Information SocietyEconomicsManagementPolicies and TechnologiesLisbonMediaXXI/Formalpress - Publicações e Marketing Ldaand Universidade Católica EditoraUnipessoalLda2009.pp.37～51.

Sarah N.Gatson and Amanda Zweerink.Interpersonal Culture on the Internet-Televisionthe Internetand the Making of a Community (Mellen Studies in Sociology).Edwin Mellen Press.2004.

Steve Jones.Encyclopedia of New Media.Sage Publications.2003.

Sharon Marie Ross.Beyond the BoxTelevision and the Internet.Malden：Blackwell Publishing.2008.

Sumita S.Chakravarty.Cultural Studies LegaciesVisiting James Carey』s Border Country.Critical Methodologies2009.9(3)：186～193.

Susan Birrell.Sport as RitualInterpretations from Durkheim to Goffman.Social Forces,1981.60(2)：354～376.

Walter Benjamin.ReflectionEssaya,Aphorisms,Autobiographical Writings.trans.E.

Jephcott.NY：Harcourt Brace Jovanovich.1978.

Walter Ong.Interfaces of the World.New HavenYale University Press.1977.

Wiley Lee Umphlett.From Television to the InternetPostmodern Visions of American Media Culture in the Twentieth Century.Fairleigh Dickinson University Press.2006.

William Kounhauser.The Politics of Mass Society.GlencoeFree Press.1959.

Yongnian Zheng.Technological EmpowermentThe InternetStateand Society in China.Stanford University Press.2007.

後記：
沒有人知道你不懂互聯網

　　十七歲時，我在家鄉的一個小山村裡教書，時常為自己的前途隱隱感到擔憂。那時，我保留的一個習慣就是晚飯後去田埂上散步，每天從死一般沉寂的小山村裡走出來，然後又回到死一般沉寂的小山村裡去。可惜那時還沒有互聯網，唯一的安慰便是小說之類。直到現在，我也不知道我那幫難兄難弟們能否上網，我想，如果有互聯網，至少山村教師的生活會好過一些。

　　一九九四年，我讀研究生的最後一個學期，那時心情很亂，每個人除了忙著找工作之外，幾近無事可做。直到那一刻，我突然覺得，要找一份像樣的工作，會用電腦應該是起碼的本領。擔心自己落伍，我趕緊找到學校的教務處，要求學習電腦課程，得到的答覆是：你們這一屆已經不會再安排了，電腦課從下一屆研究生開始才是必修課。當時我感到了一種巨大的失望：至少我們這一屆已經完全被時代淘汰了。帶著這樣的缺憾離開北大，更加深了我對高等教育的懷疑。

　　接下來，我在一家國營企業裡渾渾噩噩地過了三年。記得是一九九五年的一個夏天，在單位實在沒事可做，我就向老闆主動請纓，寫了一個十多集的關於互聯網的電視劇本。單位的

電腦並沒有網路，我自己連簡單的電腦操作也不會，可資借鑑的資料更是少得可憐，但這些都無損我的創作激情。激情的一個重要來源就是，我深信不疑這一點——互聯網如果真的能將六十億人聚在一起，能夠消除語言、種族、文化和偏見的隔膜，離柏拉圖的「理想國」、馬克思的「自由王國」或者說古人所說的「大同世界」相去也不會太遠。劇本寫得淋漓歡暢，老闆看了未置可否，拿走後也就沒了下文，據說是投資方沒有兌現投資，這是我與互聯網的第一次想像性接觸。

後來，跟許多中關村逃亡者一樣，我炒了老闆的魷魚，把檔案放到人才交流中心，鬼使神差，又一次到了「村」裡。這一次是在一家著名的 IT 企業嘗試學習用筆生存。單位的同事親自地教會了我怎樣在灰頭土臉的「286」電腦上先輸入幾個代碼，在用 DOS 指令打開的介面，然後再練習打字、開關電腦和簡單處理各種文件等，但我對這冷冰冰、沒有感情的機器始終抱有幾分畏懼，有時甚至是厭煩，不小心弄丟了檔案，或者突然就當機，是經常發生的事情。

一九九七年的夏天，一朋友來訪，說四通利方上有個 BBS 如何如何好玩，禁不住攛掇，我撥號上了網，註冊了一個叫做「瘦馬」的網名，艱難地敲了下幾個字：

「我是瘦馬，很高興認識各位。」

沒過一會兒，網上就有了回應：

「瘦馬，快讓我騎一騎，哈哈……」

「你是母馬還是公馬？」

「我最愛騎這樣的馬，如果你是……」

「……」

我憤怒地關上了電腦。互聯網簡直就是精神病患者的「精神家園」，第一次的上網經歷，令我非常失望。

從陌生、厭煩、畏懼、學習、駕馭電腦到離不開互聯網，這就是我這樣一個文科出身的人的上網經歷。相信很多文科生都有過這樣類似的經歷。

感謝互聯網的恩賜，我才得以在這個圈子裡混口飯吃。因為職業的關係，寫了一些關於互聯網早期發展歷程和資本、文化等方面的文章，一方面是，「飯碗」所驅使；另一方面，也是興趣使然。從一九九八年年底開始，我在《電腦世界》報上開闢了我的第一個專注於記錄互聯網早期發展歷程的專欄：「人，在網路居住……」隨後一九九九年至二〇〇〇年發源於美國的 .com 網域熱更是燃燒了業界，在最狂熱的時候，作為在當時的 IT 圈裡已經小有名氣的一名記者，我幾乎每天都要接到三四家新成立的互聯網公司的採訪邀約，無論是在飯局上，還是採訪途中，或者在地鐵裡，你聽到的最多和最激動人心的就是「Nasdaq、B2C/B2B、電子商務、風險投資、上市或者某某某網路首富」等等。在二〇〇〇年三月那斯達克股票市場從五千點開始跌落的大跳水之前，用當時一句詩人的話來形容，互聯網只能「以青春和風險資本作為燃料」，直到最後，這一把火將互聯網推向了狂飆突進的「大放衛星」年代。

即便是一位清醒的旁觀者，我也正在親身經歷這一「燃燒時刻」。從二〇〇〇年開始，我受邀在多家媒體相繼開闢了我的個人專欄，為互聯網發展迎來的難得機遇鼓舞和歡呼。二〇〇〇年三月，和我寶貝女兒一同呱呱落地的，是我的第一部記錄互聯網發展的作品《網路英雄傳》，由作家出版社出版

發行。在該書持續一年多的寫作過程中，我放棄了所有的週末和節假日休息，以一種完全忘我的創作激情陶醉在「劈里啪啦」的電腦鍵盤聲裡，常常一邊敲擊鍵盤，一邊感慨：要是當年魯迅也能以每分鐘上百字的擊鍵速度用電腦來寫作，天知道他的文字產量可以提高多少倍！也就是這一年春天，在一位書商朋友的「威逼利誘」下，我開始了「互聯網創業三部曲」的寫作，這期間最有戲劇性的是，等到這一系列的第三本書《網易故事》即將付印時，已經是二○○一年的夏天，而就在這一年的七月分，網易在納市的股價已經由前一年每股十五美元的發行價跌破了一美元，加上當時公司管理層涉嫌「財務造假」，公司甚至一度面臨停止股票交易和被從摘牌的危險。在書商的再三懇求下，這本書最終也只能「流產」了。

二○○○年，我開設一個個人專欄名叫「為互聯網加油」，在這一專欄的開篇《互聯網信仰》一文的結尾我這樣寫道：「人們提到互聯網常說『在網上，沒人知道你是一條狗』。其實，『大狗』也罷，『小狗』也罷，在互聯網的世界裡誰都可以盡情地『汪汪』吠叫，沒有人在乎你是有著怎樣一種『毛色和血統』的狗，如果你胸中有『塊壘』，又不甘寂寞的話，那就請加入互聯網上的大合唱。在這裡，人們失去的只會是羞怯、褊狹和閉塞，得到的卻是自由、財富和可以分享的喜悅。中關村有一句很煽情的廣告詞說：『全世界無產者聯合起來，Internet 就一定會實現』，對於互聯網信徒來說，在絢爛夢想和寂寞現實之間，Internet 就是一幅不斷地被圖解、修改、實踐著的遠景藍圖。畢竟夢想未來的最好方式就是去創造未來，在這個意義上，Internet 與每個網路公民休戚相關，正如

一位互聯網公司總裁所說：『如果 Internet 意味著就是你賴以生存的空氣的話，那麼我們每一個人都有義務去降低它的汙染指數』。」在後來的媒體從業生涯中，作為互聯網的忠實「信徒」，我很快就向平面媒體「請辭」，先是主動請纓，出任電腦世界集團旗下「計世網」的首任總經理，後來又輾轉到了入口網站搜狐。

在沒有陌生人的世界裡

從一九九〇年代社會追隨美國的 .com 狂飆突進熱潮，到今天幾乎所有的公司也都已經成為主營業務已經離不開互聯網的「互聯網公司」（英特爾原總裁葛洛夫語），說「互聯網改變了世界」一點都不為過。美國商業史學家錢德勒在《訊息化改變了美國》一書中說，雖然電腦技術源於美國，但資訊時代並非起源於一九九〇年代初全球資訊網誕生那一時刻，事實上，它可以追溯到三百年前的工業革命時期，這其中，為訊息傳輸而發明的電力應用是其中的一個里程碑，互聯網和此前的電話及個人電腦等技術發明一樣，都是促進人類溝通的相關技術的「歷史性擴展」，在從當年的殖民時代到今日美國的改變過程中扮演了「至關重要」的角色。同樣道理，雖然互聯網等相關技術發源於美國，但對於網路技術的創造性應用同樣不可低估，這從一個技術發明的細節都能作出清晰的解讀——在如何讓中文這樣一個複雜而龐大的表意文字系統如何適應基於二十六個英文字母鍵盤的電腦技術上，從一九八〇年代出現的漢字雷射照相技術、中文輸入法等應用上，我們都能看出這兩條文明的河流是如何交匯在一起的。一個正在顯現的事實是，中文互聯

網在不遠的將來也會成為全球第一大內容提供者，中文語言提供的訊息內容將遠遠超過英文互聯網。因此，無論是從商業、社會文化、政治等任何一個層面的影響而言，隨著「訊息化帶動現代化」這一國家策略向縱深推進，從解放前一個「半封建」的社會結構到現代、再到向未來社會的演進過程中，互聯網等相關技術勢必將要承擔比在引導美國社會變革中更加至關重要且影響深遠的使命和角色。

當代社會學奠基人塗爾幹在考察歐洲工業化過程中的社會分工如何構建了「一個更大規模的社會」及其影響時說，當一個人告別小作坊的生產方式，從一個小城鎮或者農村來到大城市時，同時意味著他將開始一段脫離地域後的成長體驗——他不僅告別了故鄉，也將告別他的生活圈子，而此前在他生活圈子中的固有權威和社會秩序都不再起任何作用，此時的人們已經被引導到了一個更加寬廣的、個人視野也會隨之大幅度得到擴展的社會範圍裡。互聯網這樣的溝通媒體技術正在加速人們的「脫域化」成長體驗，按照塗爾幹的社會學邏輯，如果把人類的進步過程看成是人們逐步從卑微的物質和狹小的地域中脫離出來，向著更加靈活、自由和「精神化」發展的過程，那麼互聯網路無疑是我們這個時代最好的「自由推進器」。

眼下互聯網分割成了兩個完全截然不同的「社會」：一個是傳統規範失序、道德陷入混亂的原子社會，另一個則是人人慷慨激昂、嚮往公正自由的電子部落，與其說這是現實社會與理想社會之間的衝突，還不如說這是兩種社會理想的衝突，用塗爾幹的話來說，這是「昨日理想與今日理想的衝突」，是「傳統權威之理想與未來希望之理想的衝突」。網路世界中構建

的理想國越是理想化，這也意味著社會結構的變化過程就會越加漫長、痛苦，充滿了挫折感。在一個與原子社會相適應的道德已經分崩離析、而電子部落的新道德遠未牢固確立的「黑暗成長隧道」裡，每個人都要為構建這一理想社會背負更大的壓力，磨練出一種更持久的忍耐力。

麥克魯漢說：只探索，不解釋。用社會學的視野來剖析互聯網對於社會結構變化的作用和影響也只是一種探索，筆者非常認同麥克魯漢把人類發展的全部歷史視為一部人們在不同時期用不同方式從事社會交往的歷史的研究思路。在如何研判媒體與社會關係上，我並不贊成麥氏的「藝術家」立場和「直覺」思維方式，而是希望能夠採用社會學的方法和視野來研究這一問題。從吉迪斯到芒福德，當代先知們一直在提醒人們關注技術對人類道德和美學方面的影響，因為這種影響絲毫不遜色於技術對於物質世界的影響，我深以為然。麥克魯漢顯然以一種藝術家的直覺捕捉到了這一點，並且做出了詩人和巫師般的預言，他的這種氣質深深吸引了我，儘管在研究方法上我一直試圖去抵禦其中巨大的誘惑力。一旦意識到我們生活在媒體（具體表徵就是今天的已經過於發達和試圖操控一切的大眾傳媒）的溫水裡、日用而不知這一狀態，就能幫助我們警醒到媒體技術對於人們感知能力帶來的「創造性麻木」或者「自我截除」是多麼嚴重和危險。知名學者如杜威、凱瑞和芒福德一直在提醒人們要注意到媒體技術和社會影響的複雜關係，打個比喻，就像電影和生活的區別那樣：前者只不過是一種對於現實生活誇張的、局部放大的瞬時藝術表達，就像地圖和世界的關係——「世界地圖不是領地；它只是故事，不是事件；是形象，

不是實物。而表達的形式或許就意味著一切」（柯茲布里斯基語）。但是，人們在不經意間，還是有意或者無意識地常常地把兩者混在了一起。

把媒體僅僅看成是一個傳輸管道，而不再是一個容器，這樣的觀點在我們這個時代依然大行其道。一方面，這種觀念有助於權力階層操縱普通人意識的需要；另一方面，它也顯露了一部分人的深刻無知，就像他們認為「可以將鳥拍打空氣的翅膀和被鳥拍打翅膀的空氣輕易分開一樣」。事實上，今天的互聯網媒體在社會結構變化中扮演的角色和五個世紀前印刷術在歐洲社會引發的社會變革完全可以相提並論，當古騰堡印刷術生產的大批量《聖經》可以非常低廉的價格進入到一個普通農戶手中時，它就意外地開啟了任何一個信徒和上帝直接對話的一扇窗戶，從此每個人可以平等進入天國的權利和智慧、陽光一起普灑人間；而當每個人都能通過電腦鍵盤進入一個不再受到嚴密監視和威權脅迫的理想世界時，它就為人們嫁接了一條通向自由的未來之路，就像麥克魯漢在《理解媒體》中激情洋溢地告別「書面文字」的那一段想像中勾畫的「和諧新世界」：

「我們新的電力技術以擁抱全球的方式使我們的感覺和神經延伸，它對語言的未來蘊涵著巨大的意義。電子技術不需要語言，正如數字型電子電腦不需要數字一樣。電能指向意識延伸的道路——在全球範圍內的無需任何言語的道路。這樣的集體知覺狀態很可能是人類語言出現之前的狀態。作為人類延伸的語言，其分割和分離的功能是眾所周知的，這一功能很可能是人藉以登上九重天的巴比塔的功能。今天，電腦展示了瞬間將一種代碼和語言翻譯成任何其他代碼或語言的前景。簡言

之，電腦用技術給人展示了世界意識大同的聖靈降臨的希望。合乎邏輯的下一步似乎不是翻譯，而是繞開語言去支持一種普遍的寰宇意識。它也許很像柏格森夢想的集體無意識。『無重力』狀態——生物學家說它預示著物質的不朽——可能會和無言語的情況同時出現，無言語的狀況可能會賦予人一種永恆的集體和諧與太平。」

這正是莊子心儀的「道物之極，言默不足以載」的共同意念世界。在言語分割世界、促成了狹隘和偏見流行這一點上，麥克魯漢和莊子倒是遙相呼應。網路的確開啟了一個新世界，一個沒有陌生人的世界——就在我寫下上面這些文字時，一段叫做《江南 Style》的影片和一種叫做「元芳，此事你怎麼看？」的「元芳體」正在 YouTube 和新浪微博上火爆流行，前者是來自韓國南部一位操著一口流利美語、叫做「PSY 鳥叔」（根據「鳥叔」樸載相的個人解釋，PSY 是精神病患者的縮寫）的、被認為是象徵了「可笑的亞洲人的可笑舞蹈表演」，後者是改變自一九四〇年代駐荷蘭外交官、著名漢學家高羅佩所寫的小說《大唐狄公案》的系列電視劇《神探狄仁傑》中的一句台詞。「鳥叔」一曲走紅後，其影片在 YouTube 的點擊次數超過了兩億，個人海外演出收入達到八千六百多萬元人民幣，偶像走紅之速，連聯合國祕書長潘基文都甘拜下風，自嘆不如，而美國總統候選人羅姆尼更是模仿「鳥叔」影片的「騎馬舞」來迎合年輕選民；「元芳體」走紅網路則讓該電視編劇也感到了莫名其妙。其實，「元芳體」中「大人，這背後一定有陰謀」的潛台詞背後，巧妙回應了人們內心深處對於社會現實和話語操縱之間的關係的看法，藉此諷喻當代現實的荒誕性，因此

「元芳體」還有越演越烈的趨勢。由此可見，網路展現出的一個個人化的內在世界與外部現實世界的關係之間，前者與集體精神歡騰的「詞語世界」有關，後者則是一個冷冰冰、人人皆可意會而不可言傳的「非詞語世界」，在內在世界逼迫外在世界「顯形」從而暴露出醜陋和可笑滑稽的過程中，互聯網賦予了每個普通人一面充滿了魔力的「照妖鏡」，透過這面魔鏡，人們既能看見自己的面目，也能照見別人和沉睡中的整個黑暗世界，人們因此而心領神會，相視一笑，從沉默或歡騰中獲得觀照世界的另一種眼光。

本書是我攻讀博士學位時的論文《網路分享儀式的實現機制》基礎上修訂而成的。二○○九年，我已年屆四十，心中仍「有惑」，有機會得以重回校園，一圓二十年前的學術夢想，尤其要感謝導師尹鴻教授對我的接納，這種心情在當時難於言表，走在綠意鬱鬱的校園，和比我小一半的年青同學們整日廝混在一起，每天都有「愛麗絲夢遊仙境」的興奮感受。論文寫作期間，得到了我的導師尹鴻教授和諸多老師、朋友及同學的支持和幫助。新聞與傳播學院金兼斌教授、陳昌教授鳳、熊澄宇教授、李彬教授、史安斌教授、王君超教授、雷建軍副教授，亦師亦友，全程給予悉心指導，感謝他們在本書寫作過程中許多重要時刻對我的熱心援手，最終促成了本書中若干重要觀點的誕生。感謝我的碩士導師樂黛雲先生，先生關注的目光一直是鞭策我前行的動力。感謝我博士班的梁君健、李沁、張丹等同學，三年間思想砥礪和觀點切磋，使我受益良多。感謝美國杜克大學的劉康教授，相隔近二十年再續師生情誼，讓我再次感受到導師的知遇深恩；感謝美國密西根州立大學的李海

容和 Steven Wildman 先生，二〇一一年在大雪覆蓋的 Spartan 校園，每天穿梭來回於圖書館到 Spartan Village 之間，是我最懷念的一段時光，訪學期間他們的教誨和指導，對我未來的學術研究施加了如此重要的影響。

感謝我的外婆胡多美，她雖然不認識一個字，但從我小時候能記事時起，外婆的美好人格就吸引我一直緊緊追隨她在周圍，並引導了我後來的成長道路。在本書寫作的這段時間裡，我和外婆度過了一段難忘的時光，讓我每天都能沐浴在她慈愛、關切的目光裡，遺憾的是她未能等到這部書稿的出版，就匆匆離開了這個值得留戀的世界。感謝我的母親孔美玉，她小學四年級就輟學，從我懵懂求學時開始，母親以她的堅韌和不屈服，培養了我對苦難的認知和忍耐力，除了每天辛苦照顧我們全家的生活外，她一直在默默地支持我的事業。感謝我的愛人王欲曉和女兒田田，你們的無私付出和濃濃愛意，是我這一生中最大的佑助和幸福源泉。

國家圖書館出版品預行編目（CIP）資料

網路貧民百萬追蹤：網友≠朋友，RESET 你的人際關係 / 馬向陽
 著 . -- 第一版 . -- 臺北市：清文華泉 , 2020.07
　面；　公分
ISBN 978-986-99044-9-0（ 平裝 ）

1. 人際關係 2. 社會互動 3. 網路傳播

541.76　　　　109007995

書　　　名：網路貧民百萬追蹤：網友≠朋友，RESET 你的人際關係
作　　　者：馬向陽 著

發 行 人：黃振庭
出 版 者：清文華泉事業有限公司
發 行 者：清文華泉事業有限公司
E - m a i l：sonbookservice@gmail.com
粉 絲 頁：https://www.facebook.com/sonbookss/
網　　址：https://sonbook.net/
地　　址：台北市中正區重慶南路一段六十一號八樓 815 室
　　　　　Rm. 815, 8F., No.61, Sec. 1, Chongqing S. Rd., Zhongzheng
　　　　　Dist., Taipei City 100, Taiwan (R.O.C)
電　　話：(02)2370-3310　　傳　　真：(02) 2388-1990

定　　　價：480 元
發 行 日 期： 2020 年 7 月第一版